Unsere Kinder sind überversorgt und unterfordert: Zu wenig Grenzen, zu viel Watte. Dabei wollen wir es doch nur richtig machen. Aber von der Angst getrieben, als Erziehende zu versagen, schießen wir übers Ziel hinaus. Das Resultat sind Kinder, die keine Grenzen kennen, die zu orientierungslosen und ängstlichen Erwachsenen werden, die es nie gelernt haben zurückzustecken, Niederlagen zu meistern, Verantwortung zu übernehmen und im Team zu arbeiten. Der Psychologe und Pädagoge Holger Schlageter zeigt den Weg zum rechten Maß in der Erziehung. Mit Blick auf die wunderbaren Möglichkeiten, Kinder zu gesunden Persönlichkeiten zu erziehen und zu entwickeln – gelassen und ohne Angst.

Dr. Holger Schlageter, Jahrgang 1973, ist Psychologe. In seiner therapeutischen Praxis beschäftigt er sich hauptsächlich mit Familien- und Beziehungsthemen. Außerdem berät er als Trainer und Coach Führungskräfte in internationalen Konzernen. Schlageter ist psychologischer Experte des Hessischen Rundfunks.

Unsere Adressen im Internet: www.fischerverlage.de
www.schlageter-institut.de

Holger Schlageter

Das Geheimnis gelassener Erziehung

Wie Eltern das
rechte Maß finden

Fischer Taschenbuch Verlag

Veröffentlicht im Fischer Taschenbuch Verlag,
einem Unternehmen der S. Fischer Verlag GmbH,
Frankfurt am Main, Januar 2011

© S. Fischer Verlag GmbH, Frankfurt am Main 2009
Satz: Pinkuin Satz und Datentechnik, Berlin
Druck und Bindung: GGP Media GmbH, Pösneck
Printed in Germany
ISBN 978-3-596-18259-6

Mich fasziniert, was Verhaltenspsychologen »optimale Frustration« nennen: Als Kinder lernen wir immer dann, wenn Aufgaben ein bisschen zu schwierig sind und deshalb ein gewisses Maß an konzentrierter, aggressiver Aufmerksamkeit erfordern. Das Leben soll ein Kampf sein. Es macht Spaß zu kämpfen. Wir sind dafür geschaffen.

Tony Kushner (Pulitzer-Preis-Träger)

Dieses Buch ist kein Erziehungsratgeber, sondern ein Erziehungserlauber! Es will Mut und Lust machen, Kinder zu gesunden Persönlichkeiten zu erziehen und zu entwickeln. Ohne Angst und mit Blick auf die wunderbaren Möglichkeiten, die Persönlichkeitsentfaltung und Leben uns zu bieten haben.

Holger Schlageter

**Das
Geheimnis
gelassener
Erziehung**

Inhalt

Prolog

»Autsch!«

Mit voller Wucht trifft der Dreijährige auf dem Nachbarplatz mein Schienbein. Nur die Überraschung über den plötzlichen Angriff erstickt meinen Schmerzensschrei. Ich hatte es nicht kommen sehen ... Genervt reibe ich mir das Bein.

Ich hatte den Zug gewählt, weil ich entspannt zu meiner Besprechung kommen wollte. Ich würde mich jetzt nicht aufregen. Ich beschließe, milde zu lächeln – ich war ja auch mal klein.

Frech grinst er mich an.

Ich bilde mir ein, wir hätten eine stille Übereinkunft: Ich bin cool. Und ein cooler Kumpel wird nicht mehr getreten.

Ich atme in den Schmerz hinein.

Drei Jahre autogenes Training machen sich bezahlt. Ich spüre nichts mehr. Zufrieden mit mir schließe ich wieder die Augen.

Ruhe.

Ein spitzer Schmerz reißt mich aus dem Dämmerschlaf.

Dieselbe Stelle am Schienbein. Derselbe kleine Knülch. Das geht zu weit. Wegatmen schön und gut, aber harte Tatsachen erfordern harte Maßnahmen. Ich beschließe, mit aller der mir *eigenen Souveränität des Erwachsenenalters deutliche Grenzen zu ziehen – unter Verwendung geschickter, kindgerechter Kommunikation:* »*Na du … Das hat aber jetzt wehgetan. Kannst du* **bitte** *damit aufhören?!*«

Der Dreijährige schaut mich breit grinsend und mit hochgezogenen Augenbrauen herausfordernd an. Hilfe suchend wende ich mich an seine Mutter und blicke sie erwartungsvoll an. Sie lächelt belustigt, fast stolz, mit zur Seite geneigtem Kopf. Hat die 'was nicht verstanden?

Wirbelwind hin oder her, denke ich mir, wenn noch einmal so was kommt, werde ich mich zur Wehr setzen.
  Zur Probe schließe ich die Augen. Innerlich bin ich hellwach. Ich warte.
  Nicht lange.

Zack!

Diesmal bin ich dem schwingenden Bein zuvorgekommen. Schon hatte es ausgeholt, da schnappe ich mir den Treter am Arm.
  Ich liebe Kinder und weiß, dass solche Situationen für Eltern nicht einfach sind. Deshalb bemühe ich mich auch um Freundlichkeit und Güte, als ich den Erziehungsauftrag übernehme und mit fester Stimme und geradem Blick in die kleinen Kinderaugen spreche:

»*So, mein Lieber, Du – hörst – jetzt – auf.*«
  Augenblicke des Schocks.

Das vormals freudige Kindergesicht vor mir, beginnt sich zu verzerren. Augen weit, Brauen nach außen, Mund zunächst stumm geöffnet, um im nächsten Moment mit dem Hall einer Heulboje so laut loszubrüllen, dass ich mir wünsche, der Kleine würde mich nur wieder treten.

Jetzt tritt die Mutter auf den Plan und reißt das mittlerweile wütend brüllende und wild um sich tretende Kind in ihre Arme.

Mit einem Blick, der gut einem Kinderschänder gelten könnte, aber vor allem abgrundtiefe Enttäuschung über die generelle Schlechtigkeit der Welt ausdrückt, verkündet sie mit vorwurfsvoller Stimme:

»Mein Sohn wollte nur spielen. Er ist doch noch ein Kind. Sie konnten bestimmt in seinem Alter auch nicht so lange ruhig sitzen.«

Und ohne weitere Umschweife packt sie zutiefst beleidigt ihre Tasche, ihren schluchzenden Jungen und verlässt das Abteil.

Kein Blick zurück.

Fast hätte ich nicht bemerkt, wie der Kleine mir über die Schulter seiner Mutter hinweg zum Abschied die Zunge herausstreckt.

Einleitung

Auch wenn es ein schmerzhafter Einstieg in ein Buch über eines der momentan aktuellsten Themen unserer Gesellschaft ist, hat wahrscheinlich doch jeder von uns schon etwas Ähnliches erlebt:

Kinder, die in der Interaktion schwierig sind. Kinder, die sich in Gruppen nicht angemessen verhalten können, die anderen gegenüber Grenzen weder wahrnehmen noch wahren. Kinder, die sich verhalten, als gäbe es auf der Welt nur sie und ihre eigenen inneren Impulse, denen sie ungesteuert folgen – ohne Rücksicht auf Verluste.

Teilweise ist das völlig natürlich. Kinder sind darauf angewiesen, Grenzen zu testen, sich in ihrer Umwelt zurechtzufinden, durch Reaktionen ihres Umfelds, zuerst der Eltern, dann von weiteren Verwandten, Freunden und Lehrern zu lernen, was für sie und andere gut ist und was schlecht. Kinder müssen über die Stränge schlagen dürfen, um zu lernen, ab wann sie über die Stränge schlagen.

Aber hier liegt gleichzeitig das Problem: Je nach Lehrmeister sieht das Gelernte ganz unterschiedlich aus. Die Grenzlinie zwischen gut und schlecht – mit allen notwendigen Graubereichen – verläuft bei den meisten Menschen äußerst unterschiedlich.

Und die meisten Eltern wissen heute nicht, wo die Grenzlinie überhaupt liegt. Eine neue Studie[1] belegt, dass über die

Hälfte aller jungen Eltern mit teilweise erheblichen Problemen in der Erziehung ihrer Kinder zu kämpfen haben und oft genug ratlos vor der Erziehungsaufgabe stehen. Fast 50 Prozent der Eltern fühlen sich bei der Erziehung ihrer Kinder belastet bis überfordert.

Hinzu kommt der immense Druck, der auf die Eltern ausgeübt wird. In letzter Zeit wurde eine Erziehungsdiskussion entfacht, die ein wahres Horrorszenarium entwirft. Super-Nannies, Erziehungscamps-Leiter, Buchautoren führen Kinder vor, die außer Rand und Band geraten zu sein scheinen, deren Verhalten an Exzentrik kaum noch zu übertreffen ist. Unser Hirn spielt uns dann den bekannten Streich: Was wir sehen, geschrieben oder verfilmt, das glauben wir. Und noch schlimmer, wir glauben, dass es symptomatisch ist. Wir halten es für weit verbreitet – nur, weil wir es oft im Fernsehen sehen oder in Zeitungen lesen. Dabei wächst die allergrößte Mehrheit der Kinder psychisch völlig unauffällig auf. Und die allerwenigsten entwickeln eine psychische Störung. Dennoch hat man den Anschein, als gehe kindertechnisch gerade alles auf den Untergang zu. Schon sehen einige Dramaturgen der psychologischen Literatur »die Existenz einer friedlich zusammenlebenden Gesellschaft gefährdet«.[2] Abgesehen davon, dass auch dieses Statement an Exzentrik kaum zu übertreffen ist, sind die Opfer der Hexenjagd auch allzu schnell die Eltern. Sie werden populärpsychologisch nahe liegend direkt als Haupt-Verantwortliche dieser Fehlentwicklung ausgemacht: Die Eltern sind schuld. Dies halte ich aus verschiedenen Gründen für falsch. Erstens greift es beklagenswert kurz, der Psyche des Menschen zu unterstellen, sie sei so dermaßen einfach gestrickt. Wirklichkeit ist dann doch deutlich komplexer. Und zweitens ist es keineswegs zielführend, im Zusammenhang von gestörter Entwicklung von Schuld zu sprechen. Außerdem begegnen mir täglich weitaus mehr Eltern, die sich redlich bemühen, ihre Kinder mit allen ihnen zur Verfügung stehenden Kräften im besten Wissen und Gewissen zu erziehen. Das ist der Normalfall. Nicht der Missbrauch und nicht die Vernachlässigung.

Aber Eltern setzen sich auch selbst bisweilen in eine ungünstige Position. Statt sich ihrer bedeutenden gesellschaftlichen Rolle und ihres unglaublichen Einflusses bewusst zu sein und gemeinsam für ihre Interessen einzutreten, erzeugen sie oft noch einen gegenseitigen Leistungsdruck in der Erziehung ihrer Kinder und verstärken dadurch weiter den eigenen Stress. Eine Elternlobby existiert auch deshalb nicht, weil man sich in Grabenkämpfen gegenseitig die Kompetenz abspricht und Schuldzuweisungen und Vorwürfe gerne herangezogen werden, um von sich selbst abzulenken.

Insgesamt ist eine weit um sich greifende Verunsicherung der Elternschaft zu beobachten. Es ist schade, wie sich Eltern einschüchtern lassen, sich bei Kritik oft sofort persönlich angegriffen fühlen und sich unter Umständen noch beleidigt zurückziehen. Wo ist das Selbstverständnis hin, dass ich zunächst als Eltern erst einmal davon ausgehe, dass ich gut bin? Dass alles in Ordnung ist – auch, wenn es manchmal ein bisschen knirschen mag. Wo ist das elterliche Selbstbewusstsein, das mir ermöglicht, Kritik zu hören, sie an mich heranzulassen und notfalls mein Handeln zu verändern? Nicht, weil ich schlecht bin, sondern, weil ich auch als hervorragende Eltern noch lernen darf.

Bei Weitem nicht alle Last liegt auf den Schultern der Eltern. Die Erziehung unserer Kinder ist auch immer eine gesellschaftliche Aufgabe. Nicht nur die von Institutionen, wie Kindertagesstätten und Schulen, sondern die aller Menschen, die in Kontakt mit Kindern kommen. Wenn ich auf der einen Seite von Eltern erwarte, dass sie ihrem Nachwuchs Grenzen setzen (in der Hoffnung, dass er dann auch lernt, anderen nicht ans Schienbein zu treten …), dann muss ich auf der anderen Seite beispielsweise als Nachbar auch einmal sonntagnachmittags den deutlich hörbaren Unmut des Nachbarkindes über den ausgeschalteten Fernseher ertragen. Wie soll das eine denn ohne das andere gehen? Eltern wiederum sollten nicht dem Irrglauben verfallen, ihre Kinder ständig vor Kritik von außen schützen zu müssen. So als zerbräche etwas in diesen, wenn Fremde sie anraunzen oder auch nur zurechtweisen. Wenn Eltern das tun, dann kennen sie die Gesetze der Psyche nicht. Über so etwas kann die Psyche nur lachen. Kinderseelen sind widerstandsfähiger als wir oft meinen. Wir haben die Fälle beträchtlichen Missbrauchs vor Augen, wenn wir uns vorstellen, was mit Kindern passieren kann, die in ihrer Entwicklung gestört werden. Diese furchtbaren Fälle aber sind völlig nutzlos für die Frage, was für Kinder gut ist und was nicht. Missbrauch, schlimme Vernachlässigung hat mit normalen Fehlern, die Eltern jederzeit machen, das auch dürfen und aus psychologischer Sicht sogar sollen, rein gar nichts zu tun.

Viele Eltern bewerten ihren Einfluss auf die Erziehung ihrer Kinder tatsächlich zu hoch. Und damit wird konsequenterweise die Angst vor Fehlern, vor Schuld und vor Kritik überdimensional erlebt. Ich bin mir ziemlich sicher, hätte ich die Frau oben im Zug in einem anderen Zusammenhang kennengelernt, sie fände es auf Nachfrage nicht gut, wenn ihr Sohn einen Fremden tritt. Aber mein Einlenken galt in ihren Augen nicht der Ungezogenheit ihres Kindes, sondern war vielmehr Kritik an ihrer Person und vor allem ihrem Erziehungsstil. Fast kann ich ihr das auch nicht verdenken, denn von den Erziehenden, und damit vor allem von den Müttern, wird allzu oft die Quadratur des Kreises erwartet. Sie sollen für die Kinder da sein, sich dabei aber nicht selbst aufgeben. Sie sollen beruflich flexibel einsetzbar, engagiert und interessiert sein, gleichzeitig aber dem Kind eine optimale Förderung gewährleisten. Das alles bei einer Betreuungssituation, die nicht selten zu wünschen übrig lässt, dem Fehlen eines breitflächigen Ganztagsangebotes an Schulen und einer oft nicht ausreichenden finanziellen Unterstützung.

Während die Ansprüche an Eltern meist klar formuliert sind, ist der Weg dorthin nicht weiter definiert. Eltern müssen irgendwie herausfinden, wie sie ihre Kinder richtig erziehen. Da verfällt man gerne auf äußere Autoritäten. Heute folgen Eltern in der Regel den Erziehungstrends aus Büchern. Einundvierzig Prozent der Eltern haben der bereits zitierten forsa-Studie zufolge schon Rat in Büchern und Zeitschriften gesucht. Inzwischen gibt es fast so viele Erziehungsratgeber wie Kinder, die sich oft in ihren Ratschlägen widersprechen. Empfiehlt z. B. der eine, die Kinder bei den Hausaufgaben schon früh selbständig arbeiten zu lassen, legt der andere den Eltern nahe, mit den Kindern am Tisch zu sitzen und notfalls korrigierend einzugreifen. Oder auch das immer wieder empfohlene »Grenzen setzen, aber damit nicht Druck auf die Kinder ausüben« begegnet einem immer wieder. Wie das in der Praxis vonstatten gehen soll, wird wohl ein ewiges Rätsel bleiben …

Der Konsens der Literatur ist verhältnismäßig mager und beschreibt lediglich die schon bestehende Situation: Der Erziehungsstil ist liberaler geworden. Die Erziehung ist offener und freier, sie ist in vielen Bereichen antiautoritärer als früher – zumindest beansprucht sie dies. Das war es aber fast auch schon. Darüber hinaus besteht wenig Einigkeit, wie Kinder richtig zu erziehen sind. Das war nicht immer so. Bis vor ein paar Jahrzehnten war das noch wesentlich übersichtlicher (mehr dazu weiter unten). Heute wissen Eltern dagegen kaum noch, was ihr Kind braucht. Das ist bei den vielen neu formulierten Erziehungskonzepten auch nicht wirklich verwunderlich. Überall kann man nachlesen, wie Kinder sein sollten, was sie lernen müssten und wie sie am besten gefördert werden sollten. Es entsteht ein Gefühl des Drucks und der Angst. Man will nichts falsch machen, weiß aber auch nicht wirklich, wie man es richtig macht. Soll ich mein Kind beim Einschlafen schreien lassen oder verliert es dann sein Urvertrauen? Kann es allein in den Kindergarten laufen oder setzte ich es damit einer zu großen Gefahr aus? Schokolade in Maßen oder überhaupt nicht? Tiefkühlpizza? Markenschuhe? Fernsehkonsum – selbstbestimmt, kontrolliert oder gar nicht? Enthemmen Gewaltspiele oder bauen sie Aggressionen ab? Soll ich die Hausaufgaben überprüfen oder nehme ich damit meinem Kind die Eigenverantwortung ab? Ist Hausarrest für 15-Jährige konsequent oder kontraproduktiv? Der Fragenkatalog ist lang, und ich bin sicher, Sie können ihn noch endlos erweitern. Wer da nicht paranoid und ängstlich wird, muss aus hartem Holz geschnitzt sein.

Dass viele junge Menschen keine Kinder wollen, liegt bei nicht Wenigen daran, dass eben die Verantwortung und die »heilige Aufgabe« des Kindererziehens zu groß erscheinen. Und sie selbst zu klein. Viele fühlen sich dem Anspruch heute nicht mehr gewachsen. Sie empfinden, dass »ein Kind haben« bedeutet: »sich selbst aufgeben zu müssen«, nur noch nach dem Richtigen zu suchen. Manchmal liegt da der Verdacht nahe, es liegt eine so starke Überhöhung dessen vor, was Kindheit und Kindererziehung bedeutet, dass ein entspanntes und natürliches Umgehen mit den Aufgaben der Elternschaft schwer fällt. Die Messlatte liegt oft so hoch, und die Angst vor Fehlern und Versagen ist oft so groß, dass viele gar nicht erst wagen, Anlauf zu nehmen. Vielleicht ein Hinweis darauf, dass es Sinn haben kann, die Latte ein wenig tiefer zu setzen, ein wenig Luft aus dem mittlerweile vielleicht übergroßen Heißluftballon Kindheit herauszulassen.

Deshalb möchte ich mit diesem Buch für diese Eltern Entlastung schaffen. Ich möchte ihr Bewusstsein schärfen. Dafür, dass sie einen Superjob machen und dass selbst die von mir geschilderten Beispiele, in denen offensichtlich etwas falsch läuft, und die daran anknüpfenden Verbesserungsmöglichkeiten an dieser Tatsache nichts ändern. Ich möchte ihnen Mut machen, sich zu hinterfragen, nicht, weil sie etwas falsch machen, sondern, weil das Hinterfragen zum Richtigmachen gehört. Die Begleitung eines Menschen ins Erwachsenenleben ist eine höchst komplexe Aufgabe und bedarf der ständigen Korrektur. Das muss aber nicht schwer und anstrengend sein. Das kann richtig Spaß machen. Ich denke sogar, es gibt nichts, was so wunderbar ist, wie das Privileg, Entwicklung mitgestalten und mitverfolgen zu können.

Ich werde auch zeigen, dass der Umgang mit unseren Kindern und die daraus entstehenden Probleme ihre Wurzeln in unserer eigenen Erziehung haben. Wir haben viel von unseren Eltern und Vorfahren gelernt. Und wir können vielleicht noch mehr von ihnen lernen: Die Großeltern der heute 30- bis 45-Jährigen hätten sich wohl kaum so viele Gedanken um den Nachwuchs gemacht und ein kleines Abweichen von der Norm gleich als zu behandelnde Störung oder als persönliche Niederlage aufgefasst. Wenn der Sprössling in der Schule nicht richtig mitzog, blieb er auf der Hauptschule (die damals auch nicht der Inbegriff des sozialen Abstiegs war) und machte dann eben eine Lehre. Kaum ein Elternteil hat versucht, diese Entwicklung zu beeinflussen, und es wurde auch nicht von ihnen erwartet. Der Bildungsweg wurde in der Regel der Anlage des Kindes zugeschrieben und nicht dem Engagement der Eltern. Heute dagegen versuchen Eltern oft mit all ihnen zur Verfügung stehenden Mitteln, ihr

Kind auf Biegen und Brechen ins Gymnasium zu bugsieren – oft gegen die Empfehlung von Eltern und Erziehern und zum Leidwesen der betroffenen Kinder, die teils beträchtliche Überforderung erfahren. Oft genug ist dieses Verhalten der Angst geschuldet, es drohe einem sonst ein Abrutschen ins gesellschaftliche Aus.

Der Blick zurück, den wir zu Beginn dieses Buches vornehmen werden, heißt aber nicht, dass wir einfach auf traditionelle Erziehungsmethoden zurückgreifen sollten. Der verklärte Blick auf eine nur scheinbar bessere Kindheit vergangener Epochen hilft nicht bei der Vorbereitung junger Menschen auf das Leben in einer modernen, sich ständig verändernden globalen Gesellschaft, in der Informationsmenge, Kommunikation und Erleben deutlich verändert sind. Jede damit verbundene Renaissance konservativer Erziehungsstile – sogar der »leichte Klaps« wird wieder salonfähig – mutet zutiefst gestrig an. Wir müssen unsere eigenen Antworten finden – und in diesem Sinne antiautoritär sein. Wir müssen es. Und wir dürfen es. Das ist das Schöne am Thema Erziehung.

Trotz der scheinbaren Herkulesaufgabe Kindererziehung möchte ich deshalb dazu beitragen, wieder etwas mehr Gelassenheit im Umgang mit dem Nachwuchs zurückzugewinnen. Das Sorgen auf ein angemessenes Maß zurückzufahren. Das funktioniert, wenn Eltern das nötige Selbstbewusstsein in ihre Fähigkeiten zurückgewinnen und sich durch diverse Ratgeber nicht weiter verwirren lassen. Ich hoffe, mit diesem Buch nicht noch weiter zur Verwirrung beizutragen, sondern vielmehr Wissen und Erlaubnis zu vermitteln für einen entspannten und gelassenen Umgang mit den eigenen Kindern. Nach dem Grundsatz, den uns die Psychologie lehrt: Wenn man das Nötigste richtig macht (und das ist erstaunlich wenig), kann nicht viel schief gehen.

Es gibt einige wenige elementare Dinge, die eine Grundhaltung erzeugen, aus der man gelassen und selbstbewusst erziehen kann. Wenn man sie sich bewusst macht und verinnerlicht. Eines davon ist das Gefühl für die Verhältnismäßigkeit, die Frage nach dem rechten Maß in der Erziehung. Beginnen wir also mit der Frage: Was ist zuviel und wo beginnt der Mangel?

Das rechte Maß

Der berühmte griechische Philosoph Epikur (341–270 v. Chr.) beschäftigt sich schon vor über 2300 Jahren mit diesem Thema. Im Zentrum seines Denkens steht die Frage: Worauf beruht Glück? Seine Antwort: darauf, nach Regeln zu leben, die von Furcht (vor den Göttern und dem Tod), Begierde und Schmerz befreien, um ein (möglichst) durch und durch »lustvolles« Leben zu führen. So wird man glücklich. Epikurs Lustbegriff führt dabei nicht, wie oft fälschlicherweise behauptet, zu Völlerei, zu Egoismus und Ausschweifung, sondern genau zu dem maßvollen Leben, das den Schlüssel zum Glück bedeutet.

Damit reiht sich Epikur ein in die Tradition mit solch illustren Griechen wie Demokrit (460–371 v. Chr.), Parmenides (6.–5. Jh. v. Chr.) und natürlich Aristoteles (384–322 v. Chr.), der wenige Jahre zuvor bemerkt:

»[...] der, welcher sich jeder Lust hingibt und sich keiner [Lust] enthält, [wird] zügellos. Der aber, welcher jede Lust [meidet], verfällt wie die törichten Menschen in eine Art Stumpfsinn. Denn während Besonnenheit und Mut durch Übertreibung ebenso aufgehoben werden wie durch übertriebene Zurückhaltung, so können sie durch das rechte Maß erhalten werden.[3]

Rund 250 Jahre nach Epikur schreibt der römische Redner und Philosoph Cicero (106–43 v. Chr.) gleich ein ganzes Buch über die Grenzen zwischen gut und schlecht, darüber, was tugendhaft ist und was nicht, mit dem Titel: *De finibus bonorum et malorum* (»Über die Grenzen des Guten und des Schlechten«).

Und bis heute zieht sich ein roter Faden des rechten Maßes durch die Geistesgeschichte. In Blitzlichtern einige weitere Stationen: Etwa 600 Jahre nach Cicero verfasst der Ordensgründer Benedikt von Nursia (480–547) die bekannte *regula benedicti* (benediktinische Ordensregel), die bis heute den benedektinischen Mönchen als Grundlage ihres Zusammenlebens dient. Einer der Hauptgrundsätze ist darin: »Finde das rechte Maß.«

Dieses rechte Maß lässt sich jedoch nicht ein für allemal festlegen oder definieren und es ist auch nicht einfach die mathematische Mitte zwischen zwei Extremen. Es ergibt sich vielmehr aus einem dynamischen Wechselspiel zwischen einem »Zuviel« und einem »Zuwenig«. Und das ist ziemlich individuell – was dem einen noch lange nicht genügt, ist dem anderen schon längst zu viel. Wir kennen das. Es fängt beim Jugendlichen mit der lauten Musik neben uns in der U-Bahn an, geht über Polizeipräsenz und endet bei staatlichen Vorschriften und Gesetzen wie etwa die zur Überwachung des Internets. Wie viel ist zu viel?

Der französische Philosoph Michel de Montaigne (1533–1592) plädiert in diesem Zusammenhang sogar für den Exzess; besonders im Blick auf Jugendliche. Der Exzess kann starr gewordene Gewohnheiten aufbrechen, indem kurzzeitig die freilaufenden Lüste die Herrschaft über unser Leben übernehmen. Es klingt herrlich rebellisch, wenn Montaigne

Überversorgung ist das Gegenteil vom rechten Maß. Genauso wie Unterversorgung schreibt: »*Ein junger Mensch muss seine Gewohnheiten auf-stören, um seine Kräfte zu wecken und sie vor dem Verschim-meln [...] zu bewahren. [...] Nach meinem Rat soll er sogar oft über die Stränge schlagen: sonst [verkraftet] er die geringste Ausschweifung [nicht] und wird unleidlich und untauglich zum geselligen Umgang.*«[4]

Weitere wichtige Denker von Kant bis Nietzsche liefern ihre Beschreibungen des rechten Maßes, und im 20. Jahr-hundert findet eine ganz neue Wissenschaft, Psychologie (»Lehre der Seele«) genannt, durch Beobachtung mensch-lichen Verhaltens heraus, was wir bei Aristoteles oben schon gelesen haben: Überversorgung ist für die Seele des Men-schen ebenso schädlich wie Unterversorgung.

Es gilt, den Mittelweg, das rechte Maß zu finden. Zu die-sem Schluss kommt schon früh der Begründer der Kinder-psychotherapie, Donald Winnicott (1896–1971), bei der Beobachtung hunderter Kinder. Erik Erikson (1902–1994), ein berühmter Vertreter der Entwicklungspsychologie, fin-det in guter freudscher Tradition heraus, dass wir uns als Kinder in Phasen entwickeln und in jeder Phase eine Stö-rung des rechten Maßes – also Unter- *und* Überversorgung an Zuwendung – zu psychischen Problemen führt. Von beiden großen Psychologen werden wir im Folgenden noch hören.

Im Grunde ist bis heute die Psychologie in weiten Teilen nichts anderes als die Lehre vom rechten Maß. Gerät es aus den Fugen, sprechen wir von Neurosen und Psychosen, von psychischen Störungen und Krankheiten. Ist etwas im rech-ten Maß, nennen wir es »psychische Gesundheit«.

Ein Beispiel: Therapieklienten, die an Angststörungen leiden, möchten in aller Regel »die Angst verlieren«, »die Panikattacken wegbekommen« oder »ruhiger und gelasse-ner werden«. Was sie meinen ist aber nicht, dass sie ihre Fähigkeit, Angst empfinden zu können, eliminieren möchten. Abgesehen davon, dass das nicht möglich ist, wäre es auch einfach nur dumm. Angst ist ein notwendiges und unglaublich wichtiges Gefühl, zu dem wir glücklicherweise in der Lage sind. Es bewahrt uns vor gefährlichen Situationen und ermöglicht uns ein Flucht- und Überlebensprogramm, das äußerst effektiv ist. Wenn Angst im rechten Maß bleibt. Zu wenig Angst ist genauso gefährlich wie zu viel davon.

Zu wenig Angst bedeutet: Die Gefahren, denen ich ausgesetzt bin, nehme ich kaum oder gar nicht wahr. Ich bin entweder völlig blauäugig und naiv oder neige zur gnadenlosen Selbstüberschätzung – was im Grunde auch schon wieder dasselbe ist. Zu viel Angst heißt: Ich traue mir nichts zu, ich bin gelähmt und handlungsunfähig. Wie das Kaninchen vor der Schlange stehe ich vor dem Leben. Ich kann keine Entscheidung treffen, weil mir die Risiken in jedem Fall viel zu groß erscheinen, als dass ich es wagen könnte. Und weil ich in mir nicht weiß, was ich tun soll, suche ich mir außen Autoritäten, die es mir sagen.

Beides ist höchst ungesund und gefährlich. Da fehlt dann das rechte Maß. Und wenn das der Fall ist, muss es wieder hergestellt werden. Das ist eine Weisheit, die sich von Aristoteles bis heute ungebrochen durchzieht. Eine Weisheit, die sich in u. a. den Wissenschaften der Philosophie, Theologie, Juristik, Soziologie und Psychologie zur Genüge finden lässt.

Was lernen wir also aus der Geschichte der letzten zweieinhalb Jahrtausende? Gut geht es uns offenbar dann, wenn wir uns in einem Bereich des rechten Maßes bewegen. Das hat immer auch etwas mit (Selbst)beschränkung und Frustration zu tun. Psychisch gesund sind wir, wenn wir nicht zu viel und nicht zu wenig haben, spüren, erleben – oder erleiden. Ja, auch das Leid gehört in angemessenem Maße zum

Leben und ist notwendig zur psychischen Reifung und Entwicklung. Glücklich werden wir, wenn wir in der Mitte sind. Weder unterversorgt noch überversorgt. Überversorgung verdirbt uns ebenso sehr – als Kinder und Erwachsene – wie Unterversorgung oder Vernachlässigung.

Wer permanent überversorgt wird, mit solchen an sich neutralen Dingen wie Nahrung, Wohlstand, Ruhe, Medikamenten bzw. Drogen, Schwierigkeiten, Sorge oder Aufmerksamkeit (nicht zu verwechseln mit Liebe), dem verrutscht das rechte Maß. Der gewöhnt sich an das Übermaß und hält es für angemessen. Entzieht man beispielsweise einem Kind die Aufmerksamkeit, das daran gewöhnt ist, von morgens bis abends bespaßt, unterhalten, angesprochen und wahrgenommen zu werden, bricht höchst wahrscheinlich die Hölle los: Schreien, Schlagen, Heulen, Schmeißen, Weigern, Brüllen, Tobsuchtsanfälle – die ganze Palette der Kindern zur Verfügung stehenden Instrumente zur versuchten Erzwingung von Aufmerksamkeit. Lehrer können davon oft ein Lied singen.

Überversorgung in der Kindheit kann im Erwachsenenalter zu massiven Problemen führen.

Und auch als Erwachsene haben solche überversorgten Kinder oft massive Probleme, sich in einer Gesellschaft zurechtzufinden, was ein gewisses Maß an Frustrationstoleranz, Kompromissbereitschaft, Belastbarkeit und Durchhaltevermögen erfordert. In Beziehungen erleben wir immer mehr Unfähigkeit, sich zu binden, die anstrengenden Seiten des Beziehungslebens zu tolerieren, Schwächen des Partners anzunehmen und mit zuweilen gänzlich unromantischer Realität des Beziehungsalltags zu leben.

In Familien sehen wir wachsende Probleme, wenn es um die Übernahme von Verantwortung für Kinder und Familiengesundheit geht. In Führungsebenen stellen wir eine wachsende Unfähigkeit im Konfliktmanagement fest. Manager gehen Konflikten lieber aus dem Weg, als sich negativen Gefühlen wie Wut, Enttäuschung, Angst und Schuld ausgesetzt zu sehen. All das nur Beispiele für Probleme, die mit Überversorgung zwar nicht gänzlich erklärt werden, aber doch immer zu tun haben.

Überversorgung führt zum Maßverlust. Das tretende Kind im Zug hatte kein Maß. Es hatte kein Gespür dafür entwickelt, wann es »zu viel« ist. Und die Mutter segnete die Maßlosigkeit ab, indem sie durch ihr Verhalten deutlich machte, dass das Kind recht hatte. »*Du* bist das Maß aller Dinge«, vermittelte sie ihm damit. Man könnte sagen: Das Kind war ein Opfer von Überversorgung geworden.

Was das bedeutet, wie es dazu kommt, was die Folgen sind und was man dagegen tun kann, davon handelt dieses Buch. Vor allem aber handelt es davon, wie es Eltern gelingen kann, die Erziehung ihrer Kinder ganz entspannt anzugehen und in vollen Zügen zu genießen.

»Werde, der du bist«, schreibt Aristoteles. Man könnte durchaus pathetisch sagen: Das ist Aufgabe und Ziel gelungenen Menschseins. Werde, was du bist, denn du bist unendlich wertvoll und hast alles in dir, was du zum erfolgreichen Leben benötigst. Aber eben von innen heraus und nicht umgekehrt. Durch Entwicklung der eigenen, inneren Autorität und nicht durch fremde, äußere Autoritäten. Also gilt es, alles zu tun, um sicherzustellen, dass sich die Persönlichkeit und der Wert des Kindes – den es allein schon durch sein Dasein in vollkommener Weise in sich trägt – ungestört entfalten kann.

Dazu sind Dinge wie Entbehrung, Verzicht, Frustration, Aushalten der Angst, Übung im Umgang mit Misserfolg, das Erleben von Konflikten, Trauer oder ein Sich-durchbeißen-Müssen unumgänglich. Das sollten wir unseren Kindern zumuten. Wir müssen ihnen zutrauen, dass sie stark sind, damit sie sich als stark erleben können. Und sie müssen sich als stark erleben, um stark zu sein.

Eine kurze Geschichte der Kindheit

Es ist noch gar nicht so lange her, dass es noch nicht einmal den Begriff der Kindheit gab. Das Mittelalter kannte ihn noch nicht. Da ging es quasi vom Säuglingsalter direkt ins Erwachsenendasein. Ohne Zwischenstationen. Und auch in den Jahrhunderten danach entwickelte sich kaum eine »Kultur der Kindheit«. Bis weit ins 19. Jahrhundert hinein waren Kinder kaum unter gesonderter Aufmerksamkeit und nicht von besonderem Wert. Der Wissenschaftler, der sich mit der Geschichte der Kindheit vielleicht am eindringlichsten befasste, ist der französische Historiker und Soziologe Philippe Ariès (1914–1986). Sein Buch »Geschichte der Kindheit« gilt mittlerweile als Klassiker zu diesem Thema. Ein Artikel der Frankfurter Rundschau, der in der deutschen Ausgabe des Werkes abgedruckt ist, fasst den Inhalt kurz und knapp zusammen. Er beginnt mit dem Satz: *»Was wir Kindheit nennen, hat es nicht immer gegeben.«* Die Abgrenzung zwischen Kindern und Erwachsenen habe es im Mittelalter nicht gegeben. Sobald sich Kinder alleine fortbewegten und reden konnten, lebten sie als »kleine Erwachsene« mit allen anderen Erwachsenen zusammen. In Europa entwickelte sich erst im 15. und 16. Jahrhundert das, was wir heute Familie nennen; vorher gab es lediglich Sippen- oder Stammesverbände. Nach ihrer Entstehung wurde die Familie dann schnell zu einer moralischen Institution.

Das, was Ariès findet, ist beachtlich und ungemein spannend. Anhand unzähliger Beispiele und akribischer historischer Recherche belegt er, dass Kinder im Mittelalter im Grunde nicht existierten. Die Dauer der Kindheit war beschränkt auf die kurze Zeit, in der Säugling und Kleinkind ohne fremde Hilfe nicht überleben konnten. Danach wurde das »Kind« sofort zu den Erwachsenen gezählt, »teilte ihre Arbeit und ihre Spiele«[5]. Es gab keinerlei Jugend, kein Krippen- und Kindergartenalter, keine Schulkinder, Pubertierenden oder jungen Erwachsenen. Neil Postman, ein renommierter Medien- und Erziehungswissenschaftler, schreibt dazu:

»Anders als das Säuglingsalter ist die Kindheit ein gesellschaftliches Kunstprodukt, keine biologische Kategorie. Unsere Gene enthalten keine klaren Anweisungen darüber, wer ein Kind ist und wer nicht, und auch die Gesetze des Überlebens machen es nicht erforderlich, eine Unterscheidung zwischen der Welt des Erwachsenen und des Kindes zu treffen.«[6]

Demzufolge wurde auch das, was man heute »Erziehung« nennt, von der damaligen Familie kaum ausgeübt. Wann auch? Werte und Kenntnisse wurden nicht weitergegeben; es gab ja dafür gar keine Phase. Eltern waren im Grunde dafür da, das Kind aus dem Gröbsten herauszubringen und überließen es dann der Dynamik des Lebens. Natürlich lebte man zusammen, aber Erziehung als Übergabe von Werten (à la: »Du sollst mit deiner Schwester teilen.« oder »Iss lieber einen Apfel statt Schokolade.«) und Kenntnissen (»Schau, das macht man so ...«) eben fand nicht statt.

So löste sich das Kind auch dementsprechend schnell von den Eltern als Orientierungsgeber und lernte, indem es den Erwachsenen einfach bei dem half, was diese ohnehin taten. *Learning by Doing*, würde man heute sagen, Lernen durch Tun – und nicht etwa Lernen durch Verstehen. Das bedeutet einerseits eine erhebliche Erleichterung der Elternaufgabe, andererseits natürlich, dass so etwas wie Hinterfragung der Methoden, die angewandt wurden – und wahrscheinlich auch das Verstehen dessen, was zu tun ist – nicht wichtig war oder zumindest nicht im Vordergrund stand. Man tat, was man eben tat. Innovationen, die aus Diskussion und kritischem Hinterfragen entstehen, werden durch solche Vorgehensweisen eher nicht begünstigt. Fortschritt wird dadurch erschwert. Abgesehen davon, dass die emotionale Bindung zwischen Eltern und Kind sehr viel schwächer ausgebildet wird. So bewertet Ariès.

»Der Auftritt des Kindes in der Familie und in der Gesellschaft war zu kurz und zu unbedeutend, als dass es sich ins Gedächtnis einprägen und besondere Aufmerksamkeit hätte beanspruchen können. [...] Aus einer gewissen Anonymität gelangte es nie heraus.«[7]

Lediglich in den ersten Jahren, wenn das Kind noch »niedlich« war, erhielt es oberflächliche Gefühlszuwendung – wie ein Püppchen. Ariès schreibt: *»Man vergnügte sich mit ihm wie mit einem Tier, einem ungesitteten Äffchen.«*[8] Heute behandeln die meisten Katzenbesitzer ihr Haustier mit größerer persönlicher Wertschätzung als Eltern des europäischen Mittelalters ihre Kinder. Die Gründe dafür waren vielschichtig, von größter psychologischer Bedeutung jedoch war sicherlich die extrem hohe Kindersterblichkeit in diesen medizinisch und hygienisch unterentwickelten Jahrhunderten. So könnte man psychologisch argumentieren, dass Eltern es sich psychisch gar nicht erlauben konnten, sich über die biologische Notwendigkeit hinaus an ihre Kinder zu binden – weil sie sonst schlichtweg die unglaubliche Trauer und den Gram über den statistisch höchst wahrscheinlichen Kindstod nicht überlebt hätten. Der war in diesen Zeiten an der Tagesordnung und nicht selten verloren Eltern mehrere, wenn nicht gar alle Kinder. Eine Familie und eine Gesellschaft, die mit einer solchen Wirklichkeit leben muss, kann dies nur, wenn sie Mechanismen entwickelt, sich innerlich von dem Trauma zu distanzieren. Und wie distanziere ich mich besser, als mich gar nicht erst zu binden? Wenn das Kind also dann starb, *»wie es häufig vorkam, mochte dies den ein oder anderen betrüben, doch in der Regel machte man davon nicht allzu viel Aufhebens: ein anderes Kind würde sehr bald seine Stelle einnehmen.«*[9] Was für uns heute kalt und grausam anmutet, wirkt auf dem Hintergrund der Lebenswirklichkeit im Mittelalter lediglich wie eine höchst angemessene Reaktion auf eine in gewisser Weise grausame und kalte Umwelt bzw. Natur.

Überlebte das Kind die »Hätschelperiode«, war es wahrscheinlich, dass es von der eigenen Familie weggegeben wurde. Die bisweilen stark romantisierte Vorstellung, dass früher alle Menschen in Großfamilien lebten, hält Ariès in diesem Zusammenhang für Humbug – wenn er es auch ein wenig vornehmer ausdrückt.[10] Das, was wir heute vielleicht »familiäre Liebe« nennen würden, gab es zwar auch, aber in weitaus geringerem Maße und seltenerer Frequenz. Das betraf auch das Verhältnis der Eltern untereinander: Die Liebesheirat war stark unterrepräsentiert, um es ein wenig salopp auszudrücken. Viel wichtiger als Liebe waren Vermehrung oder Erhaltung des Familienbesitzes, gemeinsames Ausüben eines Handwerks, letztlich Hilfe und Stütze in einer gnadenlosen Welt, in der man alleine (ganz besonders als Frau) schlicht nicht überleben konnte. So waren Ehe und Familie viel eher Zweckgemeinschaften und damit emotional viel nüchterner als das heute der Fall ist. *»Gefühle zwischen Ehegatten, zwischen Eltern und Kindern [waren] keine unabdingbaren Voraussetzungen für die Existenz wie für das Gleichgewicht der Familie: um so besser, wenn sie sich zusätzlich einstellten.«*[11] Aber natürlich hatten auch im Mittelalter Menschen das Bedürfnis nach Liebe – also nach »gefühlsmäßigen Bindungen und sozialen Kontakten«[12]. Das wurde auf der anderen Seite dann wieder sehr viel mehr durch Menschen und Netzwerke außerhalb der Familie abgedeckt: Nachbarn, Freunde, Herren und Diener, Alte und Junge, Männer und Frauen – das »Milieu«, in dem man lebte, und das Ariès als »dicht und warm« beschreibt.[13]

All das änderte sich gegen Ende des 19. Jahrhunderts. Zu dieser Zeit geschahen vor allem zwei Dinge:

1. eine die gesamte Bevölkerung betreffende Verschulung und
2. eine umfassende Emotionalisierung der Familienbeziehung.

Man begann nun, Kinder flächendeckend auf die Schule zu schicken. Was vorher nur Eliten aus Adel und Kirche vorbehalten war, wurde nun allen zugänglich. Und so tritt die Schule an die Stelle des *Learning by Doing*. Grund für die großflächige Verschulung war nach Ariès eine »großangelegte Moralisierungskampagne der katholischen und protestantischen Reformer in Kirche, Justiz und Staat«, die, so darf angenommen werden, schon von frühester Kindheit an die ideologische Prägung der Gesellschaft beeinflussen wollte. Wir dürfen ja nicht vergessen, dass Schule in dieser Zeit nicht bedeutete, zum aufgeklärten und freien Denken erzogen zu werden, sondern vielmehr den Kodex einer moralischen Instanz, in den allermeisten Fällen der jeweiligen Kirche, zu erlernen. So bewertet Ariès diese Entwicklung folgerichtig nicht gerade positiv:

[Obwohl es die Entwicklung verzögert und erschwert,] ist das Kind nun von den Erwachsenen getrennt und wird in einer Art Quarantäne gehalten, ehe es in die Welt entlassen wird. Diese Quarantäne ist die Schule [...] Damit beginnt ein langer Prozeß der Einsperrung der Kinder (wie der Irren, der Armen und der Prostituierten), der bis in unsere Tage nicht zum Stillstand kommen sollte [...]. [14]

Egal, ob man dieser eher negativen Bewertung von Schule folgen mag oder nicht, das Phänomen der breiten Verschulung im 19. Jahrhundert erklärt sie stimmig. Diese wird zudem durch seinen zweiten Punkt erst ermöglicht: die Emotionalisierung der Familienbeziehung.

Im 19. Jahrhundert trennen sich Arbeits- und Familienleben. Vormals gab es keinen Unterschied, man lebte und arbeitete als Familie – am nächsten kommt da vielleicht heute noch die traditionelle Bauernfamilie, die allerdings ja in weiten Teilen auch nur noch als Klischeevorstellung existiert. Durch die Trennung von familiärem und beruflichem Bereich erst konnte die Familie immer mehr als »Hort und Hafen« genutzt und aufgebaut werden; quasi als geschützter Raum. *»Die Familie ist zu einem Ort unabdingbarer, affektiver Verbundenheit zwischen den Ehegatten und auch zwischen Eltern und Kindern geworden, was sie zuvor nicht gewesen war.«* [15]

Kinder, als Teil der Familie, werden nun wichtiger – sie werden als wertvoller definiert und die eigenen Gefühle verbinden sich stärker mit ihnen. Sicherlich auch deswegen, weil im 19. Jahrhundert die Kindersterblichkeit schon deutlich gegenüber dem Mittelalter gesunken ist. Aus der tieferen Verbundenheit zwischen Eltern und Kindern resultiert fast zwangsläufig ein steigendes Interesse an deren Erziehung (was wiederum die Verschulung ermöglicht bzw. vorantreibt). Kinder werden nun nicht mehr nur als Mittel zum Zweck (Besitzstandwahrung oder Ehrerhalt) gesehen, sondern ganz im Gegenteil: Kinder werden zum Zweck an sich.

Die Erziehung, die im Mittelalter noch so ablief, dass man seine Kinder im Alter von etwa sieben Jahren zu Lehrherren in deren Familien abgab, damit sie von diesen Werte, Lebenspraxis, Sitten und Manieren lernten, wurde im Laufe des 15. und 16. Jahrhunderts immer näher an die Familie herangebracht. Damit die Kinder nicht so lange und so weit entfernt lernten, wurde darauf gedrungen, Lehranstalten und Kollegs zu bauen, die eine engere Bindung der Familie an die Kinder ermöglichten. Sie sollten innerhalb der Familie leben und außerhalb gelehrt werden.

Diese engere Verschmelzung von Familie und Kind ist zu diesem Zeitpunkt aber eben nur punktuell für wenige wohlhabende Mittelstandsfamilien (Ariès: »der mittlere Teil der Standeshierarchie«) zugänglich. Mädchen waren grundsätzlich davon ausgenommen; sie und die meisten Söhne der Bevölkerung wurden bis zum 18. Jahrhundert noch nach dem alten »Lehrherrenprinzip« erzogen und recht früh in deren Haushalte zum Dienen und Lernen abgestellt. Im 18. und vor allem 19. Jahrhundert dann hat sich die Schul-Bewegung als »Massentrend« herausgebildet und veränderte Gesellschaft und die Beziehung zum Kind umfassend. Vorreiter dabei war immer der Mittelstand. Hochadel und Handwerker blieben noch sehr viel länger dem alten Erziehungssystem verhaftet.[16]

Ein weiterer für uns heute wichtiger Abschnitt im Leben der Kinder liegt in der Nachkriegszeit, also beginnend mit dem Jahr 1945. In der Pädagogik spricht man davon, dass sich Kinder »ihre Umwelt aneignen«. Das bedeutet, dass Kinder zunächst einfach der Welt begegnen und sich ihren Sinn daraus durch Erfahrung und Zusammenhang erstellen. Nehmen wir ein Beispiel: Spinat. Bietet man diesen Kindern an, reagieren sie kaum einheitlich. Die einen lieben ihn, die andern hassen ihn und die Dritten können sich Besseres vorstellen. Die persönliche Geschmackserfahrung bestimmt die Bedeutung des Spinats. In den 1960er-Jahren jedoch kam ein Spinatlieferant auf die Idee, seinen Absatz durch eine falsche Behauptung zu erhöhen: Spinat sei wegen seines hohen Eisengehalts gesund. Heute wissen wir, dass Spinat kaum Eisen enthält und auch sonst nicht besonders nahrhaft ist.

Diese falsche Information wurde aber mit der Ausweitung der Medien – vor allem des Fernsehens – in das Bewusstsein von Eltern und Kindern getragen. Also wurden Generationen von Kindern darauf geeicht, Spinat zu essen. Und das ist symptomatisch für die letzten 60 Jahre: Kinder eignen sich die Welt immer weniger an, sie wird ihnen fertig vorgesetzt und präsentiert. Ob Spinat gut ist oder nicht, ist keine Frage. Er wird einfach als gut definiert – von anderen. Punkt. Wenn er mir also nicht schmeckt, muss ich mich rechtfertigen, warum ich das gute Zeug nicht essen mag. Die Weltsicht in Bezug auf Spinat ist klar. Und sie kommt heute in der medialen Welt, in der wir leben, viel stärker und umfassender von außen, wird vorgeschrieben, als das noch vor einigen Jahrzehnten der Fall war.

Hinzu kommt der allenthalben zitierte Konsum. Seit Jahrzehnten sind uns Güter in Hülle und Fülle zugänglich. Auch hier muss sich noch wenig angeeignet, »erarbeitet«

werden. Wir strecken die Hand aus und haben im Grunde alles – und viel mehr als wir brauchen. Dieser Zustand verändert die Kindheit erheblich. Kickte man früher auf der Straße oder streifte mit Freunden durch den Wald und erfand sich Welten, sitzen Kinder heute vor der X-Box und übernehmen – konsumieren – vorgefertigte Wirklichkeiten. Pädagogen sprechen in diesem Zusammenhang von einer Beschränktheit in der Vollständigkeit und der Unmittelbarkeit des Lebensweltbezuges bei Kindern, wenn das Kind nicht anderweitig noch »Aneignungsweisen« lernt – also beispielsweise in Kindergarten, Schulen oder zu Hause.

Vereinfacht: Je mehr fertig vorgesetzt wird, desto weniger lernt das Kind, sich seine Umwelt anzueignen und wird letztlich die Welt und deren Spielregeln nicht beherrschen können. Wir müssen eben leider alles, was wir lernen, durch unsere eigene Mühle drehen, sonst wird es nicht Unseres, sondern bleibt uns immer fremd. Oder bildlich gesprochen: Wer nur Passiertes isst, wird nie lernen zu kauen – und außerdem werden Magen und Verdauung unterfordert und verkümmern. Muss dann einmal etwas schwer Verdauliches geschluckt werden, kommen Magenkrämpfe. Das wäre ja kein Problem, könnte man sagen, solange man immer nur Passiertes isst, aber erstens tut das dem Körper nicht gut und zweitens ist das Leben leider nicht so angelegt, dass es uns alles immer durch den Mixer dreht. Das Leben wartet ja nicht, um uns mundgerecht die Lektionen zu servieren. Und es wartet nicht, bis wir geschluckt haben. Auf dieses Leben gilt es unsere Kinder vorzubreiten, sodass sie stark und erfolgreich mit ihm zurechtkommen, dass sie ihre Erfolge wahrnehmen und feiern können, dass Misserfolge sie nicht aus der Bahn werfen und die Hoffnung für immer zu zerstören vermögen.

Solche Kinder wollen wir erziehen. Und dafür ist es nötig aufzuhören, alles durch den Mixer zu drehen, bevor wir es ihnen präsentieren. Kinder müssen lernen, Brocken zu schlucken, sonst verschlucken sie sich ihr Leben lang. Überversorgung in jeglicher Form ist Gift für einen starken Organismus. Im Grunde wissen wir das – es gilt ja auch im körperlichen Bereich, wie die Diskussion um stark übergewichtige Kinder beweist. Aber Eltern sind heute zunehmend irritiert. Die Postmoderne hat zugeschlagen. Diese bis heute letzte Phase der Geschichte beginnt in den 1960er und -70er-Jahren und dauert im Grunde bis heute an. Charakteristisch ist die Auflösung dessen, was von so gut wie allen als verpflichtend empfunden wird und damit auch die Verpflichtung, so oder so zu leben, zu glauben oder zu empfinden. Die Postmoderne zeichnet sich aus durch die höchste Individualisierung, die die Geschichte je erlebt hat (mehr dazu auf Seite 168).

Heute gilt: Ich bin genauso wichtig wie du, meine Weltsicht ist mindestens genauso viel wert und genauso richtig oder falsch wie die des Polizisten, Präsidenten oder Papstes. Was richtig oder falsch ist, ist heute nicht mehr klar. Wer ich als Person bin oder zu sein habe, wird mir im Vergleich zu allen früheren Zeiten kaum noch vorgeschrieben – vom Tellerwäscher zum Präsidenten: »Ich kann sein, was ich will.« Solche Sätze haben unser Denken maßgeblich geprägt, wenn sie auch in ihrer Logik beschränkt sind, denn ich kann natürlich nicht alles sein, was ich will. Ich wäre z. B. sehr gerne Opernsänger auf internationalen Bühnen geworden, aber das ist leider bei meiner Stimme eben nicht möglich. Aber grundsätzlich steht uns heute, wenn nicht alles, so doch vieles offen.

Das bedeutet große Freiheit – und großen Druck. Wir können uns heute selbst erfinden, müssen es aber auch.

Und wir müssen selbst herausfinden, was im Dschungel der Angebote für uns richtig und falsch ist. Und schon beginnt die Sehnsucht zu wachsen nach einem, der uns endlich wieder sagt, was richtig ist. Davon leben Religionen und Ideologien.

Halten wir an diesem Punkt fest, was wir aus der Geschichte lernen können:

1. Es gibt verschiedene Modelle von Erziehung, die offenbar alle über Jahrhunderte Anwendung fanden.
2. Jedes Modell stellt ein angepasstes System dar, das auf die Gesellschaftssituation reagiert und in sich zunächst wertfrei ist.
3. Alle Formen der Erziehung funktionieren im Sinne von »erfüllen ihren Zweck«. Sobald dies nicht mehr der Fall war, haben sie sich verändert.

Das sind drei Grundsätze, die einen heute insofern entlasten können, als sie den Druck nehmen, man müsse für die eigenen Kinder um Himmels willen das eine Schul-, Erziehungs- und Bildungssystem finden, welches das richtige nach allgemeiner Definition ist. Die Geschichte lehrt vielmehr, dass Erziehung schon immer und auch heute eine individuelle Angelegenheit ist und auf die eigenen Bedürfnisse von Situation, Gesellschaft und Familie zugeschnitten sein muss und darf. Dabei lassen wir gar noch die anderen Kulturen der Gegenwart völlig außer Acht.

Viel wichtiger, als zu versuchen herauszufinden, wie »man« im universellen Sinne am besten seine Kinder erzieht, scheint es also zu sein, sich damit zu beschäftigen, welche Ziele, Werte, Menschenbilder mich und meine Familie leiten, welche Anforderungen unser *konkretes* Familienleben an Erziehung stellt. Die Ergebnisse werden entsprechend unterschiedlich sein – und dies im rechtlichen Rahmen – auch sein dürfen.

Lassen Sie sich also nicht einreden, es gäbe *die* Erziehungs- und Bildungsform. Sie dürfen gelassen, mutig und selbstbewusst das Richtige für sich herausfinden und sich dafür entscheiden.

Wo beginnt Überversorgung?

Linie 66 fährt zum Bahnhof. Alle zehn Minuten. Ich nehme sie oft, wenn ich vom Sportstudio nach Hause fahre. Auf halbem Weg etwa überfährt sie gewöhnlich den Rhein. Aber an diesem Tag ist die Brücke gesperrt. Die starken Windböen haben das alte Bauwerk in solche Schwingungen versetzt, dass die Brücke für schwere Fahrzeuge gesperrt werden musste. Am Brückenkopf sollen alle aussteigen und über die Brücke laufen. Am anderen Ende wartet der weiterführende Bus. Der Weg ist etwa 200 Meter lang, es geht bergauf. Ich bin kaum ausgestiegen, laufe ich an einem etwa zehnjährigen stark übergewichtigen Jungen vorbei. Er hat seinen Ranzen voll frustrierter Wut auf den Boden geworfen, setzt sich schmollend auf den Boden, kramt ein Handy aus der Tasche und wählt. Ich verringere mein Tempo, um hören zu können, was jetzt kommt:

»Mamaaaaaa!!!«

»...«

»Ich muss über die Brücke gehen!«

»...«

»Ich soll da drüber l-a-u-f-e-n!«

»...«

»Hol mich ab!«

»...«

»Mama, HOL MICH AB!«

»...«

»Ich lauf' da nich rüber. Nö!«

»...«

»An der Haltestelle.«

»...«

»Okay.«

Dieses Kind ist überversorgt. Mit Nahrung, mit Aufmerksamkeit und mit Annehmlichkeiten. Das was zu sehen war, war sicher nur die Spitze des Eisbergs. Offenbar funktionierte das System Überversorgung schon seit Jahren. Mutter und Sohn – vielleicht auch der Rest der Familie – sind ein eingespieltes Team. Die Regeln sind verinnerlicht, es bedarf keiner großen Worte oder Diskussionen. Eine Kultur der Überversorgung ist ablesbar, die Grenze ist verschoben, das spürt man irgendwie. Aber wo genau verläuft die Grenze, ab wann wird notwendige, wichtige und gute Versorgung zu viel, wann entsteht Überversorgung?

Beginnen wir beim Wort an sich. Was bedeutet »Überversorgung«? Die Vorsilbe »Über« signalisiert ein »Zuviel«, das über ein Idealmaß hinausgeht. Es handelt sich also um »zu viel Versorgung«. Und was bedeutet Versorgung? Das Deutsche Wörterbuch der Gebrüder Grimm, Jacob und Wilhelm, findet in der deutschen Sprache eine unerwartet lange Liste von Verwendungen des Wortes »versorgen«:

Versorgen
a) *Etwas ausrichten, bestellen, besorgen, seine Sorge auf etwas richten, dass es zustande kommt, im Stande bleibt, ordnungsgemäß ausgeführt wird, etwas verschaffen, etwas in Ordnung halten, sichern, hüten, bewachen.*
b) *In besonderer Anwendung auf Schulden, Verpflichtungen bezogen: Sie sicherstellen für den Gläubiger.*
c) *Einschließen, bergen, in Sicherheit bringen, verwahren.*

d) Ausstatten, versehen mit Vorrat, mit dem zur Zweckerfül-
lung notwendigen, besonders auch in prägnanter Anwen-
dung: eine Zeitung mit Nachrichten versorgen, ihr Nach-
richten liefern, zutragen; die Pulsader versorgt die Muskeln,
die Haut.

e) Einen sicherstellen in Bezug auf eine Forderung, in älterer
Sprache: ein Schutzbündnis eingehen, einem Sicherheit
gewähren. In allgemeinerem Sinne, einen berücksichtigen,
sein Interesse in einer bestimmten Sache wahrnehmen, ihn
in einer Forderung unterstützen.

f) Einen versorgen, ihn in Gewahrsam nehmen, z. B. im Irren-
haus.

g) Versorgt, von einem Hund, Pferd oder Rind, für dessen gute
Eigenschaften man garantiert.

Sie dachten, es sei ein einfaches Thema mit der Überversorgung? Wir ahnen allein beim Betrachten der Wort-
bedeutung, dass es sich bei Weitem nicht um ein leicht zu
fassendes Phänomen handelt. Allzu schnell fällen wir Urteile
und benutzen Etiketten für etwas, das wir kritisieren ohne
uns bewusst zu machen, warum es uns eigentlich stört, ob
das nicht vielleicht viel mehr über mich selbst aussagt als
über das vermeintliche Störobjekt und was das eigentlich
bedeutet – besonders für die Etikettierten. In unserem Fall
sind das die Kinder, die wir »überversorgt« nennen und die
Eltern, die wir als »überversorgend« titulieren werden.

Deshalb möchte ich an dieser Stelle ganz deutlich darauf
hinweisen, dass es hier nicht darum gehen kann, Verurtei-
lungen auszusprechen, sondern vielmehr darum, Wirkzu-
sammenhänge aufzuzeigen und ein Problembewusstsein zu
schaffen. Diesem Buch liegt zu jedem Zeitpunkt die Überzeugung zugrunde, dass wir als Menschen in den wenigsten
Fällen, wahrscheinlich sogar niemals, morgens aufstehen und

bewusst sagen: »So, heute verderbe ich mein Kind.« Dennoch tun wir es. Nicht jeder und nicht immer, aber doch der ein oder andere ab und an. Die Intentionen sind dabei bestenfalls gut, schlechtestenfalls egoistisch. Die Resultate können sehr negativ sein. Aber auch hier lehrt die therapeutische Praxis: Es gibt immer Hoffnung und die Möglichkeit, wenn auch nicht immer zur Heilung, dann zumindest zum Trost.

Gehen wir also spätestens ab jetzt mit Ehrfurcht und Wohlwollen für alle Betroffenen an das Thema »Überversorgung« heran. Niemand ist ein Tyrann und keiner will Böses. Was nicht heißt, dass Überversorgung keine Probleme zeigt. Ganz im Gegenteil. Gerade die Überversorgung ist Ursache vieler Fehlentwicklungen im Verhalten von Kindern und den daraus resultierenden Erziehungsproblemen.

Schauen wir auf die Wortbedeutungen zurück, dann drängt sich der Eindruck auf, dass die Verwendung von »versorgen« ursprünglich hauptsächlich mit dem unpersönlichen Objekt verwendet wird, dass also vor allem Dinge versorgt wurden. Und man fragt sich womöglich, ob es überhaupt das richtige Wort ist, um damit Personen, zumal Kinder, damit in Verbindung zu bringen. So, als seien Kinder Objekte oder Dinge. Das wäre ein Missverständnis.

In der Psychologie – und die ziehen wir hier ja ständig heran, um Phänomene zu verstehen – spricht man von Objekten und meint genau: Dinge oder Personen, auf die sich Emotionen richten. Es hat also für den Psychologen nichts Kaltes oder Unpersönliches, wenn von Objekt die Rede ist. Es gibt sogar eine ganze psychologisch Schule der »Objektbeziehung«. Beim Psychologen Heinz Kohut begegnet uns weiter unten noch der Begriff »Selbstobjekt«, das z. B. die Eltern von Kleinkindern bezeichnet. Stören Sie sich also nicht an dem Begriff Objekt, nehmen Sie es als Psychologendeutsch, das darf ja auch mal sein.

Überfliegen wir die Liste der Wortbedeutungen, fallen vor allem zwei Dimensionen auf; Versorgung bedeutet: Sicherheit und Nährstofftransport. Kann man davon jeweils genug haben? Ist es überhaupt möglich, zu viel Sicherheit zu erfahren? Ist die maximale Sicherheit nicht genau das, was wir alle anstreben? Und kann die Versorgung mit dem, was ich zum Leben brauche, zu viel sein? Ist die absolute Sättigung nicht das, was Zufriedenheit bedeutet? Wollen wir nicht endlich satt sein? Ist das nicht sogar Glück? Ist nicht das Wort *Über*versorgung in Wahrheit paradox? Nein, denn das, was wir spüren, wenn wir Überversorgung hören, nämlich ein negatives »zu viel«, gibt es in beiden Dimensionen des Wortes »Versorgung«. Es gibt zu viel Sicherheit und es gibt zu viel Nahrung. Beides führt letztlich zur Lähmung:

Zu viel Sicherheit lässt uns niemals aufbrechen, niemals suchen. Und niemals ankommen.

Wer zu viel Sicherheit hat, wagt nichts, bricht niemals auf zu neuen Ufern, braucht nichts und braucht sich vor allem nichts zu besorgen, kennt keine Risiken, entwickelt keine Frustrationstoleranz und erlebt sich niemals als stark genug, um Widerstände aus dem Weg zu räumen. Wer keine Unsicherheit kennt, weiß nicht, was Sicherheit ist – und wird sich paradoxerweise so ständig unsicher fühlen. Man weiß dann nicht, dass der Zustand, in dem man sich befindet »Sicherheit« bedeutet, weil man nie erfahren hat, wie Unsicherheit ist und wie es sich anfühlt, wenn sich nach erfahrener Unsicherheit dieser innere Frieden einstellt, die Beruhigung.

Wir erleben z.B., dass bei steigendem Wohlstand einer Gesellschaft die Zahl der Angst- und damit auch der Zwangsstörungen deutlich ansteigt. Das hat viel miteinander zu tun. Wenn eine Zwangsneurotikerin 150 mal das Licht an- und ausschalten muss, bevor sie das Gefühl hat, dass es auch wirklich aus ist, danach 80 mal den Schlüssel im Haustürschloss hin und her drehen muss, um sicher zu sein, dass auch wirklich abgeschlossen ist, dann jede Treppenstufe so nehmen muss, dass sie die Kanten nicht berührt usw., dann wird damit so viel Energie gebunden und es geht so viel Zeit »verloren«, dass die Betroffenen genau jene Behinderung und Lähmung ihres Lebens durch den Zwang beschreiben, die ich hier meine. Für sie ist sogar die Sicherheit unsicher geworden, weil sie den Unterschied der beiden Zustände nie (emotional) gelernt haben. Dafür gibt es viele Gründe, einer davon das Zuviel an erfahrener Sicherheit und das Zuwenig an erlebter Unsicherheit. Natürlich gibt es das auch umgekehrt. Die Folgen sind ähnlich verheerend.

Außerdem: Wer zu viele Nährstoffe erhält, wird ebenfalls gelähmt, bewegungsunfähig. Wir kennen das, wenn wir an Weihnachten oder anderen Festtagen gemästet auf der Couch liegen. Ein Zuviel an Nährstoffversorgung macht uns träge, desinteressiert, schläfrig, gleichgültig, denkunfähig. Eine Überversorgung mit Nährstoffen führt in unserem Organismus dazu, dass eine ganze Maschinerie angefahren wird, die dafür sorgt, dass dieses Zuviel wieder irgendwie ausgeschieden oder gelagert wird. Es gibt Menschen – und wie wir wissen immer mehr Kinder in westlichen Gesellschaften –, die mit Nahrung extrem überversorgt sind. Und damit ein großes Problem haben – nicht nur, weil sie aufgrund von Übergewicht von anderen gehänselt oder ausgegrenzt werden, was ohnehin mehr über die Unfähigkeit der anderen zur Toleranz aussagt. Sondern, weil ihre Körper Schaden nehmen und auch wichtige Erfahrungen erschwert oder ganz unmöglich gemacht werden – vom Schwimmen mit Freunden bis hin zu sexuellem Erleben. Das ist traurig und hat mit Glück rein gar nichts zu tun.

Die Gebrüder Grimm lehren uns darüber hinaus, dass

Versorgung mit Sorge zu tun hat. Damit wäre Überversorgung zuviel Sorge. Und hinter jeder Sorge steckt: Angst. Die Angst davor, Verlust zu erleiden, ohne das dastehen zu müssen, was einem so wert und teuer ist – Mensch, Tier, Zustand oder Sache. Diese Dimension halte ich für zentral in der Betrachtung von Überversorgung und wir werden uns damit ausführlich im Kapitel »Warum wir überversorgen« beschäftigen, in dem es darum geht, warum Eltern zu Überversorgern werden.

Halten wir für hier fest: Wer sich zu sehr sorgt, wer zu ängstlich ist, versorgt u. U. zuviel. Während Versorgung Ausdruck einer angemessenen Sorge und Ängstlichkeit ist (Angst ist grundsätzlich ja alles andere als schlecht – sie bewahrt uns vor wirklichen Gefahren), ist Überversorgung im Grunde nichts anderes als der Ausdruck für die eigene übergroße Ängstlichkeit, Zeichen für die eigenen zu großen Verlustängste, für die überzogene Angst vor Imageverlust usw. Das Thema ist dann: Wie schaffe ich es als Erziehende(r), meine eigenen Ängste zu beherrschen und mich nicht umgekehrt von ihnen beherrschen zu lassen.

Und bemühen wir zu guter Letzt wieder die Psychologie, die durchgängig davon spricht, dass Menschen mit Liebe versorgt werden müssen – sonst zerbricht die Seele. Liebe drückt sich aus in Wahrnehmung des anderen, in Aufmerksamkeit für das Gegenüber – das Kind, den Partner, die Freunde usw.

Nun könnte man argumentieren, dass es zuviel Liebe natürlich nicht geben kann. Ich stimme dem zu, möchte es aber differenzieren: Wenn Liebe optimale Aufmerksamkeit bedeutet, dann ist es sicherlich richtig, dass es nicht zuviel optimale Aufmerksamkeit gibt.

Dennoch gibt es zuviel Aufmerksamkeit. Nämlich dann, wenn Bedürfnisse schon erfüllt werden, die noch gar nicht geäußert oder – noch schlimmer – noch gar nicht selbst wahrgenommen wurden. Oder gar nicht bestehen … Dann tritt das ein, was wir im Volksmund mit »erstickender Liebe« bezeichnen. Wir sprechen in diesem Zusammenhang auch von der »Übermutter«, was aber Väter in gleichem Maß betrifft. Eine solche Überversorgung mit Aufmerksamkeit ist dann eventuell Ausdruck der eigenen Unfähigkeit, sich selbst als eigenständige Person jenseits der Funktion des Sorgens, Helfens, Unterstützens, Bedürfnisse-Erfüllens usw. vorzustellen. Oder auch das eigene Bedürfnis, Abhängigkeiten zu erzeugen, um so das Gefühl zu sichern, dass man gebraucht – und damit selbst »geliebt« – wird. Das bedeutet Überversorgung mit Liebe bzw. Aufmerksamkeit in unserem Zusammenhang.

Überversorgung kann sich aus folgenden Komponenten zusammensetzen:
- Zu viel Sicherheit
- Zu viel Nahrung (im weitesten Sinne)
- Zu viel Angst
- Zu viel Freiheit
- Zu viel Aufmerksamkeit

Des Weiteren kommt eine US-amerikanische Studie[17], in der über 1200 Personen auf Überversorgung hin untersucht wurden, zu folgenden Ergebnissen:

- Kinder mögen Überversorgung zeitweise gut finden, aber letztlich führt sie zu schmerzhaften Problemen für die Kinder und deren Umgebung.
- Überversorgte Kinder werden oft fordernd und undankbar.
- Kinder, die mit Schulungs- und Trainingsstunden überversorgt sind (Sprachen, Instrumente, Sport etc.), haben u. U. hervorragende Fachfähigkeiten, aber verkümmerte

Fähigkeiten, die ihnen helfen, den normalen Alltag zu meistern.

- Erwachsene, die als Kinder überversorgt wurden, leiden später stark an Situationen, in denen ihr angewöhntes überzogenes Anspruchsverhalten von ihrer Umwelt abgelehnt wird. Außerdem leiden sie überall dort, wo ihnen Fähigkeiten fehlen, die ihre Umwelt erwartet.
- Überversorgung beschränkt sich nicht auf Kinder. Auch Erwachsene können andere Erwachsene übermäßig versorgen.

Fassen wir Überversorgung zu drei großen Problembereichen zusammen:

1. Zu viele Sachen (»Materialismus«)

Um zu illustrieren, wie die drei Arten von Überversorgung im Erwachsenenalter zu immensen Problemen werden können, schildere ich jeweils einen Fall aus meiner Praxis. Hier der erste: Kürzlich kam ein Klient zu mir, der mit Depression zu kämpfen hatte. Es fiel ihm schwer, sich zu motivieren, er war über mehrere Wochen antriebslos und schlapp gewesen. Seine Tage verbrachte er vornehmlich im abgedunkelten Zimmer in seinem Bett. Er hatte an nichts mehr wirklich Freude. Seit einigen Wochen nahm er stetig an Gewicht ab, was er sich nicht erklären konnte. Außerdem war er immer wieder tieftraurig, wusste aber nicht, warum eigentlich – seine Trauer geschah »ohne Grund«. Im Laufe der Therapie war es notwendig herauszufinden, woher seine Trauer rührte – denn ohne Grund geschieht in der Psyche gar nichts. In der Aufarbeitung seiner Vergangenheit entfaltete sich der Kosmos eines Lebens, das viel mit Überversorgung zu tun hatte. Seine Eltern waren wohlhabende Geschäftsleute, besaßen mehrere Häuser und Wohnungen, es war immer alles

Materielle im Übermaß vorhanden gewesen. Seine Kindheit schilderte er als glücklich, und er fühlte sich von seinen Eltern auch geliebt. Nun war er 46, und sie waren vor einigen Jahren gestorben. Er hatte die beträchtliche Hinterlassenschaft mit seinen beiden Geschwistern geerbt. Sein Bruder war Rechtsanwalt und seine Schwester nach einem BWL-Studium Geschäftsführerin im elterlichen Betrieb geworden. Er, der Jüngste, hatte »nichts gelernt und nichts erreicht«, wie er es ausdrückte. »Ich hatte immer alles, bevor ich wusste, dass ich es wollte.« Das Angebot, in den Betrieb der Eltern einzusteigen, hatte er abgelehnt. »Das wäre eine Katastrophe gewesen! Ich kann mit Geld doch gar nicht umgehen.« Er empfand sich als »Versager, Nichtsnutz und hoffnungslosen Fall. Sie können es nicht nachempfinden wie es ist, wenn man immer alles hat, ohne es sich verdienen zu müssen. Es sich verdienen zu können. Furchtbar. Manchmal denke ich: Wenn ich nicht da wäre, würde es auch keinen Unterschied machen. Es würde alles so weiter laufen wie bisher. Ich würde keine Lücke hinterlassen.« Die Überversorgung erklärt nicht vollends seine Depression. Es gab noch andere Gründe, die hier nicht weiter aufgeführt werden sollen. Dennoch hatte die Tatsache, dass sich der Klient in seinem ganzen Leben nie als erfolgreich erfahren konnte, weil er nie gefordert wurde, eine Schlüsselbedeutung in seiner psychischen Misere. Er wusste nicht, was er leisten konnte, zu was er fähig war. Er konnte nichts genießen, weil er nicht erfahren hatte, wie es sich anfühlt, für etwas gearbeitet und gekämpft zu haben – und es endlich in Händen zu halten. Dinge waren für ihn bedeutungslos, weil er sie alle haben konnte.

2. Zu viel Aufmerksamkeit

Eine Klientin ist seit einigen Wochen in meiner Praxis in Behandlung. Unter anderem geht es immer wieder um die Frage, warum sie mit 38 Jahren »noch immer keine Beziehung hatte, die länger als drei Monate dauerte«. »Ich finde einfach keinen Partner – irgendwann langweilen mich die Männer oder nerven mich zu Tode.« Schon bald wurde deutlich, woran diese Klientin wirklich litt. Anfangs punkteten die neuen Liebhaber mit einer schier unglaublichen Menge an Aufmerksamkeit. Da wurde sie vom Büro abgeholt und mit Karten fürs Theater oder einer Essenseinladung überrascht. Am Wochenende luden die neuen Partner sie ins Wellnesshotel oder zum Shoppen in irgendeine Großstadt ein. Wenn sie auf Geschäftsreise war, schrieben sie ihr liebevolle und aufmunternde SMS oder bestellten Blumen auf ihr Hotelzimmer. »So muss das aber auch sein«, meinte sie. Ein Programm wie ein Feuerwerk – verdammt dazu, schon bald abzubrennen. Und wenn das dann geschah – nach zwei bis drei Monaten – stellte sich bei der Klientin ein Gefühl der Nichtigkeit ein: »Ich werde nicht mehr wertgeschätzt.« »Eine Frau«, so erklärte sie mir zu Beginn der Therapie, »will umworben werden; nicht nur in den ersten paar Wochen. Ein Mann, dem ich mich hingebe, muss es auch wert sein.« Diese Mischung aus Bedürftigkeit und Hochmut ist symptomatisch für Menschen, die als Kinder und junge Erwachsene mit Aufmerksamkeit überversorgt wurden. Sobald das überaus privilegierte Verhalten der neuen Partner zwangsläufig abebbte und sich auf »Normalmaß« hinbewegte, empfand sie das als Kränkung, Unverschämtheit, Nichtbeachtung ihrer Bedürfnisse. Als Kind dominierte sie die Familie. Jeder Ausflug wurde abgebrochen, wenn es ihr langweilig wurde oder nicht mehr gefiel. Zu Geburtstagen gab es ein Riesenprogramm – vom engagierten Clown bis zur gemieteten Hüpfburg. Wenn sie sich nicht wohl fühlte, wurde sofort der Klavierunterricht oder der geplante Theaterbesuch abgesagt.

Es ist nicht verwunderlich, dass Beziehungen, die unter

diesen Voraussetzungen zustande kommen, über die erste Verliebtseinsphase (in der sich alle mächtig ins Zeug legen) hinaus nicht bestehen können. Abgesehen davon, dass die Klientin mit ihrer Haltung natürlich genau auf diejenigen problematischen Männer ansprang, die eine eher »hysterische« Grundstruktur besaßen, in allem extrem, nicht selten Borderliner waren oder manisch-depressiv – also entweder himmelhochjauchzend oder zu Tode betrübt.

»Als Kind habe ich das Leben einer Prinzessin geführt.« Damit war es als Erwachsene leider vorbei. Insgeheim jedoch erwartete die Klientin, dass ihre Partner ihr genau die Behandlung angedeihen ließen, wie es ihre Eltern taten. Eine Überforderung jeder Partnerschaft. Es bedurfte einer Menge Muts, diesen Anspruch an Partner und Leben sein zu lassen. Aber diese Klientin ist sich selbst auf die Spur gekommen und hat erkannt, was in dieser Hinsicht ihr wirkliches Problem ist. Nämlich nicht »die Männer«, sondern ihre übersteigerten Erwartungen aufgrund übersteigerter Versorgung mit Aufmerksamkeit in ihrer Vergangenheit.

Unter der Rubrik Überversorgung mit Aufmerksamkeit möchte ich auch die **Überversorgung mit Sicherheit** einordnen. Das bisweilen übersteigerte Sicherheitsdenken einiger Eltern, das paradoxerweise nicht selten an Autonomieberaubung grenzt, treibt unter Umständen bizarre Blüten – wie mir eine Bekannte berichtete: Der Schulleiter an der Grundschule ihrer Tochter ist seit fast 30 Jahren im Amt. In seiner Anfangszeit war der Schulweg nie ein Thema gewesen. Die Kinder gingen zu Fuß zur Schule und nach den ersten Wochen auch ohne Begleitung. Im Lauf der Zeit nahm das Thema aber einen immer größeren Raum ein. In den letzten

Jahren versuchte der Schulleiter immer wieder, den Eltern klarzumachen, dass Kinder ihre Umwelt selbständig erobern müssen. Dazu gehöre auch der Schulweg, der bestens markiert und auch ausreichend »geprobt« wird. Doch nach der Einschulung immer wieder das gleiche Bild: Autoschlangen vor der Schule, die auch vor Zebrastreifen, Halteverboten und Einbahnstraßen nicht Halt machen. Eltern, die ihren Kindern alle vier Grundschuljahre lang ihren Ranzen bis an die Schulbank tragen. Frage man sie, warum sie das tun, seien es meist Ängste, ihrem Kind könne alleine auf dem Schulweg etwas zustoßen. Nicht selten werde der »fremde Mann« ins Spiel gebracht. Regelmäßige Vorträge von einem Kriminalkommissar, der den Eltern anschaulich darlegt, dass die Zahl der Kriminalfälle seit den 1970er-Jahren rückläufig sei, der allergrößte Teil der Straftäter aus dem häuslichen Umfeld des Kindes stamme und dass der wirksamste Schutz vor Gewalt die Stärkung des Kindes – die durch das Wissen um die eigenen Fähigkeiten erreicht werde – sei, können der »gefühlten Bedrohung« der Eltern nichts entgegensetzen. Jeder neue in den Medien umfassend behandelte Fall von Kindesentführung oder -tötung steigert diese irrationale Angst noch weiter, und die Industrie stellt sich gerne darauf ein: technische Hilfsmittel vom Handy mit Ortungsfunktion bis hin zur angedachten Satellitenüberwachung sagen den Eltern, wo ihr Kind ist und wahrscheinlich bald auch, was es gerade macht.

Tatsächlich sank in den letzten zehn Jahren die Zahl der Kriminalfälle, in denen Kinder Sexualdelikten mit Todesfolge zum Opfer fielen von ca. 60 auf ca. 30 pro Jahr. Das ist eine Verringerung um 50 Prozent! Die

Wahrnehmung aber hat sich vervielfacht. Man hat heute viel mehr das Gefühl, dass an jeder Ecke Triebtäter lauern. In einem Straßeninterview der Tagesschau im Zuge eines Sexualmords an einem kleinen Mädchen stellte kürzlich ein aufgebrachter Vater fest: »Man kann ja Kinder heute nicht mehr unbeaufsichtigt lassen. Ich würde meine Tochter auf keinen Fall mehr alleine irgendwohin laufen lassen. So was passiert ja heutzutage überall!« Solche Eltern würden gerne ihre Kinder unter Dauerbewachung stellen und um Bolzplätze Bodyguards postieren – und da hilft auch keine noch so deutliche Statistik. Abgesehen davon, dass, wie oben erwähnt, die Tausende von ungemeldeten Sexualstraftaten, die vorsichtigen Schätzungen zufolge jährlich in Deutschland geschehen, vornehmlich durch nahe Verwandte erfolgen und man dann seine Kinder konsequenterweise eher schützen würde, indem man Familienfeiern fernbliebe oder nur noch familienfremde Babysitter anstellte, als sie auf dem Schulweg zu begleiten.

3. Zu viel Freiheit bzw. zu weiche Strukturen

Auch hier zur Verdeutlichung die Geschichte eines Klienten: Manfred K. hatte in sechs Jahren achtmal den Arbeitgeber gewechselt und nun große Probleme, eine Anstellung zu finden. Und das nicht etwa, weil ihn niemand mehr wollte – er war Verfahrenstechniker und als solcher gesucht. Vielmehr lehnte er jede Arbeitsstelle ab. Aber er drückte das natürlich anders aus: »Ich mach den Scheiß nicht mit. Hab ich gar keine Lust zu. Hab ich auch gar nicht nötig. Erstens sind die Chefs in aller Regel total inkompetent und wollen mir dann noch erzählen, wie ich meine Arbeit zu machen habe. Ich bin doch nicht der Erfüllungsgehilfe für Dorftrottel.« Seine Kündigungen kamen dadurch zustande, dass er nach einigen Wochen oder Monaten anfing, die in den Unternehmen bestehenden Regeln und Formalia grundsätzlich zu ignorieren und sich zu weigern, bestehende Prozesse zu übernehmen. »Die sind völlig willkürlich, und ich bin im Grunde ein Kreativer. Ich brauche Freiheiten. Keine Betonköpfe und Kleingeister.« Sobald ihm jemand Vorschriften machte oder auch nur Arbeitsaufträge gab, erwachte der Rebell in ihm. Wenn dann auch noch Kritik an der Qualität seiner Arbeit kam – und er war sehr wahrscheinlich nicht immer so brillant wie er meinte – kündigte er. Manfred K. hatte ein massives Problem, mit Vorschriften umzugehen, Befehle auszuführen und sich in bestehende Systeme mit deren Regeln und Regularien einzugliedern. Das kam ihm vor wie eine Aufgabe seiner selbst. Als Kind wurden ihm keine Grenzen gesetzt. »Ein Nein habe ich von meinen Eltern nie gehört. Mein Vater sagte immer: ›The sky is the limit‹. Lass dir bloß nie von irgendwelchen Spießern vorschreiben, was richtig oder falsch ist.« So sympathisch vielleicht die Freigeistigkeit einer solchen Lebenshaltung ist, führte sie doch im Fall meines Klienten dazu, dass er langsam verzweifelte. Er fragte sich zunächst, wie er denn arbeiten sollte, wenn alle so kleinkariert und begrenzt seien. Zwar noch nicht die richtige Frage, aber immerhin ein guter Anfangspunkt. Es dauerte dann auch nicht lange, bis er sich die wirkliche Frage stellte, warum er nämlich mit Freiheitsbegrenzungen nicht umgehen konnte, und *konnte* so Schritt für Schritt sein wirkliches Problem, das seinem dauernden Stellenwechsel zugrunde lag, lösen.

Im Schema[18] auf den folgenden Seiten finden Sie die wichtigsten Punkte der drei Überversorgungstypen zur genaueren Erläuterung.

Zuviel an	Was sind die möglichen Gründe?	Was kann das bei den Kindern bewirken?	Wenn das ein Problem für Sie ist, können Ihnen diese Punkte helfen, das rechte Maß wieder herzustellen:
Materiellen Dingen	**Schuldgefühle** Überversorgung dient in diesem Fall zur Kompensation von Schuldgefühlen. Die empfinden Eltern etwa bei Mangel an Zeit, die sie mit ihren Kindern verbringen, bei Mangel an Geld (oft machen tatsächlich die ärmsten Menschen die größten Geschenke) oder auch nach Fehlbehandlung, übermäßiger Bestrafung oder Misshandlung von Kindern, bei Trennung und Scheidung etc. Hierunter fallen auch schwere Krankheit oder Behinderung der Kinder, für die mit materiellem Überfluss kompensiert werden soll. **Fehlendes Wissen und Angst** Viele Eltern geben zu früh zu viel, weil sie meinen, die Kinder bräuchten es, um sich gut zu entwickeln. Dahinter steckt eine Grundangst, die Erziehung falsch zu machen, Chancen zu verpassen, Kinder zu schädigen o. ä. Resultat ist dann nicht selten die Überfütterung der Kinder mit sog.	Übersteigerte Anspruchshaltung Verhältnisverlust Haushalten wird nicht gelernt Wertschätzung für Dinge wird nicht entwickelt Anreiz zur Manipulation	**Kommen Sie Ihren Schuldgefühlen auf die Spur.** Überlegen Sie, ob Ihr Kind wirklich zu wenig Zuwendung hat, oder vielleicht erfährt es diese auch von anderen Menschen, Großeltern, Erziehern etc. **Reduzieren Sie die Menge.** Beginnen Sie, pro Tag mindestens einmal Nein zu sagen. Und bleiben Sie dabei. **Verlangen Sie Argumente.** Fordern Sie von älteren Kindern, Sie zu überzeugen, dass die Neuanschaffung wirklich nötig ist. Nur, wenn die Argumente gut sind, stimmen Sie zu. **Kaufen Sie nicht vorauseilend.** Reduzieren Sie drastisch die Situationen, in denen Sie Dinge anschaffen, von denen Sie *denken*, Ihr Kind könnte es wollen.

»Lernspielzeug«, um ja genug und frühzeitig zu fördern – und dabei zu überfordern.

Stressituationen
Der berühmte Lutscher an der Supermarktkasse zählt ebenso hierzu wie der gestresste Papa, der Geld verteilt, weil er seine Ruhe haben oder arbeiten will.

Verhältnisverlust
Viele Eltern – und nicht nur die superreichen – haben keine Referenzpunkte. Sie vergleichen zu wenig bzw. lassen das nicht zu. Was schon längst zu viel ist und ihr Kind schädigt, scheint ihnen gerade genug.

Überidentifikation
Eltern, die nicht gut trennen können zwischen ihrem eigenen Leben und dem ihrer Kinder, wollen bisweilen, dass ihre Kinder »es besser haben« als sie es hatten. Dahinter steckt dann aber der unbewusste Wunsch, die eigene Geschichte zu heilen; leider mit den falschen Mitteln.

Schenken Sie Zeit.
Denken Sie daran: fünf Minuten gemeinsames Spielen, Zuhören, Kuscheln oder Vorlesen sind schon etwas! Auf jeden Fall immer eine weitaus bessere Entschädigung als materielle Dinge.

Zuviel an	Was sind die möglichen Gründe?	Was kann das bei den Kindern bewirken?	Wenn das ein Problem für Sie ist, können Ihnen diese Punkte helfen, das rechte Maß wieder herzustellen:
Aufmerk-samkeit	**Angst und Schuld** Es treibt Eltern oft die Angst, zu versagen oder etwas falsch zu machen. Sie wollen auf keinen Fall ihr Kind vernachlässigen, weil es dann ja »eine Störung entwickeln« (und mehr Probleme machen!) könnte. Oder die anderen Eltern hielten einen sonst für eine Rabenmutter oder einen Rabenvater.	Egozentrik Übersteigertes Selbst-wertgefühl Mangel an Team-fähigkeit	**Gönnen Sie Ihrem Kind Langeweile.** Lassen Sie Ihr Kind regelmäßig und bewusst in Ruhe. Der vermeintlichen Langeweile ausgesetzt, werden Kinder überraschend einfallsreich und kreativ. Nutzen Sie die Zeit, um sich selbst etwas Gutes zu tun.
	Sehnsucht nach eigener Aufmerksamkeit Kinder sind nicht selten auch Ersatzbefriediger für ansonsten unbefriedigte Bedürfnisse: nach Zuwendung, Aufmerksamkeit, Abhängigkeit, Macht, Verständnis oder Liebe. So wird dann das ständige Beisammensein sichergestellt, indem man immer auf sein Kind »aufpasst«. In Wahrheit aber geht es viel eher darum, einen Ansprech- und Versorgungspartner ständig neben sich zu haben. In diesem Sinne wird das Kind für die eigenen Zwecke instrumentalisiert.	Überzogene An-sprüche an Aufmerk-samkeit Mangel an Frustrati-onstoleranz Emotionale Ver-unsicherung (bei Punkt 2)	**Reden Sie erst zu Ende.** Wenn Sie ein Erwachsenengespräch führen oder Dinge tun, die aus Ihrer Perspektive wichtig sind, verweigern und verbieten Sie Ihrem Kind die Unterbrechung des Gesprächs oder der Handlung. Vergessen Sie nicht: Sie haben den besseren Überblick, Sie haben die Verantwortung, Sie sind erwachsen und Sie sind auch wichtig.

Perfektionismus und Leistungsdenken	Aggression durch Überforderung	Forschen Sie nach Ihren eigenen Liebeslücken.
Viele Eltern wollen einfach besser sein. Besser als ihre eigenen Eltern, besser als die Freunde, besser als die Gesellschaft. Sie haben verstanden, dass Kinder Aufmerksamkeit nötiger brauchen als Materielles und wollen nun 100 Prozent geben. Dabei fallen sie dann in das andere Extrem und beginnen überzuversorgen.	(d. i. der Wunsch des Kindes, aus der ständigen Symbiose auszubrechen) – s. a. Pubertät	Wo möchten Sie selbst sich mehr geliebt, anerkannt und wertvoll fühlen? Das ist okay, denn Sie haben es verdient. Wo haben Sie von Ihren Eltern nicht die Liebe bekommen, die Sie sich gewünscht hätten? Suchen Sie sich dann unbedingt Menschen, die Ihnen positive Gefühle deutlich entgegenbringen, und beginnen Sie, Ihre Liebeslücken zu füllen. Ihre Kinder aber haben andere Aufgaben im Leben.

Vertrauen Sie auf die Stärke Ihrer Kinder.
Machen Sie sich bewusst: Kinder zerbrechen nicht so schnell. Sie brauchen auch Frustration. Ein »Nein« oder ein zeitweiliges Ignorieren Ihres Kindes Ihrerseits hat nichts mit Vernachlässigung zu tun.

Zuviel an	Was sind die möglichen Gründe?	Was kann das bei den Kindern bewirken?	Wenn das ein Problem für Sie ist, können Ihnen diese Punkte helfen, das rechte Maß wieder herzustellen:
Freiheit	**Überforderung** Eltern schalten ab, hören ein überzogenes Wut- oder Aufmerksamkeitsgeschrei der Kinder nicht mehr – während im Restaurant, im Zug oder an anderen öffentlichen Orten die Umstehenden schon völlig entnervt das Theater verlassen. Manche Eltern werden in der Erziehung apathisch und wirken indifferent. Dies ist oft der einzige Ausweg für überforderte Eltern, die sonst nicht mit ihren Kindern umzugehen wissen. Nach dem Motto: »Lieber abschalten, als weglaufen oder draufhauen.« Die Folge: Kinder werden lauter (denn sie wollen ja wahrgenommen werden!) und es werden keinerlei Grenzen gesetzt.	**Gefühlte Indifferenz** (»Ich bin dir egal«) **Das Gefühl, allein zu sein** **Orientierungslosigkeit – was ist (für mich) richtig und was falsch? Was ist (für mich) gut und was schlecht?**	**Nein!** Sagen Sie lieber laut und überzeugt (!) Nein, als sich leise nach innen zu verabschieden. Dann können Sie lernen, dass es guttut, Grenzen zu ziehen, und Ihr Kind darf lernen, wo die Grenze verläuft. **Setzen Sie Grenzen.** Erlauben Sie sich den Gedanken: Gute und sinnvolle (!) Grenzen sind ebenso wichtig für Kinder wie Kleidung und Essen. Wenn Sie müde werden, hören Sie ja auch nicht auf, Ihr Kind zu füttern. Dasselbe sollte für das Setzen und Aufzeigen von Grenzen gelten. Wichtig aber auch hier: Ab und zu kann man hier beruhigt »schludern«. Unter dem Strich muss es stimmen.

Bequemlichkeit

Es erfordert unter Umständen sehr viel Energie, Grenzen immer wieder zu setzen und dann auch zu verteidigen. Kinder werden manchmal nicht ohne Weiteres zustimmen. Und es ist deren entwicklungspsychologische Aufgabe, einmal gesetzte Grenzen auch wiederholt zu testen und zu hinterfragen. Das verlangt Eltern viel ab.

Angst vor Popularitätsverlust

Für uns alle gilt: Wenn Grenzen aufgezeigt werden, die wir nicht selbst gewählt haben, versuchen wir erst einmal, Wege zu finden, sie zu umgehen. Gelingt das nicht, strafen wir den Grenzensetzer mit Verachtung oder Beschwerde. Sind Grenzen sinnvoll und angemessen (!), bemerken wir unter Umständen erst viel später, dass es uns besser geht mit ihnen als ohne sie. Und Kindern ergeht es auch nicht anders; sie sind ja auch nur Menschen. Eltern fürchten oft diese Verachtung oder innere Abkehr ihrer Kinder.

Fehlende positive Rollenmodelle	
Eine gefährliche Illusion der eigenen Grenzenlosigkeit	
Unterschätzung von Risiko und Gefahr	

Werden Sie eine positive Autorität.

Haben Sie keine Angst, dass Ihre Kinder Sie weniger lieben, wenn Sie Grenzen setzen. Das Gegenteil wird der Fall sein: Wenn es sinnvolle Grenzen sind (alle anderen sind ohnehin zu vermeiden), wird dies viel eher dazu führen, dass Ihr Kind Sie zusätzlich zur Liebe auch noch als positive Autorität und Rollenmodell wahrnimmt und wertschätzt. Ein kurzzeitiges Aufregen und Schmollen lässt sich in diesem Bewusstsein gut überstehen. Stellt sich langfristig (also eher nach einigen Wochen als nach einigen Stunden) keine Verbesserung der Beziehung her, sollten Sie überprüfen, ob die Grenzen oder Regeln wirklich sinnvoll sind.

Zuviel an	Was sind die möglichen Gründe?	Was kann das bei den Kindern bewirken?	Wenn das ein Problem für Sie ist, können Ihnen diese Punkte helfen, das rechte Maß wieder herzustellen:
Freiheit	**Sehnsucht nach Symbiose** Dieser Punkt schließt nahtlos am vorherigen an. Manche Eltern sehnen sich so sehr nach Nähe mit Menschen, die ihnen nicht wehtun wollen, dass sie ihre Kinder dafür nutzen, Freundschaft oder gar Symbiose aufzubauen. Dann soll das Kind die Funktion von Freunden und Begleitern übernehmen – manchmal auch die des Partners. Weil darin eine Abhängigkeit des Elternteils vom Kind besteht, wird ein »Nein« als unmöglich empfunden, weil dann ja die Gefahr bestünde, dass der so wichtige Stützpfeiler wegbrechen, sich das Kind also abwenden könnte. Das jedoch stellt eine weitere Überforderung des Kindes dar und behindert es in der wirklich freiheitlichen Entwicklung.	**Übermäßiges und belastendes Verpflichtungsgefühl den Eltern gegenüber** **Große Schwierigkeiten, die eigenen Bedürfnisse wahrzunehmen bzw. zwischen den eigenen Bedürfnissen und denen anderer zu unterscheiden**	**Definieren Sie Ihren persönlichen Freiheitsraum.** Denken Sie daran: »Wer nach allen Seiten hin offen ist, ist nicht ganz dicht.« Ja, es gibt *zu viel* Freiheit, die negative Folgen zeitigt. Deshalb überlegen Sie gut, welche Grenzen wichtig sind, weil Sie sie brauchen oder Ihr Kind. Lassen Sie sich gegebenenfalls von Experten beraten, denen Sie vertrauen. Das können ErzieherInnen, LehrerInnen, PsychologInnen, Freunde oder Verwandte sein. Treten Sie aber auf jeden Fall – falls noch nicht geschehen – in einen Prozess der Klärung ein: Was ist Ihnen im Hinblick auf Grenzen wichtig? Wo endet für Sie die Freiheit und wo soll sie für Ihr Kind zu dessen Wohl enden?

Fehlendes Verständnis antiautoritärer Erziehung

Manche Eltern meinen, »antiautoritär« bedeute »ohne Autorität«. Aber das geht allein soziobiologisch schon gar nicht, weil Eltern nun einmal eine besondere und herausgehobene Funktion für ihre Kinder haben. Und auch psychologisch kommt Eltern eine ganz besondere Autoritätsfunktion zu, indem sie die Hauptprägenden sind – ganz egal, nach welchem Muster oder Ansatz sie erziehen. Weil aber Eltern unter Umständen dem Missverständnis aufsitzen, Kinder entfalteten sich freier, je weniger sie begrenzt würden, versuchen sie, sich aus der Autoritätsrolle zu verabschieden und »Freunde« oder »Partner« ihrer Kinder zu sein. Was freilich nicht zur Gänze gelingen kann, denn es bleibt ein Unterschied zu Freunden oder Partnern: Eltern bleiben auch immer die Eltern.

Schließen Sie Ihre eigenen Liebeslücken

Wenn man selbst als Kind nicht viel Liebe erfahren hat, kommt man im Leben unter Umständen auf den Holzweg und meint, die eigenen Kinder könnten einem die Eltern ersetzen – und die Liebeslücken schließen, die diese gerissen haben. Aber damit überfordert man Kinder ungemein; sie sind nicht dazu da, die Wunden der Eltern zu heilen. Im Idealfall kommt ohnehin viel Liebe zurück von Kindern, die geliebt werden. Aber wenn Sie als Eltern Liebeslücken schmerzhaft spüren, die aus Ihrer Geschichte stammen, dann suchen Sie Hilfe, die angebracht ist: von erwachsenen Freunden, Therapeuten, liebevollen Partnern. Und gestatten Sie Ihrem Kind, sich um sich selbst und die eigenen Bedürfnisse zu kümmern.

So weit diese kleine Übersicht, die keinen Anspruch auf Vollständigkeit erhebt, sondern Denkanstöße liefern soll – ergänzen Sie sie deshalb gerne nach Ihrer eigenen Erfahrung!

Folgt man den Autoren der oben genannten Studie, kann man Überversorgung sehr treffend folgendermaßen definieren:

Überversorgung von Kindern bedeutet, ihnen zu viel, zu früh oder zu lange das zu geben, was zwar gut erscheint, aber sie gleichzeitig daran hindert, ihre Aufgabe der Entwicklung zu erfüllen und notwendige Lektionen des Lebens zu lernen.

Grundsätzlich gilt: »*Überversorgende Eltern überschwemmen ihre Kinder mit familiären Ressourcen (materieller Wohlstand, Zeit, Erfahrungen) zu einer Zeit, die von der Entwicklung her ungünstig* [bis schädlich] *ist.*«[19]

Die möglichen Folgen von Überversorgung sind schwerwiegend. Auch hier liefert die Studie Erkenntnisse, die deshalb von so großer Bedeutung sind, weil sie nicht theoretisch hergeleitet wurden, sondern aus direkten Aussagen von Betroffenen, von als Kinder überversorgten Erwachsenen stammen. Probleme, die aus Überversorgung resultieren, sind demnach:

- Unfähigkeit, auf Bedürfnisbefriedigung zu warten bzw. ganz darauf zu verzichten
- Unaushaltbarkeit des Zustandes, nicht im Zentrum der Aufmerksamkeit zu stehen
- Schwierigkeiten mit:
  - Alltagsbewältigung
  - Selbstversorgung
  - Beziehung

- Es fällt schwer, persönlich Verantwortung zu übernehmen,
- Ungeklärtheit der eigenen Identität (»Wer bin ich?«)
- Fehlendes Gespür dafür, was »genug« ist
- Fehlendes Bewusstsein von dem, was andere als »normal« bezeichnen würden

Symptome von Überversorgung, die oft bis weit ins Erwachsenenalter hinein anhalten, sind u. a.:

- Übermäßiges Essen
- Maßloser Konsum (»Geld ausgeben«)
- Probleme, Grenzen anderer zu akzeptieren bzw. die eigenen Grenzen deutlich zu machen
- Probleme, Entscheidungen zu fällen

Vielen ist der Unterschied zwischen »versorgender Elternschaft« und »Überversorgender Elternschaft« nicht klar; sie denken, das, was sie tun, bedeute Versorgung, in Wahrheit aber ist alles ein wenig zu viel, zu früh und zu lang. Versorgende Elternschaft führt zu soliden und flexiblen Bindungen zwischen Eltern und Kind. Überversorgende Elternschaft dagegen führt zu exzessivem ich-zentriertem Verhalten bei Kindern. Das eine entwickelt Menschen, die stark und mit allem Notwendigen ausgestattet durch das Leben gehen, das andere Menschen, die nie gelernt haben zurückzustecken.

> Eltern, die als Kinder überversorgt wurden, neigen zur Überversorgung ihrer Kinder.

So programmieren Eltern ihre Kinder schon sehr früh auf Erfolg oder Misserfolg, auf Glück oder Unglück, auf Erfüllung oder Enttäuschung. Einzig und allein deswegen, weil sie als Eltern aus vielen noch zu untersuchenden Gründen nicht wagen, Grenzen zu setzen. Weil sie ihren Kinder zu wenig zumuten. Und sie dadurch letztlich eben gerade nicht ernst nehmen in ihrer Fähigkeit gut zu leben.

Dabei ist die menschliche Seele das größte Wunder, das wir kennen. Sie ist viel mächtiger und wirksamer als wir oft meinen. Und: Sie ist auf unserer Seite. Sie bewahrt uns vor Irrwegen – notfalls, indem sie uns dicke Knüppel zwischen die Beine wirft; die gesamte Bandbreite der psychosomatischen Erkrankungen ist Zeugnis von der korrektiven Funktion der Psyche. Wir könnten uns also darauf verlassen, dass die Seele dafür sorgt, dass wir Menschen nicht nur überleben, sondern sogar heilen, wenn uns Unangenehmes oder gar Bedrohliches geschieht. Wir könnten Kinder gelassen leben lassen. Nicht sorglos. Nicht desinteressiert. Nicht verantwortungsfrei. Sondern gerade voller Sorge, dass Kinder die wichtige Fähigkeit erlernen, durchzuhalten, sich durchzuschlagen, durchzubeißen und durchzukämpfen.

Denn seien wir doch einmal ehrlich, welches Leben – unser eigenes eingeschlossen – kennen wir denn, das diese Fähigkeit nicht gebraucht hätte? Wenn wir Kinder in Watte packen, meinen wir wirklich, es ginge in Watte weiter? Meinen wir, der erste unerfüllbare Wunsch, das erste unerwünschte Geschenk, der erste Streit, die erste endende Liebe, die erste abgelehnte Bewerbung, der erste fordernde Chef oder die erste schwere Krankheit kämen nicht? Und was dann?

Glücklicherweise vermag in solchen Situationen auch die untrainierte Psyche einen Überlebens- und Heilungsmechanismus in Gang zu setzen, aber unter erheblich größerem Aufwand.

Sollten wir also unsere Kinder nicht so gut es geht darauf vorbereiten, in schwierigen Situationen Meister zu sein statt

Lehrlinge? Sollten wir sie nicht zu aktiven, agilen, flexiblen, lebensfrohen Individuen erziehen, die Risiken einzugehen vermögen, Tiefschläge verkraften, sich selbst motivieren und Frustration aushalten können? Ich meine, dazu sind wir verpflichtet.

Ein Plädoyer des Verwöhnens

Sie kennen die Situation: Eine Mutter (es könnte auch ein Vater sein, aber der Einfachheit halber bleiben wir hier eingeschlechtlich) steht mit ihrem Kind an der Supermarktkasse an. Weil die Nahrungsmittelkonzerne ja auch nicht blöd sind, haben sie kurz vor der Kasse all das aufstellen lassen, was besonders kleine Kinder interessiert: knallbunte, gut zu schluckende, süße Schweinereien. Zu haben für ein Geld, das man gerne nochmal nebenbei aus der Tasche zieht – das meiste unter einem Euro. Geschickt. Und folgerichtig: als hätten Kind und Konzern bilaterale Verträge geschlossen, beginnt das allseits bekannte »Quengeln an der Kasse«. Nun sind – ohne Anspruch auf Vollständigkeit – mindestens drei unterschiedliche Verhaltensmuster zu beobachten:

1. Die manipulierte Mutter
2. Die verweigernde Mutter
3. Die verhandelnde Mutter

Die manipulierte Mutter ist in der Regel einfach genervt, hat viele Dinge im Kopf und noch mehr auf ihrer To-Do-Liste oder setzt gerade andere Prioritäten, als ihren Sprössling an der Supermarktkasse zu erziehen. Vielleicht sagt sie sich auch, dass dieser eine Süßigkeit verdient habe. In jedem Fall führt das Quengeln des Kindes zum erwünschten Erfolg. Die Mutter reagiert auf intendierte Weise, wird gelenkt und damit manipuliert. Der Lutscher wird erworben, ausgepackt und übergeben.

Die verweigernde Mutter sagt Nein. Und zwar mehr oder weniger deutlich. Vertreterinnen dieser Spezies reichen von flehenden (»Bitte, sei doch jetzt mal still!«) über argumentierenden (»Schau mal, du hast doch vorhin im anderen Laden schon etwas bekommen ...«) bis hin zu knallharten Verweigerern (»Schluss jetzt! Kein Ton mehr!«). Auch sie reagiert – allerdings nicht in die vom Kind erwünschte, sondern in die entgegengesetzte Richtung. Ein so abgeblitztes Kind wirft sich schon mal gerne auf den Boden, tritt um sich und brüllt. Andere akzeptieren das Nein gefasst. Je nach Persönlichkeit und Erziehung.

Die verhandelnde Mutter versucht, durch Deals Frieden zu erreichen. Da wird schon mal die Verlängerung der Fernsehstunde versprochen, ein Eis im nächsten Geschäft suggeriert (in der Hoffnung, bis dahin habe es der Spross vergessen) oder etwas anderes »viel Schöneres« angekündigt, wenn nun Ruhe gehalten wird. Solches Verhandeln bringt zwar oft kurzzeitig den gewünschten Erfolg, führt aber langfristig lediglich zu einer Verlagerung des Problems.

Es kann gut sein, dass man alle drei Mütter – oder Väter – zu bestimmten Zeitpunkten schon einmal war. Je nach situativer Überzeugung und Müdigkeitsgrad. Aber welcher ist der beste der drei Wege? Das kommt sehr stark auf die Ziele an, die man verfolgt. Geht es darum, schnell Ruhe herzustellen und die eigene Scham und Reizung angesichts eines sich aufführenden Kindes zu minimieren, funktionieren Strategie eins und drei hervorragend. Die zweite Weise elterlicher Aktion ist dann angebracht, wenn Kindern Grenzen aufgezeigt werden sollen.

In der Bewertung der drei – und aller sonstigen – Wege kommt es maßgeblich darauf an, ob ich ein Bedürfnis des Kindes (nach Süßem und Durchsetzen des eigenen Willens) den Bedürfnissen des Elternteils (nach Ruhe und gutem Tun) unter-, gleich- oder überordne.

In diesem Buch werde ich mich bemühen, die Gleichstellung der Kindes- und Elternbedürfnisse möglichst stringent durchzuführen. Weil ich bisher nichts gefunden habe, das nahe legte, Kinder müssten per se mehr Rechte als Erwachsene haben, ihre Bedürfnisse zu verwirklichen – das Gegenteil ist ebenfalls für mich keineswegs nahe liegend, geschweige denn bewiesen. Auch hier begegnet uns wieder das rechte Maß, das immer den Weg bevorzugt, der die Bedürfnisse beider Seiten situativ gegeneinander abwägt und so viele Erwartungen wie möglich zu erfüllen sucht. Wohlgemerkt: So viele wie möglich.

Demnach dürfen Eltern – auch aus Sicht der Psychologie – auch einmal ihren Impulsen und Neigungen nachgeben, die Bedürfnisse des Kindes in bestimmten Situationen und stellenweise, aber doch tatsächlich ihren eigenen unterordnen. Eltern bleiben Menschen. Der Anspruch, Übermutter oder Übervater zu sein, führt nicht nur direkt zur Überversorgung, sondern auch zur totalen Überforderung und macht letztlich krank – manchmal alle Beteiligten.

Es geht hier also niemals darum, Eltern vorzuschreiben, wie sie ihre Kinder zu erziehen haben. Das würde ich mir nicht anzumaßen wagen. Es geht lediglich um das Aufzeigen von Mechanismen, von Wirkzusammenhängen, die uns die Psychologie oder der gesunde Menschenverstand hat erkennen lassen. Damit Entscheidungen getroffen werden können. Denn das müssen Eltern. Dauernd.

Vor allem aber geht es darum, Eltern die Erlaubnis zu geben, sich zu entspannen. Denn selbst die konsequentesten Eltern werden in bestimmten Situationen manchmal nachgeben und den Weg des geringsten Widerstandes wählen. Wichtig ist, dass solche Handlungen nicht zu Haltung werden.

Es gilt, ein Verständnis dafür zu bilden, dass zu viel, zu früh und zu lang – also Überversorgung – zur Ausbildung hinderlicher Eigenschaften, zu Störungen führen kann. Größere Gelassenheit in der Elternschaft führt also einerseits zu einem entspannteren Elterndasein, andererseits ist sie notwendig, um Kindern wirklich all das mitzugeben, was sie auf ihrem Weg durch ein nicht immer einfaches, aber ungemein reichhaltiges Leben dringend benötigen.

Verstehen Sie daher dieses Buch keinesfalls als Verbot, Ihre Lieben zu verwöhnen. Ganz im Gegenteil: Verwöhnen Sie! Und zwar die anderen und sich selbst. Verwöhnung ist wunderbar. Sie führt dazu, dass wir uns mit dem Objekt der Verwöhnung – seien wir es selbst oder andere – liebevoll und wohlwollend auseinandersetzen. Durch Verwöhnung (aber natürlich nicht nur durch sie) senden wir die deutliche Botschaft: Du bist mir wichtig! Du bist wertvoll! Und wer brauchte das nötiger als kleine heranwachsende Menschen, die in der Formung ihres Selbstbildes ungleich mehr auf die Rückmeldungen ihres Umfelds angewiesen sind als wir Erwachsenen. Die Botschaft »Du bist verwöhnungswürdig«, »Du bist wertvoll«, wird in Kindern bewirken, dass sie sich als wertvoll erleben – mit ein wenig Glück für den Rest ihres Lebens. Ein unbeschreibliches Geschenk.

Wir wissen alle, wie sehr das Gefühl des eigenen Selbstwertes von unserer Umwelt geprägt wurde und wird. Kinder brauchen solche positiven Botschaften. Verwöhnen ist ein Weg, um sie damit zu versorgen. Verwöhnen ist dabei in keiner Weise zu verwechseln mit Überversorgung. Die Unterschiede sind beispielsweise:

VERWÖHNEN	ÜBERVERSORGUNG
Ab und zu	Durchgängige Haltung
Wird als positive Ausnahme empfunden	Wird als normal erwartet
Wird bewusst wahrgenommen	Wird unbewusst konsumiert
Gewährt ein Mehr des Guten	Scheint gut, bewirkt Schaden
Bewirkt Dankbarkeit	Produziert Erwartungshaltung
Hat Wertschätzung zum Ursprung	Hat Angst zum Ursprung
Wenn es vorbei ist, fühlt man sich nachwirkend wohl	Wenn es vorbei ist, empfindet man schmerzhaften Entzug

In der öffentlichen Erziehungsdiskussion wird Verwöhnen oft mit Überversorgung in einen Topf geworfen – und damit das Kind mit dem Bade ausgeschüttet. So schreibt beispielsweise Albert Wunsch 1998 in der Zeitung »Die Zeit« von der »Droge Verwöhnung«. U. a. wird dieser Artikel als Zündimpuls einer Debatte genannt, die in jüngster Zeit an Virulenz zugenommen hat. Wunsch schreibt: »*Denn wenn Erziehung sich als Verwöhnung etabliert, findet dies gesellschaftlichen Widerhall. Die zukünftige Generation wird zu kraftlosen, ängstlichen, leistungsschwachen, unmotivierten und angepaßten Egoisten, die sich nach Versorgtsein sehnen. Aber auf Dauer wird die vorgegaukelte Leichtigkeit des Seins zur Unerträglichkeit.«* Meiner Meinung nach ist das eine gewagte These. Abgesehen davon, dass man Überversorgen mit Verwöhnen gleichsetzt, ist hier für meinen Geschmack und auch angesichts der wissenschaftlichen Faktenlage eindeutig zu viel Drama. Unterschätzt wird deutlich die Fähigkeit des Menschen zur Anpassung an Erfordernisse der Umwelt und Veränderung. Verwöhnte Kinder können als Erwachsene mächtig dazulernen. Der Autor lehrt an der Katholischen Fachhochschule in Köln sowie an der Philosophischen Fakultät der Universität Düsseldorf. Eine gewisse Art des auf christlicher Morallehre basierenden Denkens, ohne es Ideologie nennen zu wollen, liegt seinen Gedanken deutlich zugrunde und ist zwischen den Zeilen herauszulesen: *»Denn so wie der einzelne für seine Verwöhnung zu zahlen hat, muß die Gesellschaft zahlen für jene, die keine Verantwortung für ihr Leben übernehmen. Arbeitsunwillige Sozialhilfeempfänger wie Schein-Arbeitslose verteidigen vehement ihren ›Leistungsanspruch‹, die Verpflichtung zum eigenen Engagement lehnen sie brüsk ab.«* Der Text generalisiert an einigen Stellen zu sehr, dramatisiert unnötig, stößt manchmal moralinsauer auf und ist von Klischees keineswegs frei. Er sei dennoch angeführt, weil er für eine typische Sicht der Dinge steht, die dieses Buch auch kommentieren will; auch weil Wunsch an manchen Stellen – und damit ist er in der aktuellen Diskussion nicht alleine – einen von mir gänzlich abgelehnten Ruf nach Drill und Räsonierung anklingen lässt. Denn die guten Fähigkeiten des Grenzen-Ziehens, Nein-Sagens und Schluss-Rufens, haben mit Kinderkasernierung gänzlich nichts zu tun. Natürlich müssen sie angemessen sein – im rechten Maß. Aber ich halte es für kontraproduktiv, diese Elemente klarer und konkreter Erziehung auch nur in assoziative Nähe von Härte oder Herzlosigkeit zu rücken. Fast so als seien sie Gegenbegriffe zur Liebe. Denn wird uns das nicht oft zur Falle? Diese Fehlassoziation führt in allen Bereichen des Lebens dazu, dass wir Nein-Sagen vermeiden, Grenzen lieber nicht ziehen und niemals Schluss rufen – weil wir ja die Menschen, die wir lieben – allen voran die eigenen Kinder –, nicht mit derart furchtbaren, harten und kalten Dingen konfrontieren und verletzen wollen. Blödsinn. Es ist doch vielmehr so: Wir merken, dass wir erst dann, wenn wir klar unsere Bedürfnisse äußern und die Grenzen unserer Möglichkeiten und unseres Willens aufzeigen, an Kontur gewinnen und dadurch klarer, persönlicher und letztlich auch liebender und liebenswerter erscheinen. So mancher, der sich nach langer Zeit den Kollegen oder dem Chef gegenüber endlich etwas ganz unmissverständlich verbeten hat, weiß, wie sehr man dadurch in Autorität und Achtung steigt. Wer die eigenen Bedürfnisse endlich zu leben und klar zu kommunizieren beginnt, weiß, wie Beziehungen vielleicht seltener, aber doch immer intensiver und befriedigender werden. Nein-Sagen können (aber es dann auch nicht immer tun müssen) ist eine Voraussetzung für Liebe.

Dasselbe gilt für Kinder. Die Fähigkeit, Grenzen zu ziehen, hat nichts mit Herzlosigkeit zu tun, sie ist auch kein Mittel zum Drill des Kindes. Vielmehr ist sie Ausdruck einer inneren Überzeugung des eigenen Wertes und des Vertrauens darauf, dass das Gegenüber – um wie viel mehr Kinder – zu Entwicklung und Veränderung fähig sind. Gerade in der Erziehung bedeutet sie eine Dimension von Liebe – sich selbst und anderen gegenüber.

Ob und wie man der Überversorgung erliegt, hängt von vielen Faktoren ab und geschieht nicht zwangsläufig. Anders sind zahllose überversorgte Kinder nicht zu erklären, die kein einziges der typischen »Symptome« entwickeln. Dass ungünstige Situationen nicht zu gestörten Persönlichkeiten führen müssen, beweist nicht zuletzt die Resilienzforschung, die sich in den letzten Jahren als neue Disziplin der Psychologie herausgebildet hat. Mehr dazu im nächsten Kapitel.

Schauen wir differenzierter hin, sollten wir neben der Unterscheidung zwischen Verwöhnen und Überversorgung noch in aller Kürze auf den landläufig gebrauchten Begriff des »Verwöhnten Kindes« eingehen. Hier hat »verwöhnt« eine wieder andere Bedeutung, die nicht unwichtig für unser Thema ist. Eine Studie von Clark, Dawson und Bredehoft fand heraus, dass solche verwöhnten Kinder sich so verhalten als erwarteten sie, ihre Umwelt müsse sie lieben und verehren, während sich eine erstaunliche Mehrzahl der als Kinder Überversorgten eben gerade nicht geliebt fühlten – nur 48 Prozent gaben an »ich fühlte mich geliebt«.

Überversorgte Kinder fühlen sich ungeliebt.

Interessant, könnte man doch meinen, es verhielte sich ganz anders. Eigentlich, so hätte man vielleicht vermutet, müssten sich doch gerade solch prima versorgten Kinder außerordentlich geliebt fühlen. Aber offenbar ist für viele die Überversorgung nicht als Ausdruck von Liebe angekommen. Vielleicht wurde sie auch so nicht abgeschickt. Vielleicht ist Überversorgung ja auch gar keine »prima Versorgung«, sondern eine ziemlich schlechte, eher eine Form der Substitution von Liebe.

Neben dem Gefühl, nicht geliebt zu sein, führt Überversorgung im Kindesalter später im Erwachsenenalter zu weiteren negativen Gefühlen. Die recht erstaunlichen Ergebnisse waren:

27 Prozent	»Ich schämte mich, weil ich wusste, es war eigentlich nicht angemessen.«
23 Prozent	»Ich fühlte mich nicht gut dabei, weil andere Kinder nicht bekamen, was ich bekam.«
19 Prozent	»Egal wie viel ich bekam, ich bekam nie genug – also war ich traurig.«
15 Prozent	»Ich fühlte mich gut, weil ich über alles entscheiden konnte.«
15 Prozent	»Es ging mir nicht gut, weil die anderen Kinder mich ausgrenzten.«
14 Prozent	»Ich schämte mich dafür, dass andere Kinder nichts hatten.«
13 Prozent	»Ich fühlte mich nicht wahrgenommen.«
13 Prozent	»Ich war emotional verwirrt.«

Die Gesamtheit der Angaben zeigt eindrücklich, in welcher inneren Verfassung überversorgte Kinder durch die Welt gehen. Einiges ist positiv, aber das meiste davon ist von Scham, Schuldgefühl, Angst, Depression und Unsicherheit geprägt. Das ist sehr schade, denn sosehr diese Emotionen ihre Bedeutung und ihren Sinn haben, so sehr hemmen sie uns doch, wenn sie derart stark auftreten.

Im Versuch, den Begriff der »Überversorgung« zu fassen, haben wir also eine weitere Facette hinzugefügt. So bewegt sich Überversorgung immer auch in Gesellschaft negativer Gefühle wie Scham, Schuldgefühl, Angst, Depression und Unsicherheit. Sicherlich beweist die Studie nicht, dass all diese Emotionen von Überversorgung ausgelöst werden.

Es kann sein, dass diese genauso wie die negativen Emotionen ein Symptom von etwas anderem ist, beispielsweise für die Schuldgefühle von Eltern, die sich getrennt haben und nun für ihr Kind mit Erlaubnissen und Erwerb Wiedergutmachung erreichen wollen, weil »die Kleine ja ohnehin schon so viel gelitten hat«. Dann würde die Überversorgung auf ein tiefer liegendes Problem, also z. B. die Schuldgefühle der Eltern, hinweisen. Jedoch macht das im Effekt für das Kind kaum einen Unterschied. Vielleicht ist daher an diesem Punkt schon ein kleines Fragezeichen an diese Form der »Überkompensation durch Überversorgung« angebracht. Vielleicht gibt es für Kind und Eltern bessere Wege als die Überversorgung. Wir werden sehen.

Halten wir hier zunächst überblickartig fest, was wir aufgrund zahlreicher Studien über das Phänomen der Überversorgung wissen:

- **Überversorgung kommt überall vor.** In allen Familientypen, sozialen Milieus und Kulturen.
- Sie ist **unabhängig von Armut oder Reichtum** der Familien.
- Zumeist sind die Eltern (nicht die Großeltern oder sonstige Verwandten) **für die Überversorgung verantwortlich.**
- Überversorgung ist in aller Regel **verbunden** mit einem Problem aus der **Geschichte der Eltern** (z. B. Aufwachsen in Armut, harte Arbeit etc.)
- Überversorgung ist ein **komplexes Thema.** Es besitzt drei Dimensionen: die Überschwemmung mit Dingen (Spielzeug, Kleidung, Privilegien etc.), Aufmerksamkeit (und Sicherheit) oder zu weiche Strukturen (keine Regeln, zu viele Erlaubnisse etc.)
- Überversorgte Kinder **entwickeln negative Persönlichkeitsstrukturen,** wie z. B.:
  – das Gefühl, nicht liebenswert zu sein
  – das Bedürfnis nach dauernder Aufmerksamkeit
  – den Mangel an Fähigkeiten und Fertigkeiten
  – Probleme, das eigene Leben in die Hand zu nehmen

- **Erwachsene, die als Kinder überversorgt wurden,** zeigen statistisch gesehen eine **höhere Wahrscheinlichkeit, selbst überzuversorgen.**
- Überversorgung von Kindern ist verbunden mit dysfunktionalen Gedanken, dem **Gefühl der Nutzlosigkeit und Selbstgerechtigkeit.**
- Überversorgung von Kindern ist verbunden mit ungünstigen oder falschen Annahmen der Eltern, wie z. B.:
  - »Mein Kind kontrolliert mein Leben«,
  - »Ich habe keine Kontrolle über mein Kind«,
  - »Ich bin für das Verhalten meines Kindes nicht verantwortlich.«

Erstaunliche Zahlen, Daten, Fakten

1. »Weiche« Mütter – »harte« Väter

In 43,4 Prozent aller Fälle überversorgen beide Elternteile. Allerdings ergibt sich im Rest der Fälle ein deutliches Übergewicht in Richtung Mütter: Davon versorgen zu 41,6 Prozent allein die Mütter und lediglich zu 10,6 Prozent allein die Väter. Überversorgung – ein weibliches Problem?

2. Mädchen werden mehr verwöhnt

Erstaunlicherweise werden Mädchen nach den hier verwendeten Studien ungefähr siebenmal so oft überversorgt wie Jungen. 86,3 Prozent aller befragten Überversorgten waren Mädchen; nur 12,1 Prozent Jungs. Offenbar fällt es Eltern leichter, dem männlichen Nachwuchs Grenzen zuzumuten. Es dürfen allerdings Zweifel an der 7 : 1-Verteilung angemeldet werden. Das scheint dann doch ein wenig zu hoch. Da die Befragten überwiegend weiblich waren

(84,5 Prozent), kann sich das Ergebnis dementsprechend verzerren.

3. Gefährliche Lebensmitte

73 Prozent aller Befragten, die sich als Überversorgte einstufen würden, also fast ein Dreiviertel, sind zwischen 30 und 50 Jahren alt. Das ist die heutige Elterngeneration. Die Tatsache, dass Überversorgte wahrscheinlicher ihre Kinder wieder überversorgen, verleiht diesem Ergebnis eine hohe Brisanz.

4. Macht Überversorgung schlau?

Zumindest werden überversorgte Kinder in den USA mehr auf die Uni geschickt: Ebenfalls etwa drei Viertel aller Überversorgten, nämlich 69,3 Prozent, haben einen Universitätsabschluss. Allerdings bedeutet das wohl nicht, dass Überversorgung schlau macht. Hier sind die kulturellen Unterschiede zu beachten: Ein Studium kostet in den USA mehrere zehntausend Euro. Somit kann die Bereitstellung dieser Summen für die Kinder sogar ein weiteres Indiz für Überversorgung sein.

5. Überversorgung geht auch ohne Geld

Fast die Hälfte aller Überversorgten (42,7 Prozent) geben an, dass ihre Eltern nicht mehr Geld hatten als andere Eltern. 26,6 Prozent sagen, sie hätten mehr gehabt, 16,1 Prozent aber auch weniger als Eltern der anderen Kinder. 4,8 Prozent gaben sogar an, dass sie sehr viel ärmer waren als andere. Und alle wurden sie überversorgt.

6. Überversorgung als Wiedergutmachung

Nach Gründen für Überversorgung durch ihre Eltern befragt, geben an:

48,4 Prozent	Probleme der Eltern wie Armut, Schuld-gefühle, Suchterkrankung, Gewalt, zu viel Arbeit etc.
17,8 Prozent	Tod eines geliebten Menschen
14,5 Prozent	Krankheit
9,7 Prozent	Geburtenfolge
4,8 Prozent	Urlaub
3,2 Prozent	Belohnung
1,6 Prozent	Fehlende Kommunikation

7. Keine Erwartung, nichts gefordert

Befragt, worin sich die Überversorgung am meisten bemerkbar machte, gaben an (man konnte mehr als eine Antwort wählen):

53 Prozent	Mir wurden Dinge abgenommen, die ich selbst hätte tun können.
53 Prozent	Ich musste nie im Haushalt helfen.
41 Prozent	Kleidung
36 Prozent	Privilegien
35 Prozent	Spielzeug
32 Prozent	Ich dominierte die Familie.
32 Prozent	Ich musste Dinge nicht lernen, die andere lernen mussten.
23 Prozent	Liebe
23 Prozent	Keine Regeln
18 Prozent	Unterhaltung
17 Prozent	Urlaub
12 Prozent	Zeit mit Eltern
10 Prozent	Sport
8 Prozent	Drogen

Test: Waren Sie ein überversorgtes Kind?

Und wie sieht es bei Ihnen aus? Waren Sie als Kind überversorgt? Sie wissen ja, ehemals überversorgte Eltern haben einen Hang zu Überversorgung ihrer eigenen Kinder. Mit diesem kurzen Test können Sie ein Gespür dafür entwickeln, wie stark Sie zur Überversorgung neigen. Kreuzen Sie einfach »Stimmt« oder »Stimmt nicht« an. Die Auswertung folgt nach dem Test:

	Stimmt	Stimmt nicht
1. Meine Eltern haben mir Tätigkeiten abgenommen, die ich selbst hätte tun können.	☐	☐
2. Ich musste nie im Haushalt helfen, außer, wenn ich wollte.	☐	☐
3. Ich durfte jede Kleidung haben, die ich wollte.	☐	☐
4. Ich hatte vergleichsweise viele Privilegien.	☐	☐
5. Meine Eltern haben mir viel Spielzeug gekauft.	☐	☐
6. Meine Eltern haben mir zu viel erlaubt.	☐	☐
7. Ich durfte in der Familie oft bestimmen, was gemacht wurde und was nicht (z. B. Ausflüge, Essen etc.).	☐	☐

	Stimmt	Stimmt nicht
8. Was für andere selbstverständlich war, musste ich nur tun, wenn ich es wollte (z. B. Aufräumen, Hausaufgaben, Üben etc.).	☐	☐
9. Meine Eltern waren überfürsorglich und schenkten mir zu viel Aufmerksamkeit.	☐	☐
10. Meine Eltern stellten zwar Regeln auf, aber es gab keine nennenswerten Konsequenzen, wenn ich sie nicht einhielt (z. B. Arbeiten erledigen, pünktlich zum Essen erscheinen oder zum abgesprochenen Zeitpunkt wieder zu Hause sein).	☐	☐
11. Meine Eltern machten Termine für mich aus (z. B. zum Spielen mit anderen Kindern).	☐	☐
12. Meine Eltern gaben mir Hobbys vor und meldeten mich schnell zu einem Kurs oder in einen Verein an (z. B. Musikschule, Fußballclub etc.).	☐	☐
13. Meine Eltern kauften mir alle nötigen Instrumente oder Ausstattungen, bevor ich mit der Ausübung einer neuen Beschäftigung begann und wusste, ob ich diese auch ausüben wollte (z. B. Instrumente, Tennisausrüstung, Reitutensilien etc.).	☐	☐

	Stimmt	Stimmt nicht

14. Wenn ich ein Hobby nicht mochte, konnte ich es einfach sein lassen. ☐ ☐

15. Ich bekam ein Haustier unter der Bedingung, es selbst zu verpflegen. Aber ich musste nie die unangenehmen Dinge tun (z. B. Stall säubern oder mit Fressen und Auslauf versorgen). ☐ ☐

16. Meine Eltern stellten sicher, dass ich immer Unterhaltung hatte. ☐ ☐

17. Ich verbrachte zu viel Zeit allein und zu wenig Zeit mit meinen Eltern. ☐ ☐

18. Mein Drogenkonsum (z. B. Bier, Zigaretten etc.) wurde von meinen Eltern toleriert bzw. unterstützt. ☐ ☐

19. Wenn es in der Schule Ärger gab, gaben meine Eltern zumeist den Lehrern oder Mitschülern die Schuld. ☐ ☐

20. Wenn ich etwas kaufen wollte, gaben mir meine Eltern immer das Geld dafür. ☐ ☐

Auswertung

Berechnen Sie für jedes angekreuzte »Stimmt« einen Punkt und zählen Sie sie zusammen. Bitte beachten Sie, dass es sich hier nicht um einen im wissenschaftlichen Sinn umfassenden Test handelt, sondern eher um eine Indikatorenliste, die lediglich vermag, Hinweise zu geben. Das aber ganz gut. Nehmen Sie also aus der folgenden Auswertung nur das für sich an, was auch Ihrer eigenen Einschätzung von sich selbst entspricht bzw. auch das, was mit gesunder Selbstkritik stimmen *könnte* – manchmal hat man ja den ein oder anderen »blinden Fleck«, das ist absolut okay.

0 bis 6

Obwohl Sie im einen oder andern Bereich vielleicht mehr Versorgung als andere Kinder in Ihrem Umfeld erlebt haben, wurden Ihnen aber bei weitem nicht alle Wünsche erfüllt. Sie mussten auch Verantwortung übernehmen und haben Konsequenz erfahren. Immer leicht war ihre Kindheit nicht, aber Sie haben dadurch auch gelernt, was es heißt, sich durchzubeißen und diszipliniert bei einer Sache zu bleiben. In Notsituationen oder Krisen kommen Sie recht gut zurecht. Routinearbeiten mögen Sie vielleicht nicht, aber Sie tun sie dennoch, wenn Sie zu Ihrem Aufgabenfeld gehören. Wenn Sie frustriert sind, gelingt es Ihnen dennoch, irgendwie weiterzumachen. Über schöne Geschenke können Sie sich richtig freuen und da genügen oft schon Kleinigkeiten – gerne auch selbst Gemachtes. In Beziehungen stecken Sie manchmal zu viel zurück und schlucken auch ab und zu ein wenig zu viel. Aber es gab auch genug Gelegenheiten, wo Sie dadurch eine rettungswürdige Beziehung vor dem verfrühten Auseinanderbrechen bewahrt haben. Wenn Sie Kinder haben, stehen Ihre Chancen gut, dass Sie ihnen mit einer ausgewogenen Mischung aus Fördern und Fordern begegnen – zumindest wären Sie dazu prädestiniert. Verwöhnen Sie ruhig weiter ab und zu und seien Sie bei Misserfolgen und Scheitern Ihrer Kinder weiterhin eine wohlwollende, auffangende und Hoffnung spendende Begleitung ohne ihnen das Leid abzunehmen, das ihnen gehört.

7 bis 13

Überversorgung ist Ihnen durchaus bekannt. Sie haben wahrscheinlich oft mehr, öfter und schneller erlaubt bekommen als Ihr Umfeld. Wenn Sie einen Wunsch äußerten, konnten Sie davon ausgehen, dass er auch erfüllt wurde. Sie kennen die Erfahrung, Bedürfnisse befriedigt zu bekommen, von denen man noch gar nicht wusste, dass man sie hat. In Ihrem Umfeld galten Sie manchmal als privilegiert. Wenn Sie mit einer Sache oder Tätigkeit nicht zurechtkamen, beschäftigten Sie sich auch nicht mehr damit. Wenn es für Sie brenzlig wurde, waren in der Regel genug finanzielle Mittel zur Verfügung, um das Schlimmste zu verhindern. Sie bekamen, was Sie wollten – das forderten Sie auch ein. Ihre Weihnachtswunschliste war lang, und wenn Sie etwas davon nicht bekamen, war Weihnachten erheblich angekratzt. Sie wissen, Sie haben ein Recht auf Bedürfnisbefriedigung. Zwar unterdrücken Sie auch schon mal Ihre eigenen Wünsche, um geliebten Menschen entgegenzukommen, aber es fällt Ihnen nicht leicht und besonders lange halten Sie es nicht durch. Konflikte oder Beziehungen enden oft mit Sätzen wie: »Das lasse ich mir nicht bieten.« oder »Dazu bin ich mir zu gut.« Wenn Sie Kinder haben, ist die Wahrscheinlichkeit, dass Sie sie überversorgen, relativ hoch. Es könnte wichtig sein, Ihr Gefühl dessen, was »man macht« und was »normal« ist, zu korrigieren, um Ihren Kindern manchmal etwas mehr zuzumuten. Sie sind stark genug dazu und können vieles dadurch lernen.

14 bis 20

Sie wurden als Kind überversorgt. Das bedeutet aber nicht, dass Sie ein schlechter Mensch sind. Ganz im Gegenteil. Sie bemühen sich u. U. sehr, von Ihrem Anspruchsdenken wegzukommen. Sie nehmen durchaus wahr, dass Sie oft Dinge erwarten, die unrealistisch sind, und leiden auch daran, dass Sie nie zufrieden sind. Es fällt Ihnen schwer, ruhig zu bleiben, wenn Sie in einer für Sie unangenehmen Situation stecken – Sie sind kein guter »Aushalter«. Oft würden Sie es sich wünschen, dass die anderen Ihre Bedürfnisse und Sie als Person wirklich erkennen – Sie haben oft den Eindruck, dass man Sie nicht wirklich wahrnimmt oder wertschätzt, so wie Sie es verdienen. In Krisenzeiten neigen Sie dazu, wegzulaufen oder den Kopf in den Sand zu stecken; Sie fühlen sich oft hilflos und sind froh, wenn Ihnen Eltern oder Freunde die Probleme lösen. Wenn Ihre Wünsche und Erwartungen nicht erfüllt werden, werden Sie entweder depressiv (»Keiner liebt mich«) oder richtig sauer (»Geht's noch?!«). Wenn Sie Eltern sind, neigen Sie bei Ihren Kindern deutlich zur Überversorgung und sollten dann darauf achten, die Fähigkeit Ihrer Kinder zur Selbstversorgung mehr zu unterstützen.

So weit eine kurze Betrachtung der eigenen Hintergründe – getreu dem delphischen Motto: Kenne dich selbst! Falls Sie sich nun aber immer noch fragen, warum Überversorgung eigentlich so schlimm ist, dass man gleich ein ganzes Buch darüber schreibt, werden Sie im kommenden Kapitel die Antwort der Psychologie finden.

Wie Überversorgung schadet

Hier beginnt das gefährlichste Kapitel dieses Buches. Es kann Angst machen. Wir werden sehen, was alles schief laufen kann in der menschlichen Entwicklung, wo Fallen lauern und wie weitreichend manchmal Störungen einer gesunden psychischen Entwicklung sein können. Es besteht die Gefahr, diesen Abschnitt zu lesen, und indigniert zu denken: »Ich werde es nie schaffen, ein gesundes Kind zu erziehen!« Das passiert, wenn man sich von der Komplexität der Erziehungsaufgabe einschüchtern lässt und sich nur noch auf die – zugegebenermaßen zahlreichen – psychischen Fettnäpfchen konzentriert. Aber das wäre mehr als schade!

Bevor sich also die Angst meldet, als Eltern zu versagen, lassen Sie sich Folgendes in Erinnerung rufen: Erziehung läuft weitestgehend ganz simpel ab: Eltern tun das, was sie für richtig halten und was ihnen möglich ist zu tun. Kinder saugen alles auf wie ein trockener Schwamm – vor allem das, was sie sehen, und weniger das, was sie hören. Auge vor Ohr. Das war's im Grunde schon.

Machen Sie sich also nicht zu viele Gedanken. Sie können mit dem Kopf ohnehin nicht allzu viel beeinflussen – der wird irgendwann müde, und das »persönliche Erziehungsschema« übernimmt, indem es einfach abläuft.

Viel mehr von sich als Eltern zu erwarten, wäre zwar heldenhaft und sympathisch, aber unrealistisch und unmenschlich. Und auch Eltern sind nur Menschen, die Fehler machen dürfen. Sie dürfen sich also angesichts aller Erziehungsrisiken getrost entspannen. Vergessen Sie nicht: Dieses Buch ist kein Erziehungsratgeber, sondern ein Erziehungserlauber.

Viel besser ist es daher, zwar immer um die möglichen Störungsquellen und Problemfelder zu wissen, sie aber in Relation zu dem zu setzen, was Erziehung positiv bewirkt: das Entstehen nicht nur neuen Lebens, sondern auch einer ganzen inneren Welt, eines Menschen, der – selbst wenn er schwierig ist, sperrig und nicht allzu leicht zu handhaben – eine unendliche Bereicherung darstellt.

So viel lässt sich da nicht falsch machen. Es ist ein Wunder, wie Kinder sich entwickeln und welche Kräfte sie in sich tragen, wie sie teilweise heftigste Stürme überleben und stärker daraus hervorgehen.

Sicher, wenn ich eine perfekt gesunde Persönlichkeit im Kopf habe (mir fällt gerade keine ein …), werde ich wahrscheinlich an der Aufgabe, so etwas in meinem Kind zu entwickeln, scheitern. Aber dann ist die Messlatte eindeutig zu hoch. Eine Kunst des Elternseins scheint mir auch, Messlatten zu verschieben und die eigenen Begrenzungen zu akzeptieren. Wir sind nicht perfekt. Wir bringen deshalb auch nichts Perfektes hervor. Und wir müssen es auch gar nicht.

Ebenso wenig wie es perfekte Eltern gibt, gibt es perfekte Kinder

Wir wissen es doch – wir waren doch auch mal Kinder. Mit unperfekten Eltern. Wir haben viel erlebt und sitzen hier. Wir haben Verletzungen erfahren und leben noch. Wir haben aber auch Liebe erhalten und sind fähig sie zu geben. Das gelingt uns manchmal mehr und manchmal weniger. Das ist genug. Mehr braucht es nicht.

Zuviel verdirbt den Charakter

Wenn ein Psychologe klarmacht, welche Auswirkungen Überversorgung für die Entwicklung[20] eines Menschen, besonders eines Kindes, haben kann, dann ist das Erik Homburger Erikson. Er wurde am 15. Juni 1902 bei Frankfurt am Main geboren, emigrierte 1933 in die USA und starb dort am 12. Mai 1994 in Harwich, Massachusetts. Sein Name ist bis heute aus der Psychologie, genauer der Entwicklungspsychologie, nicht mehr wegzudenken. Obwohl einige seiner Theorien überholt sind, gilt doch das von ihm entwickelte »Phasenmodell der Entwicklung« immer noch als maßgebend.

In der Arbeit des späteren Harvard-Professors Erikson dreht sich alles um die Frage, wie eigentlich Identität entsteht: Wie werden wir die, die wir sind? Warum sind wir so und nicht anders? Warum bist du so und ich anders? Wieso kann ich nicht hart sein, warum habe ich ständig Angst, warum kann ich so gut zuhören?

Erikson beantwortet diese Fragen mit einem Modell der Entwicklung.[21] Es hat acht Phasen, und jede davon beinhaltet einen Scheideweg. Es kann eine »gute« Wendung nehmen oder eine »schlechte«. Vereinfacht könnte man sagen: Es kann sich Gesundheit entwickeln oder Störung. Welche der beiden Möglichkeiten eintritt, hängt vor allem davon ab, ob eine ideale Versorgung des Kindes mit dem, was es zu dieser Zeit jeweils benötigt – und das sind in der Regel keine materiellen Dinge –, stattfindet oder nicht. Schon Sigmund Freud, in dessen Tradition Erikson steht, spricht von den so genannten »Fixierungen«, die entstehen, wenn eine traumatische Erfahrung, wie z. B. Missbrauch oder Gewalt, gemacht wird. Eine Fixierung führt dazu, dass die Psyche quasi in dieser gestörten Phase »hängen bleibt«, der Mensch aber natürlich weiter wächst. Die Folge sind psychische Probleme bzw. problematische Charaktereigenschaften, die erst aufgelöst werden können, indem die Fixierung erkannt, besprochen und schließlich gelöst bzw. »gelockert« wird. Deshalb arbeiten Psychoanalytiker so intensiv mit der Kindheit ihrer Patienten. Man sollte die Psychoanalyse nicht unnötig verherrlichen, und es ließe sich viel gegen derartige Ansätze sagen. Was allerdings wirklich Sinn macht, ist die Grundidee, dass – bildlich gesprochen – Verletzungen zu Wunden führen, die nachwirken. So weit würden das wohl die meisten Psychologen und Menschen mit guter Beobachtungsgabe unterschreiben.

Erikson betont aber in diesem Zusammenhang auch etwas, das ihm in gewisser Weise einen der Ehrenplätze in diesem Buch eingebracht hat: Fixierungen entstehen nicht nur durch Unterversorgung – also Vernachlässigung oder Missbrauch –, sondern in gleicher Weise durch Überversorgung. Findet Überversorgung statt, entwickelt sich in der jeweiligen Phase das »Schlechte«. Genauso wie bei Unterversorgung. Das »Gute« entsteht allein durch das rechte Maß. Das macht die Erziehungsaufgabe zu einer Gratwanderung zwischen zu viel und zu wenig. Aber irgendwie hatten wir das ja schon geahnt …

Halten wir also fest: Beides ist schlecht für die Entwicklung des Kindes, Über- *und* Unterversorgung. Gut ist wieder einmal: Das Maßvolle. Damit ist auch klar: Überversorgung ist nicht das Gegenteil von Unterversorgung. Es ist dasselbe in Grün! Vielmehr ist das Gegenteil von Unter-/Überversorgung die feine Linie dazwischen. Aber keine Angst, wir sind in aller Regel ganz gute Drahtseilartisten.

Je nachdem, ob Über-/Unterversorgung stattfindet oder nicht, entfaltet sich die mehr oder weniger ungestörte oder die mehr oder weniger gestörte Entwicklung. Wohl niemand hat eine ausschließlich ungestörte Entwicklung hinter sich – und wohl niemand eine ausschließlich gestörte. Es wird immer Elemente von beidem geben. Auch das ist normal und auch das kennen wir von uns selbst. So formt sich die Persönlichkeit.

Beispielsweise geht es in der ersten Phase (Säuglingszeit) um die »Entscheidung« zwischen Urvertrauen oder Urmisstrauen. Die Erfahrungen und die Verarbeitung der Erlebnisse und Eindrücke des Neugeborenen bestimmen, ob sich ein Mensch entwickelt, der später eher mit Vertrauen auf sich und die Welt durch das Leben geht oder eher mit Misstrauen und Unsicherheit.

Aufmerksame Versorgung und Zuwendung ist in dieser Phase besonders wichtig. Eine Über- oder Unterversorgung damit ist hier schädlich. Natürlich kann jede Phase auch später »nachgebessert« (dazu sind u. a. Therapeuten ja da) oder auch »verschlechtert« werden, aber dennoch findet die stärkste Prägung in ihrer jeweiligen Phase statt.

Dabei hat jede Phase auch ganz besondere Personen-(kreise), die als »Hauptprägende« wichtig sind. In dieser ersten Lebensphase ist das die Mutter bzw. die Person, die die Mutterrolle übernimmt. Im Laufe des Lebens weitet sich der Personenkreis aber immer mehr aus, und andere Verwandte, Erzieher, Lehrer und Freunde werden wichtig. Um zu verstehen, worauf es in den jeweiligen Phasen zu achten gilt, seien die ersten fünf der acht Phasen, die sich auf Kinder und Jugendliche beziehen, ausführlich beschrieben.[22] Hier die acht Phasen im Überblick (die letzten drei Phasen, ab dem Erwachsenenalter bis zum Tod, sollen uns hier nicht weiter beschäftigen, daher sind sie blasser dargestellt):

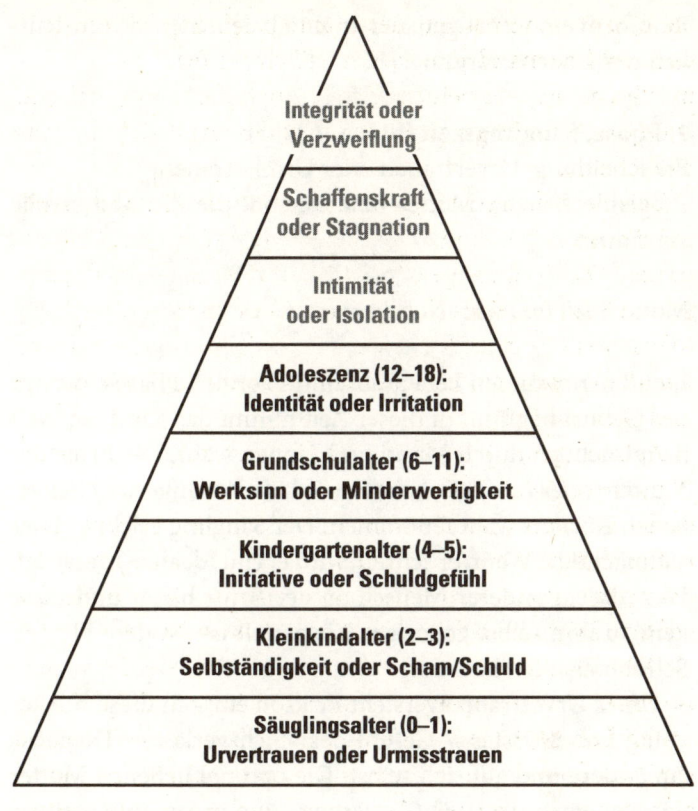

Integrität oder
Verzweiflung

Schaffenskraft
oder Stagnation

Intimität
oder Isolation

Adoleszenz (12–18):
Identität oder Irritation

Grundschulalter (6–11):
Werksinn oder Minderwertigkeit

Kindergartenalter (4–5):
Initiative oder Schuldgefühl

Kleinkindalter (2–3):
Selbständigkeit oder Scham/Schuld

Säuglingsalter (0–1):
Urvertrauen oder Urmisstrauen

Die Altersangaben sind immer nur ungefähr und können variieren. Außerdem ist bei solchen Phasenmodellen immer wichtig zu beachten, dass die Phasen sich überlappen bzw. die spezifischen Themen der jeweiligen Phase beim einen oder anderen selbstverständlich auch in anderen Phasen wichtig sein können oder wiederholt wiederkehren. Der Mensch ist eben vielschichtiger, als es ein Schema auszudrücken vermag.

Sehen wir uns nun aber die Phasen in ihrer theoretischen

Reinform ein wenig genauer an und beleuchten sie hinsichtlich der Überversorgung:

1. Phase: Säuglingszeit (bis ca. 1 Jahr)
Entscheidung: Urvertrauen oder Urmisstrauen
Prägende Person: Mutter bzw. Person, die die Mutterrolle einnimmt

Motto: »*Ich bin, was ich bekomme.*«

Freud nennt diesen Lebensabschnitt »orale[23] Phase«, die mit der Geburt beginnt. In dieser Zeit nimmt das Kind die Welt hauptsächlich durch Mund und Lippen wahr. Die Brust der Mutter (oder das Fläschchen) wird als Verlängerung des eigenen Körpers wahrgenommen. Der Säugling erlebt sich als »allmächtig«: Wenn er schreit, wird er (im Idealfall) gesättigt. Dass da ein anderer Mensch an der Brust hängt und diese kein zu ihm selbst gehöriger Körperteil ist, ist dem kleinen Schreihals nicht bewusst.

Unter Urvertrauen versteht Erikson ein – in diesem Alter völlig unbewusstes – Gefühl des »Sich-verlassen-Dürfens« auf andere und auf sich selbst. Die optimal liebende Mutter wird zu einer »inneren Gewissheit« und in Spannungssituationen als helfend erlebt und so »abgespeichert«. Außerdem beginnt sich das Kind eine Art Datenbank der Empfindungen und Bilder anzulegen, die eine Vertrauensbasis zu zuverlässigen Personen wachsen lässt.

Die charakteristische Aufgabe dieser Phase besteht darin, dass der Säugling lernen muss, trotz Unbehagens (etwa Schmerzen durch Zahnwuchs oder Verlust der Mutter aus Sichtweite) sein Vertrauen zu behalten. Das geht nur, wenn er wiederholt die Erfahrung macht, dass Trost gespendet wird (bei Schmerzen) oder die Mutter auch wieder zurückkommt bzw. auf Hunger auch tatsächlich Sättigung erfolgt. Ganz wichtig dabei: Mund- und Sichtkontakt.

Aufgabe: Gegenseitige Bestätigung von Mutter und Kind. So entsteht Bindung und damit Vertrauen
Gabe: Hoffnung und grundsätzliches Lebensgefühl, dass alles gut wird

---

Wird dieses Urvertrauen verletzt, schlägt es um in Urmisstrauen, das – wenn es empfindlich beschädigt wurde – im Erwachsenenalter zu Störungen bis hin zum Borderline-Syndrom oder zur Schizophrenie führen kann. Aber dann muss es schon erhebliche Verletzungen geben, wie schwere Vernachlässigung, sexueller Missbrauch oder sonstige Gewalt.

Die Resultate einer gestörten Entwicklung in dieser Phase sind: Rückzug und Trennung von der Umwelt; der Säugling beginnt, sich in sich selbst zurückzuziehen, und »entbindet« sich von seiner Umwelt. Je nach Stärke der Enttäuschung begegnet er später der Welt mit grundsätzlichem Misstrauen und der Gewissheit, enttäuscht zu werden.

Überversorgung bedeutet in dieser Phase, dass das Kind die Erfahrung der Frustration nicht machen kann. Man könnte auch sagen: Bei Überversorgung gewöhnt sich der Säugling an sofortige und ständige Bedürfnisbefriedigung. Das kann bedeuten: permanent zu früh gestillt zu werden ohne je Hunger zu empfinden, kaum eine Minute des Alleinseins aushalten zu müssen, sodass ein Herbeisehnen der versorgenden Person nicht entstehen kann, keine Chance zum Schreien zu bekommen, sodass das Wechselspiel von Nähe

(Befriedigung) und Distanz (Ersehnen) nicht »in Fleisch und Blut« übergehen kann.

Ein Beispiel: Als eine Kollegin nach vielen Versuchen endlich schwanger wurde und ihr erstes Kind zur Welt brachte, begann sie direkt nach der Geburt die lückenlose Sofortbefriedigung ihres so lange ersehnten »größten Schatzes« sicherzustellen. Nach ein paar Wochen besuchte ich die Mutter zu Hause. Eine völlig veränderte Person öffnete mir die Tür: dunkle Ringe unter den Augen, schlappe Körperhaltung und kaum die Energie zu lächeln. »Er kommt fünf- bis achtmal die Nacht.« Sie hatte Kaffee gemacht. Auf dem Weg zum Wohnzimmer entschuldigte sie sich kurz mit der Begründung: »Ich glaube, der Kleine hat Hunger.« Mir fiel auf, dass sie ständig ein Milchfläschchen in der Hand hielt, das sie im Laufe unseres Treffens niemals aus der Hand legte. Auf meine Frage, ob Sie dem Kleinen nicht die Brust gäbe, erwiderte sie: »Das habe ich mir überlegt, aber der ist immer so hungrig und will nicht warten, das ist mir einfach zu stressig. Das Fläschchen geht da schneller.« Wir saßen etwa zwei Stunden beisammen. Innerhalb dieser Zeit gab sie ihrem Kind viermal die Flasche, nahm es bei jedem Muckser, den es machte, sofort aus dem Körbchen, das immer direkt neben ihr stand, und war in fast ununterbrochener Berührung mit ihrem Neugeborenen. Uns verbindet eine lange und ehrliche Freundschaft, deshalb wies ich sie ziemlich undiplomatisch auf dieses Übermaß an Aufmerksamkeit und Versorgung hin, indem ich fragte: »Meinst du nicht, dass du es ein bisschen übertreibst?« Sie lachte schuldbewusst: »Ich weiß ja, aber ich muss dir sagen, so sehr ich als Psychologin solch ein Verhalten hinterfrage, kann ich es im Moment einfach nicht abstellen. Ich habe so lange auf dieses Kind gewartet, ich kann noch gar nicht glauben, dass es da ist.« Das fand ich dann schon wieder höchst rührend.

Und so nachvollziehbar. Psychologen sind eben auch nur Menschen. Doch Kinder lernen schon vom ersten Tag an, wie Eltern mit ihren Wünschen umgehen, sagt die Entwicklungspsychologin Sabina Pauen. »Gebe ich der Lust des Neugeborenen auf die Brust ständig nach? Oder sage ich: nur 20 Minuten alle zwei Stunden?« Auf beides könne sich das Baby einstellen. »Bekommt ein Kind aber alles beim kleinsten Mucks, lernt es: Aha, so funktioniert die Welt. Umso größer ist der Frust, wenn es später mal nicht mehr so läuft.«[24]

Einige Baby-Ratgeber behaupten, Erziehung beginne erst nach dem ersten Lebensjahr. Aber sie beginnt schon mit der Geburt. Kinder entwickeln allerdings erst gegen Ende des ersten Lebensjahres ein Bewusstsein dafür, dass andere auf ihr Verhalten reagieren. »Das Kind schaut dann gezielt auf die Reaktion seiner Eltern, wenn es etwas Verbotenes tun will oder sich nicht sicher ist, ob es etwas Bestimmtes tun darf«, so Pauen.[25]

Kinder, die in dieser Phase überversorgt werden, lernen als erste Lebenslektion: »Ich werde sofort befriedigt.« Und wehe, wenn jemand diese ja völlig zu Recht gestellte Erwartung später nicht einlöst. Dann entsteht eine Frustration, die schon bei normalen Verzögerungen bzw. gänzlicher Nichterfüllung als übermäßig und völlig unangebracht empfunden wird. Als Erwachsene haben solche Kinder oft eine Erwartungshaltung, die ihre Umwelt unter erheblichen Stress setzt. Immer dann, wenn das, was gewollt ist, nicht sofort erhalten wird, werden sie unleidlich, frustriert, nörglerisch. Geduld haben sie nie gelernt.

Hier ein Wort der Mahnung: Es wäre ein grobes Missverständnis, diese Betrachtung der Entwicklungsphasen als Appell zur Vernachlässigung zu verstehen. So als müsse man dem Säugling schon antrainieren, mit der Härte des Lebens zurechtzukommen – je härter, desto besser. Damit wäre man extrem weit über das Ziel hinausgeschossen. Vielmehr soll dies ein Appell zur Entspannung und Gelassenheit sein: Wenn ein Säugling auch mal schreit und dann immer wieder einmal verzögert mit Nähe oder Nahrung versorgt wird, liegt genau darin die Gesundheit einer Entwicklung, die am Ende einen Menschen groß werden lässt, der empfindet: »Ich kann Hunger und Durst, Distanz und Alleinsein gut aushalten – weil ich ganz tief in mir weiß, es wird Sättigung geben und ich bin in Beziehung.« Welch ein Geschenk, wenn man mit dieser Grundhaltung ins Leben gehen kann!

Apropos Nahrung. Mich wundert in diesem Zusammenhang immer wieder die (über)große Sorge um das leibliche Wohl unserer Kinder. Ein Freund vom mir macht Kinder-Theater. Die größte Herausforderung dabei, berichtet er mir unlängst, sei vor jedem Auftritt das Publikum zu bitten, während der Vorstellung nicht zu essen oder zu trinken. Dabei seien oft nicht die Kinder die Uneinsichtigen, sondern die Eltern fühlten sich durch diese Bitte gemaßregelt und in ihrem Bestreben, den Nachwuchs optimal zu versorgen, gehindert. Auf Spielplätzen, in Turnhallen, beim Kinderarzt – überall trifft man auf essenstechnisch perfekt ausgestattete Erziehungsberechtigte. Denken nicht irgendwann alle Kinder, Äpfel gäbe es nur geviertelt und in Plastikdosen verpackt? Auf Elternabenden werden Grabenkämpfe nicht um pädagogische Konzepte, sondern um die Beschaffenheit des für die Kinder zu Verfügung gestellten Mineralwassers geführt. Still oder doch mit Kohlensäure? Hier hat sich ein Versorgungsstandard aufgeschaukelt, der mehr Stress als Freude bringt. Entspannen Sie sich. Gute Elternschaft ist kein Catering-Service. Sie müssen nicht immer alles dabei und bereit haben. Selbst wenn Sie beim Sport mal die Trinkflasche vergessen haben, droht Ihrem Nachwuchs nicht gleich die Dehydrierung. Sie wissen, wie der erste Schluck Wasser schmeckt, wenn Sie vollkommen ausgetrocknet nach dem Joggen oder an einem sehr heißen Tag nach Hause kommen. Gönnen Sie Ihren Kindern diesen Genuss.

2. Phase: Kleinkindalter (ca. 2–3 Jahre)
Entscheidung: Autonomie (Selbständigkeit) oder Scham und Zweifel
Prägende Personen: Vater und Mutter

Motto: »*Ich bin, was ich will.*«

Diese Phase entspricht im Groben der »analen[26] Phase« bei Freud. Durch ein Reifen der Muskulatur werden dem Kind zwei neue Fähigkeiten verliehen: Festhalten und Loslassen.

Daraus entwickelt sich folgerichtig auch das Bedürfnis, nach eigenem Willen (!) loszulassen und festzuhalten. Ein »Ich, das will« entsteht. Plötzlich nimmt das Kleinkind wahr, dass es als »Ich« existiert. So spricht es von sich immer weniger in der dritten Person (»Jonas böse!«) und fängt an, Ich-Aussagen zu machen. Es erlebt sich zum ersten Mal in seinem Leben als getrennt von seiner Umwelt. Der »Kampf um Autonomie« (Selbständigkeit) beginnt.

Begegnet das nun ständig nach Dingen und Personen greifende Kind einem übersteigerten Reinlichkeitsverständnis (»Nicht anfassen, das ist bäh!«), wird dem Kind alles in die Hände gegeben ohne, dass es danach greifen muss, oder fehlt es auch einfach an Möglichkeiten, Dinge zu erfassen und loszulassen, werden die Bemühungen um Selbständigkeit damit unterdrückt und frustriert. Das Kind lernt nicht: »Ich kann mir Dinge besorgen, wenn ich sie brauche und sie abgeben wann es für mich gut ist«, sondern eher: »Ich will zwar etwas, aber die Entscheidung über Bekommen und Weggeben liegt bei anderen.« Und in der Folge: »Ich kann nicht entscheiden.« So kann sich ein ständiges Gefühl von Zweifel (an sich selbst und anderen) da fast immer mit Scham gepaart[27] auftritt, einstellen und dauerhaft festsetzen.

Tolerieren die Eltern jedoch die Autonomiebestrebungen und unterstützen sie gar im rechten Maß (!), entsteht ein dauerndes Gefühl von Autonomie (»Ich kann, was ich will«) und Stolz (»Ich habe es geschafft«).

In diesem Alter sind Kinder gerne in der Küche, weil es da so viele Schränke gibt, die man ausräumen kann: festhalten und loslassen ... Das hat fast etwas von einem Sich-die-Welt-Erobern – und wer wäre stolzer als ein Entdecker fremder Welten? Eine ganz natürliche und oft beobachtbare Reaktion der Eltern ist es dann, Dinge in Regalen nach oben zu räumen. Kinder reagieren darauf ihrerseits mit mitunter erstaunlich erfindungsreichen Lösungsversuchen, an Töpfe, Tassen, CDs, Bücher oder Sonstiges heranzukommen. All das ist Teil des Spiels der Autonomie. Die Entstehung des eigenen Willens führt außerdem zur Entdeckung des »Nein«, das gerade in dieser Phase häufig und gerne kommt.

Aufgabe: Zwischen richtig (»tut gut«) und falsch (»tut nicht gut«) selbst unterscheiden zu lernen sowie die Etablierung psychosozialer Unabhängigkeit, die sich im Nein-Sagen anfänglich ausdrückt

Gabe: Starker Wille und Mut. Die Fähigkeit, sowohl frei zu handeln als auch eine Wahl zu treffen und sich selbst zu beschränken

---

Findet in dieser Phase eine Störung statt, entwickelt sich ein eher zwanghaftes Verhalten. Das Kind lernt nicht, Entscheidungen zu treffen und damit zu leben, dass ein Sich-*für*-etwas-Entscheiden auch immer ein Sich-*gegen*-etwas-Entscheiden mit sich führt, das es auszuhalten gilt. Das kann im Erwachsenenalter dazu führen, dass – bei sehr schwerwiegenden Störungen (keine Angst!) – regelrechte Zwangs- oder Angstneurosen entstehen, die als ein Merkmal die Unfähigkeit besitzen, letztgültig zu entscheiden (z. B. dass das Licht tatsächlich ausgeschaltet ist, und man nicht 150 mal den Schalter hin und her schalten muss, um wirklich sicher – entschieden – zu sein). Den Zwangsneurotiker plagt ständiger Zweifel und die Ausübung des Zwangs ist der klägliche Versuch, Sicherheit und Kontrolle zu gewinnen.

Überversorgung bedeutet in dieser Phase, dass das Kind einerseits zu selten dazu kommt, sich Dinge »besorgen« zu müssen, und andererseits zu selten loslassen muss. Das Kind kann hier auch lernen, dass der eigene Willen nicht alles bestimmen können muss – besonders, wenn er auf den Willen eines anderen trifft. Eine gesunde Frustration des eigenen Willens und das Erleben von Grenzen ist hier besonders wichtig. Ohne Erfahrung der eigenen Grenzen kann sich das Kind auch nie sicher sein, was es kann und was es nicht. Es bleibt eine Ungewissheit darüber, was es aus eigenem Antrieb und mit dem eigenen Willen schaffen könnte und was nicht.

Als Beispiel möchte ich die grandiose Geschichte einer Bekannten erzählen, die sich mit ihrer Freundin zum Eisessen verabredet hatte. Sie kam eine Viertelstunde zu früh, setzte sich an den Tisch, bestellte einen Latte Macchiato und ein Päckchen rote Gauloises – wie früher – und freute sich riesig darauf, ihre Freundin nach langer Zeit wieder einmal zu sehen. Endlich mal wieder Qualitätszeit zu zweit. Es gab so viel zu erzählen. Der erste Dämpfer kam, als sie ihre Freundin ins Café kommen sah ... mit ihrer dreijährigen Tochter Emma im Schlepptau. »Sorry, aber Emma wollte unbedingt mitkommen.« »Okay«, dachte die Bekannte, »wenigstens sind wir jetzt mal wieder zusammen.« Schnell war Emma mit einem kleinen Eisbecher versorgt. Die Freundinnen unterhielten sich. Nach zehn Minuten, der Eisbecher war verspeist, fing Emma an aufzudrehen: »Mama, schau mal!« Sie deutete auf einen Vogel, der am Nachbartisch die Krümel aufpickte. Die Mutter beendete mitten im Satz das Gespräch und drehte sich zum Nachbartisch. »Ach toll, schau mal, wie süß der die Krümel aufpickt. So ein frecher ... So, wo waren wir?« »Mamaaaaaa, schau mal! Der pickt die Krümel auf. So ein frecher!« Die Mama: »Hihiii, ja, so ein frecher kleiner Vogel. Du kleine Süße.« Die Bekannte ließ das Thema fallen, das sie gerade besprochen hatten – es hatte ja keinen Sinn. In dieser Weise unterbrochen und dementsprechend stockend lief das Gespräch weiter. Plötzlich brachte die Bedienung einen zweiten Eisbecher. »Ach, Emma – schaffst du den denn überhaupt noch?«, lachte die Mutter. Und zu ihrer Freundin hingewandt: »Weißt du, die Emma, ist gewohnt, selbst zu bestellen. Wie eine Große, gell, Emma!« »Jaaaaa, wie die Mama!«, krakeelte Emma, nahm den Eisbecher und setzte sich mit ihm unter den Tisch. Mittlerweile schauten einige Gäste aufgrund des ständigen relativ lauten Aufruhrs herüber. Die Mama störte das nicht. Die Bekannte umso mehr. »Ach, isst die kleine Raupe Nimmersatt heute wieder unter dem Tisch?« Keine Antwort von Emma. Die Mutter steckte den Kopf unter das Tischtuch. »Hab ich dich!« Jauchzen und Kreischen von Emma. »Mama auch kommen.« Mama schaute belustigt, warf ihrer Freundin ein entschuldigendes

»Bin gleich wieder da« hinüber und verschwand ebenfalls unter dem Tisch. An diesem Punkt orderte die Sitzengelassene entnervt die Rechnung. Ein erneutes Treffen wird lange auf sich warten lassen. Wahrscheinlich mindestens 15 Jahre.

Kinder, die in dieser Phase überversorgt werden, lernen erst einmal die Lektion: »Was ich will, bekomme ich.« Das bedeutet natürlich im Folgeschritt eine völlige Überbewertung der Macht des eigenen Willens, die – wir Erwachsenen wissen das – ja ziemlich begrenzt ist. Und wo das dann zwangsläufig nicht funktioniert, entsteht eine völlig hilflose Irritation: »Äh … Und jetzt???« Überversorgte Kinder haben nie lernen dürfen, dass sie die Kraft besitzen, sich das Gewollte u. U. selbst zu besorgen, es sich zu erarbeiten. Zurück bleibt deshalb vor allem die bange Frage: »Wer weiß, ob ich mir das, was ich will oder auch schon habe, selbst besorgen könnte. Bin ich eigentlich stark? Wohl eher nicht …« Die Folge des Zweifels an sich selbst: Scham und Abwesenheit von gesundem Stolz, der so nicht gebildet werden kann. Vielleicht ist es das, was Shakespeare meint, wenn er schreibt:

»*Unsere Zweifel sind Verräter; sie lassen uns das Gute verlieren, das wir oft erringen könnten, weil wir den Versuch fürchten.*« (William Shakespeare)

3. Phase: Kindergartenalter (ca. 4–5 Jahre)
Entscheidung: Initiative oder Schuldgefühl
Prägende Personen: Vater, Mutter, Geschwister, Verwandte

Motto: »*Ich bin, was ich mir zu werden vorstellen kann.*«

Freud bezeichnete diese dritte Phase als »ödipale[28] Phase«. Hat das Kind in der zweiten Phase gelernt, dass es einen Willen hat und ein »Ich« ist, muss es nun herausfinden, was für eine *Art* von Ich es ist bzw. werden will. Und so beginnt die Suche nach Vorbildern. Da sind zunächst Papa und Mama, aber auch Geschwister und sonstige Modellpersonen. Jungen wollen etwa – genauso wie Papa – die Mama heiraten, Mädchen den Papa. Oder sie wollen auch ins Büro bzw. auf die Arbeit gehen – wie die Eltern. Sie spielen das, was ihre Eltern machen, nach.

In dieser Phase gibt es vor allem drei Entwicklungsfortschritte:

1. Die Vergrößerung des Tätigkeitsfeldes durch freiere Bewegung
2. Eine Vervollkommnung des Sprachvermögens
3. Eine erweiterte Vorstellungswelt durch erweiterte Erfahrung

Das Kind beginnt also, sich zu vergleichen. Es interessiert sich für Größenunterschiede, andere Lebensverhältnisse und Geschlechtsmerkmale und -unterschiede (»Männer haben einen Bart, Frauen nicht!«).

In dieser Phase entsteht das, was wir Gewissen nennen, und was Erikson für den »Lenker der Initiative« hält. Es entsteht, indem das Kind beginnt, einen inneren »Katalog« von dem anzulegen, was es sein will und dem, was es nicht sein möchte. Es entsteht ein »Ich bin ...« (z. B. lieb, aufmerksam, hilfsbereit) und ein »Ich bin nicht ...« (z. B. ungehorsam, böse, laut, fordernd etc.).

Das Gewissen wird deshalb gebraucht und entwickelt, weil es darüber wacht, dass die »Ich-bin-nicht-Liste« vermieden und die »Ich-bin-Liste« eingehalten wird. Vereinfacht gesprochen: Rutschen wir auf die Nicht-Liste, bekommen wir ein schlechtes Gewissen, sind wir auf der Ich-bin-Liste, haben wir ein reines Gewissen. Schwarz-Weiß-Denken ist in dieser

Phase völlig natürlich und wichtig, um klare Ich-Grenzen und damit ein deutliches Selbstbild zu entwickeln. Die Aufgabe des späteren Lebens ist dann freilich nicht selten, diese Grenzen wieder zu modifizieren – aber das kann man eben nur, wenn man in diesem Alter überhaupt welche festgesetzt hat.

Übrigens: Wir Erwachsenen tragen immer noch diese beiden Listen in uns. Es gibt im Laufe des Lebens zwar manchmal grundlegende Veränderungen in dem, was jeweils darauf steht, aber immer ist relativ klar, was wir von unserem Inneren her sein wollen (und damit auch vor unserem inneren Richter, dem Gewissen, sein sollen) und was nicht. Es ist eine klassische und ganz interessante Übung, sich einmal beide Listen aufzuschreiben und ein bisschen darüber nachzudenken. Dann findet man heraus, dass man eigentlich beides ist – es nur nicht wirklich wahrhaben will. Aber das ist ein anderes Thema. Zurück zum Kind:

Mit der Bildung des Gewissens entwickeln sich zum ersten Mal auch Schuldgefühle. Nämlich dann, wenn die natürlichen Wünsche des Kindes mit seinem Gewissen kollidieren. Als Erwachsener kennt man das ja zu Genüge – hier fängt es an.

Aufgabe: Verschiedene Rollen ausprobieren
Gabe: Klare Ziele und Visionen (»So will ich sein«)

Überversorgung führt in dieser Phase dazu, dass sich nur begrenzte Initiative entwickelt. Es bleibt unklar, wohin man sich entwickeln will bzw. soll. Nur aber wenn das klar ist, kann man mit Volldampf darauf losrennen (Initiative). Wenn in Beliebigkeit »alles gut und erlaubt« ist, weiß ich einerseits nicht, was ich zu vermeiden habe, andererseits aber auch nicht, was ich unter vollem Einsatz aller mir zur Verfügung stehenden Kräfte erreichen kann bzw. soll. Wenn es keine Regeln und Konsequenzen für Übertretungen gibt, kenne ich die Grenzen nicht. Wenn sich ein Gewissen nicht ausbildet, weil auf der Nicht-Liste nichts steht, fehlt dem Kind ein wichtiges Mittel, innere Zufriedenheit zu erreichen. Wird Kindern beispielsweise in dieser Phase das kindliche (und für Erwachsene natürlich völlig unangemessene) Schwarz-Weiß-Denken zu sehr ausgetrieben (»Aber nein, Männer und Frauen sind nicht unterschiedlich«), wird ihnen zu stark eingetrichtert (»Du kannst alles sein!«) oder wird ihnen zu viel erlaubt (»Du darfst alles«), können sie kaum lernen, wofür es sich lohnt Initiative zu entwickeln. Die Frage »Warum soll ich loslaufen und wohin eigentlich?« kann so nicht beantwortet werden und bleibt u. U. lange Jahre, im Extremfall ein Leben lang ungeklärt.

Kinder, die in dieser Phase überversorgt werden, lernen: »Alles ist gleich in Ordnung«, »Es ist egal, was du machst«, »Du kannst alles sein«. Das mag sich auf den ersten Blick positiv anhören, ist aber in seiner Übertreibung nicht nur unwahr (man kann nicht alles sein, und es ist nicht jeder gleich), sondern führt auch zur Beliebigkeit und fehlendem Antrieb.

Eine kleine Anekdote: Einer Kollegin hat ihre Mutter zeitlebens eine große Zukunft als Sängerin prophezeit. Heute dürfen ihre Gäste die Suppe auslöffeln. Leider wurde sie nämlich »nur« Psychologin. Nach jeder Essenseinladung kommt deshalb unweigerlich die tendenziöse Frage: »Soll ich euch noch was singen?«. Am liebsten gibt sie dann Kunstlieder von Schumann zum Besten. »Weil die so vielschichtig sind.« Ich wünschte, ich hätte den Mut ihr zu sagen, dass sie sich lächerlich macht, aber ich möchte dann doch nicht derjenige sein, der ihre pinkfarbene Traumblase von der exquisiten Sopranistin platzen lässt. Irgendwie kommt mir das grausam vor. Außerdem: ein bisschen aushalten kann man ja für Freunde. Und so erträgt man es halt – und verwünscht die Mutter. Soviel zum Thema: Du kannst alles sein …

Noch ein weiterer Aspekt: Wenn alles okay ist, ist auch alles beliebig. Wenn es genauso in Ordnung ist, antriebslos zu Hause herumzuhängen, wie z. B. zur Arbeit, in die Schule oder in den Kindergarten zu gehen, gibt es keine Veranlassung, sich morgens um sieben aus dem Bett zu schälen. Warum sollte ich mich anstrengen, wenn es egal ist, ob ich es tue?

4. Phase: Grundschulzeit (ca. 6–Pubertät)

Entscheidung: Erfahrung von Werksinn, Mächtigkeit und Leistungskraft oder Minderwertigkeitsgefühl
Prägende Personen: Freunde, Mitschüler, Lehrer, Trainer, Eltern

Motto: »*Ich bin, was ich lerne.*«

Freud nannte diese Lebenszeit Latenzperiode. Kinder erhalten nun entsprechend ihrer Entwicklungsstufe (Gehirn und Persönlichkeit sind reif dafür) systematische Unterweisungen. In unserer Gesellschaft übernimmt diese Aufgabe die Schule. Deshalb erlangen LehrerInnen in diesem Stadium große Bedeutung und Verantwortung. Das Kind versucht nun, Dinge und Aufgaben »gut zu machen«, es entwickelt die Lust, etwas fertigzustellen, ein Werk zu vollenden. Erikson nennt diese Lust am Tun und Fertigstellen den »Werksinn«.

Gefahr in diesem Stadium ist die Entwicklung eines Minderwertigkeitsgefühls, das durch folgende Faktoren verursacht werden kann:

- fehlende Akzeptanz dessen, was das Kind tut
- verfrühte Festlegung des Identitätsgefühls (»Du kannst/
  bist das« oder »Du kannst/bist das nicht«.)
- Unterforderung des Kindes aufgrund von Unterschätzung
  seiner Fähigkeiten
- mangelndes Erleben von Arbeitsfreude und dem Stolz,
  etwas gut gemacht zu haben (z. B. weil Lob und Wahrnehmung fehlen).

Kevin ist ein Kind, dem zu viel abgenommen wird. Als er mit
sieben Jahren eingeschult wird, kann er sich weder die Schu-
he binden, noch sich das Brötchen beim Frühstück alleine
aufschneiden. Beim Schreibenlernen ist den Eltern sehr früh
klar, dass ihr Sohn »ganz sicher« eine Leseschreibschwäche
hat und mit höchster Wahrscheinlichkeit Legastheniker ist.
Deshalb hilft ihm sein Vater jeden Tag bei den Hausaufgaben.
Wenn Kevin mit viel Mühe eine Zeile geschrieben hat, »belohnt« sein Vater ihn, indem er ihm den Rest in krakeliger
Kinderschrift ergänzt – damit es die Lehrerin nicht merkt.
»Weil er es sowieso schon so schwer hat.« Die dritte Klasse
muss Kevin wiederholen. Was für seine Eltern ein weiterer
Beweis für seine Lernschwäche ist. Deshalb geht er dann
auch zur Lernhilfe. Für 180 Euro im Monat paukt nun die
Studentin Sonja mit ihm Lesen und Schreiben. Nach sechs
Monaten hat er sich von einem Mangelhaft auf eine stabile
Drei verbessert. Nach ihrem Erfolgsrezept gefragt, erklärt
Sonja: »Einfach schreiben lassen und keine Ausreden ak-
zeptieren.« So leicht ist selbstdiagnostizierte »Legasthenie«
manchmal zu heilen – und billiger wäre es auch gegangen.
(Wobei nicht gemeint ist, dass eine wirklich vorliegende
Legasthenie so therapiert werden könnte, noch dass Legas-
theniker eigentlich nur überversorgte Kinder seien.)
Dieses Beispiel soll verdeutlichen, wie verheerend Über-

versorgung im Sinn von »Ab- und Übernehmen von Aufgaben, die das Kind selbst lösen könnte« für die Entwicklung des Werksinnes sein kann. Wird einem Kind – vor allem, aber nicht nur – in dieser Phase zu viel abgenommen und zu wenig zugemutet, kann sich die Freude am Tun nicht entwickeln. So verkümmern Ambition, Leistungswille, Lust an Aufgabenerledigung und Antrieb. Stattdessen entsteht ein perfide unbewusstes Gefühl, im Grunde kaum etwas zustande zu bringen, zu wenig zu können, nichts wert zu sein. Sehr treffend nennen wir das: Minderwertigkeitsgefühl. Eine furchtbare Last auf den Schultern von Menschen, gegen die es oft zeitlebens anzukämpfen gilt. Das sollten wir Kindern ersparen. Und paradoxerweise tun wir das, indem wir sie nicht schonen, sondern aussetzen. Nie über die Grenzen des Angemessenen; an das rechte Maß sei erinnert. Aber schon auch mal bis an die Grenze. Dann, und nur dann, stimmt es, was Nietzsche meinte, wenn er schrieb: Was uns nicht umbringt, macht uns stärker. Im Original formuliert Nietzsche in Ecce homo:

»Und woran erkennt man im Grunde die Wohlgerathenheit? Daß ein wohlgerathner Mensch unsern Sinnen wohlthut: daß er aus einem Holze geschnitzt ist, das hart, zart und wohlriechend zugleich ist. Ihm schmeckt nur, was ihm zuträglich ist; sein Gefallen, seine Lust hört auf, wo das Maass des Zuträglichen überschritten wird. Er erräth Heilmittel gegen Schädigungen, er nützt schlimme Zufälle zu seinem Vortheil aus; was ihn nicht umbringt, macht ihn stärker.«[29]

Hart, zart und wohlriechend, so ist nach Nietzsche der wohlgeratene Mensch. Alles Maßlose mag er nicht, Leid versteht er zu heilen, ins Positive zu kehren und für sich zu nutzen. Eine sehr treffliche Beschreibung eines wohlgeratenen

Menschen, die bis heute nichts von ihrer Aktualität verloren hat.

Es ist wichtig, dass wir als Menschen nicht überfordert werden. Aber gefordert werden müssen wir. Im Fitnessstudio baut man Muskeln auf, indem man immer wieder bis an die Grenzen Gewichte stemmt – nie darüber hinaus, aber auch nie zu wenig. Wenn lösbare, schwere Aufgaben gemeistert werden, bestehbare, harte Prüfungen bestanden sind, stellt sich dieses wunderbare Gefühl ein, stark zu sein, von so etwas nicht gebrochen zu werden, mächtig (nie allmächtig) zu sein. Eine wunderbare Gabe auf einem Lebensweg, der unweigerlich einige Stürme aushalten muss – und dann auch die vielen, ebenso unweigerlichen Sonnentage voll genießen kann.

Aufgabe: Aneignung von Fähigkeiten und Fertigkeiten
Gabe: Kompetenz und Geschick

Überversorgung führt in dieser Phase dazu, dass wichtige Fertigkeiten und Fähigkeiten nicht gelernt werden. Dazu gehört auch die Fähigkeit, sich mit sich selbst beschäftigen oder Frustration und generell Leiderfahrung ins Positive wenden zu können. Gelingt dies nicht, klopft Depression an die Tür.

Gerade in diesem Alter ihrer Kinder neigen Eltern dazu, ihre Kleinen in lerntechnischer Nährlösung zu ertränken. So gestaltet sich die »normale« Woche eines Neunjährigen folgendermaßen aus (siehe rechts).

Entspannt sieht das nicht aus. Und bei einer derart voll gestopften Woche werden vor allem all jene Fähigkeiten wenig gefordert, die benötigt werden, um Leben aktiv und aus sich heraus zu gestalten. Das muss so ein Neunjähriger

Um 05:45 Aufstehen und mit dem Zug zur Schule, die besonders gut und ein wenig weiter weg ist. Hausaufgaben werden im Zug gemacht.

Zeit	Montag	Dienstag	Mittwoch	Donnerstag	Freitag	Samstag	Sonntag
06:00							
07:00							
08:00							
09:00							Fußballturnier
10:00	Schule	Schule	Schule	Schule	Schule	Kinderuni	
11:00							
12:00							
13:00	Sprach-förderung Englisch	Zug		Mathe-nachhilfe	Zug	Pflegen der Sozialkontakte	
14:00		Schlagzeug üben		Zug			
15:00			Zug	Lernen	Benimm-schule		
16:00	Zug	Logopäde		Schlagzeug üben		Schlagzeug üben	PC-Schulung
17:00	Fußball	Lernen	Orchester	Fußball	Chor	Tennis	Pädagogisches Fernsehen
18:00	Schlagzeug üben					Orchester	
19:00				Bett			Essen gehen
20:00	Bett	Bett	Bett				Bett
21:00							
22:00					Bett	Bett	

109

nicht. Warum sollte er es dann tun? Es klingt ein wenig paradox: Wenn wir zu viele Fertigkeiten lernen sollen, lernen wir bestimmte Fertigkeiten nicht. Das liegt u. a. daran, dass wir »Fertigkeiten« oft rein mechanistisch verstehen. Als das Lernen von Bewegungsabläufen und Denkfunktionen. Die Mechanik des Körpers wird geschult, könnte man sagen. Aber Fertigkeiten im psychologischen Sinn lassen wir dabei sträflich außer Acht.

So sind Kinder mit neun Jahren vielleicht schon fließend in Englisch, aber es fehlt ihnen die soziale Fertigkeit, um etwa im Urlaub auf englischsprachige Kinder ihres Alters selbstbewusst und offen zuzugehen. So scheitert die Anwendung einer Fertigkeit an der Schwäche in einer anderen. Schade um die Mühe. Dann doch lieber ein Kind, das zwar radebrecht, aber mit fröhlichem Lachen und lebhaftem Interesse mit anderen Kindern gemeinsam spielt. Aber das sind persönliche Vorlieben – vielleicht sehen Sie das anders.

Wichtig ist, besonders in dieser Phase: Raum lassen, der gefüllt werden muss. Gefüllt werden darf. Vom Kind. Aus sich heraus.

5. Phase: Adoleszenz (Pubertät bis ca. 20)
Entscheidung: Identität oder Rollenverwirrung (»Wer bin ich?«)
Prägende Personen: Der eigene Freundeskreis (»Clique« oder »Peer Group«), Vorbilder, »die Anderen«

Motto: »*Ich bin, was ich bin.*«

Die vorhergehende Phase wird nun durch Einsetzen der Pubertät beendet. Wachstums- und Geschlechtsreife führen zu einer kritischen Auseinandersetzung mit allen vorhergehenden Identifizierungen.

Das Hauptziel des Jugendlichen ist nun, eine soziale Rolle zu finden und zu festigen. In dieser Zeit stellen wir uns die Frage nach dem, was oder wer wir sind, und es ist Aufgabe dieser Phase, eine schlüssige Antwort darauf zu finden. Da Selbstbild vom Fremdbild maßgeblich geprägt wird, ist deshalb auch gleichzeitig die Frage, wie wir anderen erscheinen, von höchster Wichtigkeit. Verkürzt könnte man sagen: Ich bin immer nur der, als den mich die anderen sehen. Das stimmt im Allgemeinen unser ganzes Leben lang. Deshalb ist und bleibt es unendlich wichtig, sich mit Menschen zu umgeben, die einem positive Botschaften über einen selbst vermitteln. Jugendliche in dieser Phase vermindern die Angst, nicht dazuzugehören, nicht gut zu sein, durch Cliquenbildung.

Eine Gefahr in dieser Phase ist konsequenterweise die Identitätsdiffusion, also Verwirrung darüber, wer ich bin. Die tritt dann ein, wenn der Jugendliche keine Identität bilden kann, weil er beispielsweise extrem unterschiedliche Dinge über sich hört. So können etwa Kinder alkoholkranker oder borderline-gestörter Eltern völlig verwirrt darüber sein, ob sie nun gut oder schlecht, angenommen oder abgelehnt, geliebt oder gehasst sind – je nach Gemütszustand bzw. Alkoholpegel der Eltern. Es kann aber auch sein, dass körperlicher Missbrauch (also die Botschaft: »Du bist nichts wert.«) ein so negatives Bild von einem selbst entwirft, dass man paradoxerweise nicht man selbst sein will. Das sind furchtbare Lasten, die für Jugendliche geschnürt werden, und man kann nur hoffen, dass alle, die so etwas erlebt haben, als Erwachsene die Kraft finden, damit umgehen zu lernen.

Jugendliche brauchen also liebende Bestätigung dessen, was sie sind und die Erlaubnis, es für sich herauszufinden. Auch nicht wirklich neu, diese Erkenntnis, aber dennoch immer wieder wert erwähnt zu werden.

Je intoleranter Jugendliche sind, desto mehr wehren sie

sich gegen Identitätsdiffusion, so Erikson. Die Intoleranz von Jugendlichen ist somit wichtig für gesunde Entwicklung, denn sie trägt dazu bei, Identität herzustellen. Das Erwachsenenalter beginnt dann, wenn die Ich-Identität aufgebaut ist. Die meisten von uns wissen selbst noch gut, wie diese Zeit so war. Manchmal entstanden damals »falsche Ich-Identitäten« und man entdeckt plötzlich mit 45, dass man »eigentlich ganz anders ist«. Das nennt der Volksmund dann despektierlich »Midlife Crisis«. Jenseits aller hormonellen Veränderungen gibt es in der zweiten Lebenshälfte tatsächlich oft eine Krise und einen Wechsel. Zugrunde gelegt wird die Notwendigkeit dazu hauptsächlich in der Phase der Adoleszenz. Besonders, wenn die Familie bzw. das Umfeld von Jugendlichen sehr restriktiv ist und wenig auf individuelle Bedürfnisse eingeht, ist eine extrem rebellische Pubertät ein Zeichen für den Kampf um die eigene Identität. Wenn man sich stark abgrenzt und »auf Anti-Haltung geht«, kann das heißen, dass das Umfeld zu wenig Lebensraum für das ist, was man wirklich ist. So ist Differenzierung und Distanzierung mitunter der beste oder auch einzige Weg, zu sich selbst zu finden. Rebellische Pubertierende sind also zwar anstrengend, beweisen aber ihre psychische Gesundheit, indem sie mit Kraft ihren eigenen Weg zu gehen beginnen. Als Eltern muss einen das nicht unnötig schrecken, sondern kann eher beruhigen – denn es läuft alles so, wie es für die Jugendlichen gut ist. Man kann allerdings noch einmal überprüfen, ob man nicht selbst als Eltern etwas aus der Vehemenz der Distanzierung lernen kann. Vielleicht ist man zu rigide oder sieht Bedürfnisse der Kinder nicht wirklich. Vielleicht brauchen diese aber auch einfach nur mal die Erfahrung, dass man rebellieren darf und immer noch geliebt wird. Hier ist – wie in jeder Phase der Erziehung – vor allem Fingerspitzengefühl und Bereitschaft der Eltern gefragt, ihre Kinder und sich selbst gut zu verstehen.

Und vielleicht wird hier etwas deutlich, das für die Erziehung von Kindern ein unschätzbarer Weisheitsquell ist: Wir müssen im Grunde nur immer in unsere eigene Geschichte zurückgehen, entdecken, wie wir gefühlt haben, welche Fragen uns umtrieben, wie es uns erging und was wir gebraucht hätten (und vielleicht nicht bekamen). Wer das gut kann, sich selbst gegenüber dabei ehrlich und verständnisvoll begegnet und weiß, dass »mein Weg nicht dein Weg« sein muss, der braucht sich nicht durch den Dschungel von Ratgeberliteratur über die Erziehung von Kindern zu schlagen. Schauen Sie also lieber in ihre eigene Psyche und versuchen Sie, die zu verstehen, um die Ihrer Kinder und deren Bedürfnisse zu verstehen, als zu viele äußere Autoritäten zu bemühen. Seien Sie ruhig Ihre eigene Autorität.

Fragen, die Ihnen helfen können, um Ihren Kindern – besonders in dieser Phase – auf die Spur zu kommen, sind:

Als ich so alt war wie mein Kind heute, wie erging es mir damals?

Mit wem habe ich meine Zeit verbracht?

Welche Themen waren mir wichtig?

Wovor hatte ich Angst?

Welche Tagträume hatte ich?

Warum? Wem wollte ich entfliehen?

Bei wem habe ich mich geborgen gefühlt?

Was hat/haben mir diese Person(en) gegeben?

Wessen Rat habe ich befolgt?

Was hat diese Person mir gegeben?

Was hätte ich auf keinen Fall hören oder erleben wollen?

An was habe ich geglaubt?

Wie habe ich mich verhalten?

Was wollte ich damit bezwecken?

Wenn Sie diese Fragen für sich beantwortet haben, garantiere ich Ihnen, dass Sie mit Ihren pubertierenden Kindern besser – sicher nicht immer problemlos, aber auf jeden Fall beziehungsvoll – zurechtkommen werden.

Aufgabe: Die persönliche Lebensphilosophie erstellen
Gabe: Treue und Hingabe (für eine Sache oder Person)

Überversorgung führt in dieser Phase dazu, dass sich Rollenverwirrung einstellt. Das klingt zunächst wenig überzeugend, denn was hat Rollenverwirrung mit Überversorgung zu tun? Aber wenn wir Identität verstehen als ein klares Bewusstsein davon, was ich bin und was ich nicht bin, was ich kann und was ich nicht kann, was ich darf und was ich nicht darf usw., wird deutlich, wie sehr es darauf ankommt, Grenzen zu erleben. Und zwar so, dass ich sie auch wirklich mitbekomme. Misserfolge wirklich zu erleben, die Trauer und die Wut darüber auszuhalten und zuzulassen, dass etwas nicht so funktioniert oder wird wie ich mir das vorstelle, ist gerade in dieser Phase notwendig, um die Konturen der eigenen Persönlichkeit zu schärfen. Wenn man dann noch vermittelt bekommt, dass man Fehler machen, dunkle Seiten und Grenzen haben darf und dann immer noch unendlich wertvoll ist, hat man auch diese Phase erfolgreich hinter sich gebracht.

In meiner Radiosendung rief einmal ein neunzehnjähriger Hörer an. Es belastete ihn sehr, dass er nach seinem Abitur nicht studieren konnte. Und das nicht etwa, weil er es nicht finanzieren konnte oder nicht intelligent genug dazu war – sein Notendurchschnitt im Abitur lag bei 1,2. Vielmehr wusste er nicht, ob das Medizinstudium, das ihm irgendwie vorschwebte, überhaupt das Richtige für ihn sei. »Ich weiß nicht, ob ich zum Arzt tauge. Aber ich weiß auch sonst nicht, was ich studieren könnte.« Auf meine Frage, was ihn denn interessiere, kam nicht viel. Was er denn gut könne, wusste er selbst nicht so genau. Ob er eine Vorstellung hätte, wer er denn sei als Person? Keine Antwort. Die Ratlosigkeit beim Studium war nur die Spitze des Eisbergs. Leider war die Sendung nicht das geeignete Medium, um tiefer einzusteigen, aber ich hatte das deutliche Gefühl, dass er in einer Phase keine optimale Förderung bzw. Forderung erfahren hatte, in der es wichtig gewesen wäre zu lernen, wo seine Stärken und Schwächen liegen. In der Schule war ihm immer alles zugeflogen. Eine Grenze hatte er nie erreicht, eine Schwäche nie erlebt. Alles war irgendwie gleichwertig, gleich egal. Mit seinem Durchschnitt konnte er alles studieren. Und es war ihm auch letztlich völlig gleich. So konnte er auch bei der Frage nach dem Studienfach gar keine Leidenschaft und Hingabe entwickeln. Seine Schlussbemerkung war: »Ich war auch auf der falschen Schule. Die war zu leicht. Ich weiß gar nicht, wo meine Grenzen liegen, weil ich nie an sie herangeführt wurde. Vielleicht sollte ich das jetzt herausfinden.« Ganz genau. Die Uni ist ein guter Ort dafür. Und Zeit genug ist mit 19 auch noch allemal.

Soweit die Phasen von Erikson, die für uns von Bedeutung sind. Falls Sie Interesse an einer Fortführung haben, können Sie zahllose Seiten im Internet finden, wenn Sie »Erikson« und »Phasenmodell« in Ihre Suchmaschine eingeben.

Was wir gesehen haben, ist dies: Störungen (belastende und/oder traumatische Erlebnisse) sowie Überversorgung (zu viel, zu weich, zu aufmerksam) in jeder Phase der Entwicklung führen dazu, dass sich eher die problembehaftete Seite in einem entwickelt. Also beispielsweise grundsätzliches Misstrauen statt grundsätzlichem Vertrauen (Phase 1).

Geht demnach die Prägung in einer Phase in eine bestimmte Richtung, bewegt sich auch die Kompassnadel unserer späteren Entwicklung auf den gleichen Kurs. Das ist ziemlich logisch. Und schon Freud, in dessen Tradition die Entwicklungspsychologen ja stehen, hatte das genau erkannt: Wir werden zu dem, was wir in früheren Jahren erleben, was uns widerfährt, uns bewegt, uns prägt.

Man kann wohl nicht oft genug wiederholen, dass solche Entwicklungsmodelle wie das von Erikson auf keinen Fall zum Dogma werden sollten – so hilfreich sie auch sind. Die individuelle und tatsächliche Entwicklung läuft in aller Regel weniger stringent ab als es die Theorie darzustellen vermag. Außerdem muss man gerade als Psychologe (dem oft völlig unangebrachterweise fast übernatürliche Einsicht ins Innerste der Menschen zugetraut wird) unbedingt vermeiden, mit der Darstellung »idealer« Entwicklung Ängste zu schüren, die völlig unkonstruktiv wären. Das Gegenteil muss erreicht werden, sonst scheitert jeder therapeutische Ansatz.

Deshalb halte ich es für wichtig, nachdem wir ein Gespür dafür bekommen haben, wie was wo schiefgehen kann, Sätze anzubieten, die helfen können, die Angst, in der Erziehung von Kindern etwas falsch zu machen, zu reduzieren. Suchen Sie sich einfach welche heraus, wenn Sie sie brauchen – wenn nicht, umso besser! Oder formulieren sie am besten gleich Ihre eigenen.

Sätze, die beruhigen:
Ich habe Grenzen. Und das ist gut so.
Ich darf als Vater oder Mutter Fehler machen.
Einzelne Fehler mögen Schaden verursachen, aber sie verderben mein Kind nicht.
Mein Kind ist mit allem ausgestattet, was es zum guten Leben braucht.

Mein Kind besitzt Kräfte, die ich noch nicht einmal erahne.

Ich bin nicht mein Kind. Sein Leben ist nicht meines.

Mein Kind wird in seinem Leben noch ganz viele Möglichkeiten haben umzulernen.

Ich gebe meinem Kind schon ausreichend Liebe, und das ist wunderbar so.

Wichtig ist, dass ich mein Kind mit dem Nötigsten versorge, alles andere kann es sich im Notfall später selbst besorgen.

Ich darf müde sein.

Ich darf froh sein, wenn mein Kind nicht da ist.

Ich darf auch für mich sorgen und mein Kind in seine Schranken weisen.

Frustration gehört zum gesunden Lernen.

Ich liebe mein Kind.

Angst auf ein angemessenes Maß zu minimieren, ist deshalb so wichtig, weil Überversorgung u. a. angstmotiviert ist. Die Angst, als Eltern zu versagen, dieselben Fehler zu machen wie die eigenen Eltern, von Freunden und Bekannten für den eigenen Erziehungsstil kritisiert zu werden, von den Kindern Vorwürfe gemacht zu bekommen o. ä., führt dazu, dass man zu viel zu schnell und zu früh für seine Kinder tut. Deshalb ist der erste Schritt zur Vermeidung von Überversorgung die Vermeidung der eigenen Angst!

Der erste Schritt zur Vermeidung von Überversorgung ist die Minimierung der eigenen Angst.

Vieles von dem, was in diesen Sätzen anklingt, findet sich im berühmten »Gestaltgebet« des Psychologen Fritz Perls wieder. Die Grundidee darin ist eine für unser Thema sehr hilfreiche: Ziel im Leben ist es, die eigenen Bedürfnisse ernst zu nehmen – ohne sie anderen aufzudrängen bzw. sie sich von anderen aufdrängen zu lassen (Psychologen nennen das »Projektion«). Denn nur, indem ich meine eigenen Bedürfnisse erfülle, kann ich anderen helfen, dasselbe für sich zu tun. Nur so aber kann wirklicher Kontakt und intensive Beziehung zwischen Menschen stattfinden – weil man den anderen dann nicht mehr zur eigenen Bedürfnisbefriedigung braucht oder benutzt.

Es lohnt sich, darüber gut nachzudenken, was das für einen selbst bedeutet. In jeder Lebenssituation, besonders als Eltern.

Ich tu, was ich tu; und du tust, was du tust.
Ich bin nicht auf dieser Welt, um nach deinen Erwartungen
zu leben,
Und du bist nicht auf dieser Welt, um nach den meinen zu leben.
Du bist du, und ich bin ich,
Und wenn wir uns zufällig finden, – wunderbar.
Wenn nicht, kann man auch nichts machen

Fritz Perls[30]

Man kann diesen Text im Blick auf die Erziehung von Kindern ein wenig relativieren. Ganz so entspannt kann man das vielleicht nicht sehen, aber sicher ist: Je mehr sie es so sehen, desto entspannter und gelassener werden Eltern. Und Entspannung und Gelassenheit der Eltern sind weitaus bessere Garanten für eine gesunde Entwicklung von Kindern als Anspannung, Ängstlichkeit und Stress.

Was ist eigentlich normal?

Wir haben mittlerweile ein gutes Verständnis davon, was Überversorgung auslösen kann. Wir wissen, was wir als Eltern nicht bewirken wollen. Das ist schon mal die halbe

Miete. Aber eben auch nur die halbe. Oft fällt es uns ja weitaus schwerer zu sagen, was wir eigentlich bewirken wollen. Die oben schon erwähnte forsa-Studie belegt, dass fast die Hälfte der befragten Eltern keine klare Vorstellung von der Erziehung ihrer Kinder hat. Besonders interessant dabei ist, dass die jüngeren Eltern (18–29 Jahre) fast 20 Prozent öfter als die älteren Eltern angaben, deutlich zu wissen, wie sie Erziehung gestalten wollten. Ob das bedeutet: Je jünger desto klarer die Linie oder eher: Je älter, desto mehr Bewusstsein dafür, dass die Dinge nicht immer so klar sind, wie man früher meinte?

Grundsätzlich ist zunächst gut, wenn ich weiß, welchen Weg ich *nicht* gehen will, aber das hilft mir u. U. noch gar nicht dabei, den Weg zu wählen, den ich gehen will. Dazu ist es vielmehr wichtig, das Ziel klar vor Augen zu haben. Und Ziel kann in unserem Fall doch nur das »physisch und psychisch rundum gesunde Kind« sein. Schauen wir uns deshalb nun an, was überhaupt »gesund« ist. Was ist eine gesunde Persönlichkeit?

Viele verwechseln »gesund« mit »normal«. Und begehen einen fatalen Fehler. Denn manchmal kann es sehr gesund sein, unnormal zu sein, oder besser: mit Stolz zur eigenen Abnormalität zu stehen. Aber eines nach dem anderen. Zunächst: Was bedeutet »gesund«?

Die österreichische Sozialpsychologin Marie Jahoda hat 1958 herausgefunden, dass für »positive mentale Gesundheit« zumindest einer der folgenden sechs Punkte bedeutsam ist:

1. Das Ausmaß der Selbstbestimmung, die die Person erreicht hat
2. Die eigene Einschätzung der Vergangenheit und Gegenwart und deren positive Deutung

3. Das Maß, in dem die Person Wirklichkeit angemessen wahrnimmt
4. Der Grad, zu dem die Person ihre persönliche Umwelt meistern kann
5. Die Einstellung, Haltung und Meinungen der Person zu sich selbst
6. Grad und Art der Selbstverwirklichung (»Sein, wer man ist«).

So schwierig es auch sein mag, eine gesunde Persönlichkeit zu definieren, auf fünf Kriterien können sich die meisten Wissenschaftler doch einigen[31]:

1. Die Fähigkeit, das eigene Verhalten bewusst und vernünftig zu gestalten
2. Die Überzeugung, für die Gestaltung des eigenen Geschicks verantwortlich zu sein
3. Das Wissen, wer und was man ist und dabei die eigenen Schwächen und Stärken zu akzeptieren
4. Das Gefühl, fest in der Gegenwart verankert zu sein
5. Die Suche nach Herausforderungen in Form von neuen Zielen und Erfahrungen.

Eine Definition von psychischer Gesundheit lieferte 1963 der humanistische Psychologe Sidney Jourard:

Eine gesunde Persönlichkeit zeigt sich in Individuen, denen es gelingt, ihre Grundbedürfnisse durch akzeptables Verhalten zu befriedigen, sodass ihre eigene Persönlichkeit kein Problem für sie selbst darstellt. Sie können ihr Wesen mehr oder weniger als gegeben annehmen und richten Energie und Gedanken auf sozial bedeutsame Interessen und Probleme jenseits von persönlichem Sicherheitsbedürfnis, dem Bestreben selbst geliebt zu werden oder Status.[32]

So oder so ähnlich also sieht das Ziel aus. Zu solchen Erwachsenen sollen Kinder werden. Sie sollen zu Menschen heranwachsen, denen es gelingt, ihre Bedürfnisse nach Zuneigung und Aufmerksamkeit, die jeder hat, auf akzeptable Weise, d. h. »sozial verträglich«, zu befriedigen.

Kinder, die überversorgt sind, können das meist nicht. Sie können ihr Verhalten nicht bewusst gestalten, sie sind ihm in gewisser Weise ausgeliefert; der Psychologe nennt das dann »impulsgesteuert«.

Jonathan ist in der vierten Klasse. Er ist ein sogenanntes »Problemkind«. Im Unterricht fällt er durch seine Impulsgesteuertheit auf. Was ihm durch den Kopf geht, führt er sofort aus. Ob es passt oder nicht. So steht er mitten im Unterricht auf und verlässt das Zimmer. Der ihm nacheilenden Lehrerin erklärt er: »Ich will mal in den Pausenhof.« Während ein anderer Lehrer gerade das Bruchrechnen erklärt, steht Jonathan auf, geht zu ihm an die Tafel und zeigt ihm ein Bild, das er gemalt hat. Jonathan leert die Ranzen seiner Mitschüler im Unterricht aus, macht nur sporadisch Hausaufgaben, kann bei Gruppenspielen selten mitspielen, weil er sich an Regeln grundsätzlich nicht hält, sondern seine eigenen erfindet. Dabei hält er sich für äußerst kreativ und originell. Regelmäßig brüllt er Obszönitäten durch das Klassenzimmer, denunziert laut Kleidung, Frisurstil und Pädagogik der Lehrer und stört relativ durchgängig seine Mitschüler durch Boxen, indem er ihre Mäppchen auf den Boden schubst, oder sonstige »Streiche«, die nur er lustig findet.

Bei Kindern wie Jonathan wird jeder Impuls ausgelebt – ohne Filter. Wenn ihnen z. B. der Gedanke kommt, es wäre doch jetzt ganz nett, auf den Tisch zu springen und laut zu schreien, tun sie es einfach. Das kann etwas Befreiendes haben, aber wenn ich ein Kind in der Grundschulklasse bin, das im Deutschunterricht sitzt, wäre es gut, wenn ich diesen Impuls unterdrücken könnte. Sonst reagiert die Umwelt mit Ablehnung, Ausgrenzung und Ausschluss. Außerdem ist man Sklave seiner Impulse und das wird uns Menschen nicht gerecht.

Aber überversorgte Kinder haben nicht das Gefühl, Einfluss auf ihr Verhalten nehmen zu können. Sie erleben sich vielmehr als Opfer der Umstände und machen andere für ihr Ungemach verantwortlich. Kinder, die überversorgt sind, können ihre Stärken und Schwächen nicht angemessen akzeptieren. Sie halten sich entweder für allmächtig und überschätzen sich oder haben sich nie wirklich als stark erleben müssen, weil sie ja nicht viel zu bewältigen hatten, und sind ängstlich und übervorsichtig. Dass sie Schwächen haben, passt nicht ins Konzept. Wer Kritik übt, hat keine Ahnung. Vordergründig. Hintergründig hauen Kritiker bei überversorgten Kindern natürlich in dieselbe Kerbe: die leise innere Stimme, die sagt: »Du kannst und bist nichts« (weil der Beweis dafür fehlt), wird auf einmal von außen auch gehört. Damit ist klar: Der äußere Kritiker muss zum Schweigen gebracht werden. Genauso wie der innere schon immer zum Schweigen gebracht werden musste. Ein hartes Brot. Für den Kritiker, aber auch für Überversorgte.

> · Überversorgte Kinder können Stärken nicht spüren und Schwächen nicht annehmen.

Das Gefühl, fest in der Gegenwart verankert zu sein, im Hier und Jetzt zu leben, entwickelt sich bei überversorgten Kindern kaum. Sie sind ständig damit beschäftigt, was als Nächstes gebraucht wird, um Intensität zu spüren. Und das muss immer mehr sein als das Vorherige. Kinder, die überversorgt sind, wollen alles, freuen sich aber an nichts. Sobald die neue Playstation da ist, ist sie schon wieder uninteressant. Ist das Haustier angeschafft, wird es kaum noch wahrgenommen, vor allem nicht, wenn die Arbeit anfängt, und etwas anderes »gehabt« werden will.

Gleichzeitig werden aber neue Ziele und Erfahrungen nicht aktiv gesucht. Warum auch? Sie werden mir ja auch so präsentiert – darin liegt ja das Wesen der Überversorgung.

Sie denken vielleicht: Vieles von dem, was hier beschrieben wird, ist doch normal für Kinder. Da würde ich Ihnen sogar recht geben. Wir leben in einer Gesellschaft, für die ein gewisser Grad an Überversorgung tatsächlich normal ist. Normal im Sinne von: Die Norm. Also: »Die meisten tun bzw. erleben es so.«

Die Frage ist nur: Will ich in diesem Sinne normal sein? Soll mein Kind in diesem Sinne normal sein? Oder habe ich nicht vielleicht doch Ansprüche, die unnormal sind. Unnormal im Sinne von: »Und selbst, wenn es alle täten, ich tue es anders, weil ich überzeugt bin, dass es bessere Wege gibt.«

Und »normal« bedeutet eben nicht immer »gesund«. Eine Norm entsteht, wenn eine Mehrheit erreicht bzw. ein Mittelwert gebildet ist. Die Psyche funktioniert aber nicht nach Mittelwerten oder Mehrheitsprinzip. Sie hat ihre mehrheitsfähigen Seiten, aber eben auch ihre höchst einzigartigen Kanten. Psychisch gesund ist man nicht, wenn man möglichst in die Norm passt, sondern, wenn ich meine individuellen Eigenschaften voll annehme und mit ihnen umzugehen weiß. Das bedeutet dann durchaus, dass ich mich in aller Einzigartigkeit auch anpassen kann – wenn ich es wünsche.

Das haben US-amerikanische Psychologen jetzt auch statistisch untermauert. Sie haben ganz einfach hunderte Personen von 18 bis 85 Jahren gefragt, was für sie normal ist. Das Ergebnis zeigt, dass wir uns dann selbst für »normal« halten, wenn wir das sind, was in unserer Gesellschaft als »normal« definiert wird. Aber selbst dann noch ist Normalität eine höchst subjektive und relative Angelegenheit. Was Menschen für normal halten, hängt von vielen Faktoren ab. Von Alter, Kultur, Geschlecht etc.

Es gibt – so die Studie[33] – tatsächlich Bereiche, anhand derer Normalität von Nichtnormalität unterschieden werden kann:

1. Ein Bereich ist **Persönlichkeit**: Menschen, die besonders umgänglich, gewissenhaft, traditionell und emotional stabil waren, bezeichneten sich selbst eher als normal als die, bei denen diese Persönlichkeitsmerkmale schwächer ausgeprägt waren.

2. Außerdem ist das **persönliche Wohlbefinden** ein Faktor: Personen, die sich selbst als normal bezeichneten, waren selbstbewusster, zufriedener, weniger depressiv als Personen, die sich für eher unnormal hielten.

3. Ein dritter Bereich war die **Übereinstimmung mit gesellschaftlichen Erwartungen**: Für normaler hielten sich die Leute, die glaubten, sich ähnlich zu verhalten wie ihre Gleichaltrigen und das taten, was die Gesellschaft von ihnen erwartete. Die, die eher »anders« lebten, hielten sich eher für unnormal.

Was die Studie auch belegte: Die Einschätzung dessen, was normal ist, verändert sich im Laufe des Lebens. Z. B. waren »höchst normale« Eigenschaften wie Zuverlässigkeit, Verträglichkeit und emotionale Stabilität bei älteren Menschen stärker ausgeprägt als bei jüngeren. Deshalb fühlten sich Erwachsene oft normaler als Kinder. Bei den Ergebnissen machte es übrigens keinen Unterschied, ob die Befragten den Begriff »normal« verstanden als: »normal ist, was nicht deutlich vom Mittelwert abweicht« oder als: »normal ist, was nicht krank ist.«

Für unser Thema bedeutet das vor allem Folgendes: Es ist wichtig, sich mit der Frage auseinanderzusetzen: »Was ist für uns als Eltern normal und was gesund?«

Eine Antwort ist am besten persönlich und informiert. Sie beinhaltet zwei Dimensionen: eine individuelle, andere, sperrige und eine gesellschaftlich erwartete, angepasste.

Ein Kind ist kein Kuchen, aber Fett braucht jeder.

In diesem Buch wird bewusst auf eine Antwort verzichtet. Weil die Angelegenheit individuell zu verschieden ist. So wie Erziehung individuell verschieden ist und sein soll.

Und doch kann man vieles über gelungene Erziehung sagen. So wie man beim Kuchenbacken auf jeden Fall Fett und Süße braucht. Aber ob Zucker oder Honig, Mehl oder Eier hineinkommen, Nüsse oder Früchte oder welche Aromen, das variiert. Und so entstehen ganz individuelle und universell köstliche Kreationen.

Nun ist ein Kind kein Kuchen, viel weniger vorhersagbar und eine eigenständige Persönlichkeit mit eigenen Gesetzmäßigkeiten, aber zumindest ein wenig – vielleicht sogar zu einem Großteil – backt man als Eltern auch mit. Und da ist es unumgänglich, klare Ziele vor Augen zu haben – ich weiß ja auch, ob ich einen Zitronenkuchen backen will oder lieber eine Schwarzwälder-Kirsch-Torte und wie die am Ende auszuschauen hat. Ohne Ziel kein Weg. Und psychische Gesundheit ist sicherlich eines der wichtigsten Ziele.

Deshalb habe ich hier noch zwei interessante Zielformulierungen, also Definitionen von gesunder Persönlichkeit, für Sie aus der Vielzahl all derer herausgesucht, die die Psychologie zu bieten hat. Sie stammen von Carl Rogers und Fritz Perls (den wir schon vom »Gestaltgebet« kennen). Vielleicht ist es Ihnen nicht bewusst, aber diese beiden Psychologen haben unser Denken über psychische Gesundheit maßgeblich geprägt. Deshalb seien sie hier quasi als »Ideensteinbruch« angefügt.

Carl Rogers (1902–1987, *Chicago) ist der Begründer der klientenzentrierten Therapie. Er definiert gesunde Persönlichkeit als: »Das verwirklichte Selbst«.

Das verwirklichte Selbst ist:

- kein Zustand, sondern ein Prozess
- Regisseur im Leben
- unabhängig von äußeren Normen.

Rogers schreibt: »[Selbstverwirklichung] *beinhaltet den Mut zu sein.* [Sich selbst] *zu verwirklichen bedeutet, sich selbst vollkommen in den Strom des Lebens zu werfen.*«[34]

Selbstverwirklichung ist nichts anderes als der Prozess, man selbst zu werden. Ganz im Sinne des oben schon zitierten Aristoteles: »Werde, der du bist.« Zuerst müssen wir im Leben körperlich die werden, die wir sind. Und sind wir dann ausgewachsen, geht es darum, auch psychisch wir selbst zu werden. Der Begriff Selbstverwirklichung hat nicht nur die 68er geprägt, sondern auch die nachfolgenden Generationen. Besonders die heute zwischen 25- bis 45-Jährigen, also die gegenwärtige Elterngeneration, ist in einer Kultur aufgewachsen, die als eines der wichtigsten Ziele im Leben die Selbstverwirklichung gepredigt hat.

Selbstverwirklichung heißt also, die eigenen und einzigartigen psychologischen Charakterzüge und angelegten Fähigkeiten zu entwickeln. Das ist ein lebenslanger Prozess.

Wenn sich das Selbst beginnt zu entwickeln – also in der

frühen Kindheit – lernt der Säugling, dass er Zuneigung, Bestätigung und Liebe von anderen braucht. Rogers nannte das »positive Beachtung«. Es gibt nichts Wichtigeres für die Entwicklung einer gesunden Persönlichkeit, als in dieser Phase »bedingungslose positive Beachtung« zu erfahren, indem die Mutter oder eine andere versorgende Person Liebe und Zuneigung zum Ausdruck bringt – und zwar völlig unabhängig davon, wie sich das Kind benimmt. Diese ohne Zwang gegebene Liebe und Zuneigung (nicht zu verwechseln mit Überversorgung) verinnerlicht der Säugling. So wird sie zur Norm und zum Standard für den heranwachsenden Menschen, den er dann später auf sein gesamtes Handeln überträgt – also auch anderen Menschen gegenüber praktiziert.

Und deshalb hat es auch viel Wahres, wenn wir landläufig von manchen Menschen behaupten, sie können nicht lieben, weil sie nie geliebt wurden. Das hängt tatsächlich miteinander zusammen.

Kinder, die mit dem Gefühl unbedingter Liebe (bedingungsloser positiver Beachtung) aufwachsen, koppeln ihren Selbstwert nie an ihre Handlungen; sie fühlen sich nie nur dann geliebt, wenn sie bestimmte Dinge tun oder lassen. Alle Gedanken und Gefühle sind zugelassen. Solche Menschen leben frei und mit tiefem Empfinden, sind flexibel und offen für Neues. Sie sind fähig zur Selbstverwirklichung, zur Entfaltung ihres gesamten Potenzials und dazu – das ultimative Ziel – eine »voll funktionsfähige Person« zu werden. Rogers' fünf Kriterien eines verwirklichten Selbst sind:

1. Leben in Fülle mit Fähigkeit zu allen Gefühlen und größtmöglicher Flexibilität
2. Offenheit für Erfahrung
3. Vertrauen auf die eigene Intuition und die eigenen Gefühle

4. Gefühl von Handlungs- und Wahlfreiheit
5. Fähigkeit zu Kreativität und Spontaneität.

Eine weitere Definition von gesunder Persönlichkeit liefert **Friedrich Salomon (»Fritz«) Perls** (1893–1971, *Berlin), der Begründer der Gestalt-Therapie. Seine markigen Sprüche und direkte Art haben ihm den Ruf eines therapeutischen Rauhbeins eingetragen. Gleichzeitig benennt er aber Dinge auch wie sie sind – ohne verschönende Umschreibung. Obwohl er es ein wenig anders ausdrückt als Rogers, spricht er inhaltlich doch vom selben Phänomen: Der gesunden Psyche.

Bei ihm heißt die gesunde Persönlichkeit: »Der Hier-und-Jetzt-Mensch.« Dieser

1. ist sicher verwurzelt in der Gegenwart.
2. ist sich seiner selbst bewusst und akzeptiert sich so.
3. kann innere Impulse und Sehnsüchte artikulieren.
4. übernimmt Verantwortung für sein Leben.
5. lässt Verantwortung für andere los.
6. ist mit sich selbst und gleichzeitig mit der Welt in Kontakt.
7. kann Abneigung und Ärger ausdrücken.
8. bewegt sich frei von äußeren Zwängen.
9. stellt sich ganz auf den jeweiligen Moment ein.
10. sucht nicht nach Glück,
11. sondern ist einfach, wer er in diesem Moment ist.

Das Hier und Jetzt ist das Einzige, was wir haben, und wir sind, so Perls, fast vom Dasein dazu verpflichtet, jeden Moment in seiner Fülle zu erleben. Wer nicht voll in der Gegenwart lebt, schaut entweder zurück, macht andere (z. B. Eltern) verantwortlich für die eigenen Fehler oder neigt zur Sentimentalität (retrospektiver Charakter). Oder er lebt in der Zukunft

und macht andere für dann enttäuschte Erwartungen verantwortlich. Während wir uns unserer Vergangenheit und
Zukunft bewusst sein sollten, müssen wir
doch im Hier und Jetzt leben. Die gesunde   Gesund ist Leben
Persönlichkeit lebt ganz im Hier und Jetzt.   im Hier und Jetzt
Sie fragt nicht, was war oder sein wird, son-
dern: Was ist hier und jetzt? Was sehe ich? Was höre ich? Was
rieche ich? Was empfinde ich? Sie nimmt ihren Körper wahr
und weiß, was in ihm vorgeht.

Überversorgten Kindern fällt es schwerer als anderen, im
Hier und Jetzt zu leben. Als Erwachsene kreisen ihre Gedanken womöglich um die Frage, was war – aber nicht, weil sie
etwa Gewalt oder Missbrauch erfahren hätten, sondern, weil
sie der Gedanke umtreibt, ob das, was sie hatten, schon alles
war. Ob es mehr hätte sein müssen. Ob etwas anderes nicht
besser oder richtiger gewesen wäre.

Als Kinder – und später in erwachsener Form – beginnt
für sie beim kleinsten Entzug von Aufmerksamkeit ihre Welt
zu bröckeln. Beim kleinsten Misserfolg entsteht Verzweiflung und ungerichtete Wut. Bei der kleinsten Frustration ist
die Empörung groß.

Das Tragische ist, dass sich dieses Verhalten nicht einfach
auswächst. Im Gegenteil, oft begegnen uns ehemals überversorgte Kinder als Erwachsene und demonstrieren täglich, wie ungesund ihre Persönlichkeit geworden ist. Und
in aller Regel leiden sie selbst am meisten darunter. Zum
Glück kann man als Erwachsener einiges zur Heilung tun,
aber viel geschickter ist es doch, präventiv zu arbeiten und
schon im Kindesalter darauf zu achten, dass die richtigen
Weichen gestellt werden. Das müssen dann die Eltern übernehmen.

Und das tut man, indem man, nachdem die »gesund-nor-
mal-Frage« beantwortet ist, immer besser verstehen lernt,

wie Entwicklung funktioniert. Um im richtigen Moment das Richtige tun zu können und bei Problemen zu wissen, wo man ansetzen muss. Im Oberen haben wir schon viel darüber erfahren, wie Entwicklung funktioniert. Hier einige weitere Grundsätze, die gerade für Erziehende wichtig sind.

So funktioniert Entwicklung

Die Grundlage von Entwicklung bilden zunächst wohl rein biologische bzw. genetische Faktoren. Man kann davon ausgehen, dass Säuglinge erst einmal mit unterschiedlichen Grundvoraussetzungen (bez. Temperament, Persönlichkeit, Affektregulation etc.) geboren werden. Was wir als unterschiedliche Temperamente schon von Geburt an bei Kindern wahrnehmen, definieren Neurologen als »Unterschiede in Aktivität, Reaktivität und Selbstregulation«[35]. Es gibt also schon von Anfang an von Mensch zu Mensch unterschiedliche Dispositionen – da mag der eine gesegneter als die andere sein –, die aber dann durch Erfahrungen aus der Umwelt (»Prägung«) beeinflusst werden. Das ist die altbekannte und in der Fachpresse viel diskutierte Zusammenwirkung zwischen Natur (von Geburt an gegeben) und Prägung (Umwelteinfluss).

So kommen die einen mit einer Tendenz zu negativen Emotionen und zur leichten Aktivierbarkeit des Vermeidungssystems zur Welt, die anderen mit dem Hang zu positiven Emotionen und unverstelltem Zugang zu Problemlöseverhalten. Das bedeutet natürlich nicht, dass Menschen, die mit bestimmten Voraussetzungen und Fähigkeiten geboren werden, diese auch ausbilden. Umgekehrt ist es kein Knockout-Kriterium, wenn zur Geburt bestimmte Eigenschaften nur schwach angelegt sind. Man kann sie später entwickeln. Beides hängt von den Umwelteinflüssen ab und davon, ob es jeweils im Leben gefördert wird oder nicht.

Man kann sich das Ganze vorstellen wie einen Muskel. Es gibt Menschen, die neigen von Haus aus dazu, schnell große, dicke Muskeln zu bilden. Andere Menschen bilden eher schlanke und drahtige Muskeln. Das ist vorbedingt. Trotzdem aber kann ein drahtig angelegter Muskelmensch tatsächlich viel muskulöser sein als ein groß und dick angelegter. Nämlich dann, wenn der eine viel, der andere kaum trainiert. Es ist also immer eine Frage der Zusammenwirkung beider Faktoren: Natur *und* Prägung. Ebenso gibt es Menschen, die genetisch eher dazu neigen, fettleibig zu werden oder Krebs zu entwickeln. Und dennoch können sie tatsächlich schlanker und gesünder sein als alle anderen, weil sie gut auf ihre Ernährung achten, sich ausreichend bewegen, nicht rauchen, die Sonne meiden usw.

Natur *und* Prägung entscheiden über den Charakter

Nach der Geburt wird also die Prägung entscheidend. Der Säugling tritt von der ersten Sekunde an in Interaktion mit seiner unmittelbaren Umwelt, in aller Regel sind das die Eltern. Jede Erfahrung wird ab da emotional bewertet, also mit einem Gefühl versehen oder wahrgenommen. So lernt das Kind und bildet seine Selbst-Struktur. Das Kind lernt über diesen Mechanismus, wer es ist. Die »Passung zwischen Kind und Bezugsperson«[36] muss dabei möglichst gut sein, um die jeweiligen Entwicklungsaufgaben zu bewältigen, die wir bei Erikson schon kennengelernt haben.

Allerdings muss ab einem gewissen Punkt auch die Trennung von der Bezugsperson erfolgen. Schritt für Schritt, mehr und mehr. So wird das Kind zur eigenständigen Persönlichkeit. Das geschieht durch die sogenannte *optimale Frustration*.

Wird ein Kind überversorgt, wird sein Bedürfnis nach Aufmerksamkeit und Nähe *zu wenig* frustriert, entwickelt es sich zum »Narzissten«, also zu einem Menschen, der fast ausschließlich um sich selbst kreist. Im Volksmund nennen wir so jemanden »ich-zentriert« oder »egoistisch«.

Überversorgte Kinder sind Narzissten. Überversorgung produziert Narzissmus.

Allerdings: Wenn wir geboren werden, sind wir alle absolute Egoisten. Und wir müssen es auch sein. Das hat die Natur gut eingerichtet. Die Entwicklungspsychologie (z. B. Erik Erikson, Margaret Mahler, aber auch Heinz Kohut mit seiner »Selbstpsychologie«) hat gezeigt, dass Säuglinge ihre Welt auf fast schon magische Art wahrnehmen. Sie können nicht erkennen, dass die Brust, die ihnen in den Mund fährt, gar nichts mit ihnen zu tun hat, sondern von einem anderen Menschen stammt. Das Ganze funktioniert für Babys so:

Bedürfnis (z. B. Hunger) → Schreien → Bedürfnisstillung (z. B. satt).

Die kleinen Sauger meinen also tatsächlich, sie hätten die Macht, ihren eigenen Hunger durch ihr Schreien zu stillen. Sie erleben sich als allmächtig. Beim Bier in der Eckkneipe würde ein Baby zum anderen sagen: »Ich hab's total drauf! Ich muss nur schreien, dann kommt mein Pils.« So erleben Säuglinge die Welt. Sie nehmen sich nicht als getrennt von der Mutter wahr und unterscheiden nicht zwischen Ich und Du.

Alles ist für sie ein und dasselbe; die Versorger nehmen sie als Teil von sich selbst wahr, als ihren eigenen »verlängerten Arm«, der durch ihr Schreien (mehr oder weniger) perfekt funktioniert.

Bis zum zweiten Lebensjahr ist das völlig normal. Später

nicht mehr. Dann sprechen Psychologen von einer »narzisstischen Störung«. Überversorgte Kinder sind davon überaus häufig betroffen. Ihnen hat die optimale Frustration gefehlt.

Wenn alles gut läuft, beginnen wir schon im ersten Lebensjahr, zu lernen, dass wir nicht alles sind. Dann entwickeln wir uns von kleinen herrschsüchtigen Egomanen zu gesunden Egoisten. Von kleinen saugenden Narzissten zu großherzigen Menschen mit einem gesunden Gefühl für die eigenen Bedürfnisse. Treten in dieser Entwicklungsphase aber Störungen auf – z. B. Vernachlässigung, Missbrauch, emotionale Kälte oder eben Überversorgung – dann kann es zu einem Problem kommen.

Erinnern Sie sich an das oben beschriebene Beispiel mit dem Baby, das jedes Bedürfnis sofort gestillt bekommt – ein Umstand, der uns vielleicht auf den ersten Blick erstrebenswert erscheint, aber tatsächlich verheerende Folgen hat. Lernt das Kind doch nie, mit Frustration zurechtzukommen. Und wenn wir das nicht mit der Muttermilch einsaugen, wird es uns in unserem gesamten späteren Leben verdammt schwerfallen.

Heinz Kohut (1913–1981, *Wien) erfindet dazu den Begriff »Selbstobjekt«. Ein »Selbstobjekt« ist eine andere Person, die wie ein eigener Körperteil wahrgenommen wird – ohne eigenen Willen und eigene Bedürfnisse. Also so, wie Säuglinge die Welt sehen. So ein Selbstobjekt ist »*mein* Objekt«, hat also auf meine Bedürfnisse zu antworten und damit basta.

Das ist ab dem dritten Lebensjahr eine recht unreife Sicht der Dinge. Reife dagegen bedeutet, den anderen nicht mehr als *Selbst*objekt wahrzunehmen und zu behandeln, sondern als *Objekt*. Als ein von mir getrenntes und eigenständiges Gegenüber. Dazu muss aber das Selbstobjekt in *Selbst* und *Objekt* zerfallen sein. Das *Selbst* muss sich vom *Objekt* getrennt haben. Ich muss erkannt haben, dass die andere Person ein eigenständiger Mensch ist und nicht ein Teil von mir. Mit eigenen Bedürfnissen und Rechten.

Diese Trennung von Selbst und Objekt geschieht durch »optimale Frustration«: Durch die Enttäuschung der Erwartung zum richtigen Zeitpunkt und im richtigen Maß. Das bedeutet z. B., dass ein Kind auch einmal nicht sofort gestillt wird, wenn es schreit, und lernt, damit zurechtzukommen. Dabei entdeckt, dass es überleben kann, es erfährt, dass es mit Hunger umgehen kann, ja Hunger überhaupt erst einmal wahrnimmt.

Das Gute daran ist, dass diese Frustration nicht bewusst herbeigeführt werden muss. Sie passiert ja unweigerlich – Mütter können gar nicht überall und immer zur Stelle sein. Wenn Sie nicht überversorgen. Überversorgende Mütter oder Väter scheinen sich zu bemühen, genau das zu tun: immer und überall die Bedürfnisse ihres Kindes sofort zu stillen. Aber das ist keine hilfreiche Unternehmung für gesunde Entwicklung.

Wenn also alles gut läuft, trennen sich Ich und Du, ich werde im Laufe meines Lebens fähig, den anderen als eigenständige Persönlichkeit wahrzunehmen, Empathie zu entwickeln, Mitgefühl und eine Liebe, die nicht ausschließlich die Befriedigung meiner eigenen Bedürfnisse zum Ziel hat. Wenn vieles schiefläuft, ich als Kind zu viel oder (fast) nie enttäuscht werde, wird sich die Trennung nur bruchstückhaft vollziehen. Und ich bleibe in einer Welt hängen, in der sich alles um mich dreht. In der Regel liegen wir irgendwo in der Mitte, nie ganz getrennt und doch nicht völlig abhängig.

In einem Anhang des Internationalen Verzeichnis für psychische Erkrankungen, dem ICD10, wird die »narzisstische Persönlichkeitsstörung« beschrieben als ein subtiles Muster von Größenwahn (in der eigenen Vorstellung oder im eigenen Verhalten) und ein Mangel an Empathie (Mitgefühl).

Die Störung deutet sich durch mindestens fünf der folgenden Symptome an:

- Überzogene Einschätzung der eigenen Wichtigkeit
- Die häufige Beschäftigung mit Phantasien von grenzenlosem Erfolg, grenzenloser Macht, Brillanz, Schönheit oder idealer Liebe
- Die Überzeugung, man sei »besonders« und könne nur von anderen »besonderen« Persönlichkeiten (oder Gruppen) mit hohem Status oder hoher Bildung verstanden und mit solchen in Verbindung gebracht werden
- Das Bedürfnis nach übermäßiger Bewunderung
- Das Gefühl: »Was ich will, steht mir zu.«
- Das Benutzen anderer, um die eigenen Ziele zu erreichen
- Mangel an Mitgefühl
- Neid oder das Gefühl, andere seien auf einen selbst neidisch
- Arrogantes, hochmütiges, bevormundendes oder verächtliches Verhalten oder Lebensgefühl.

Jeder hat den ein oder anderen Punkt auf seiner Liste. Das ist normal und gesund. Ab der Summe von fünf dieser Punkte würden Fachleute allerdings eine narzisstische Störung diagnostizieren. Überversorgte Kinder rutschen sehr leicht in diesen Bereich.

So wird deutlich: Frustration aushalten zu lernen ist ungeheuer wichtig für Kinder. Es ist eine zentrale Entwicklungsaufgabe des Menschen.

Entwicklungsaufgaben für Kinder

Noch vor Erikson formulierte der US-amerikanische Soziologe und Erziehungswissenschaftler R. J. Havighurst 1948 sein Konzept der Entwicklungsaufgaben, das in den darauf folgenden Jahrzehnten von ihm selbst und anderen Sozialwissenschaftlern weiterentwickelt wurde. Heute verstehen Wissenschaftler unter »Entwicklungsaufgabe« eine Aufgabe, die zu einem bestimmten Zeitpunkt der Entwicklung

1. als vorgegebene Norm einer Gesellschaft dem Einzelnen aufgegeben ist und
2. von ihm als Zielvorstellung oder Erwartung an sich selbst übernommen wird.
3. Und zwar dann, wenn er über die biologischen, psychischen und sozialen Voraussetzungen zur Bewältigung der Aufgabe verfügt.

Das bedeutet etwa für das Kleinkindalter folgende »normativen« Entwicklungsaufgaben:
- Laufen lernen
- Symbolgebrauch und Sprechen lernen
- Selbständig Nahrung aufnehmen lernen
- Körperausscheidungen kontrollieren lernen
- Abstillen und Entwöhnung (Ablösung aus der symbiotischen Beziehung zur Mutter)
- Aufbau von Bindungen zu weiteren Bezugspersonen als der Mutter (Vater, Geschwister usw.)
- Gut und Böse unterscheiden lernen (ein Gewissen aufbauen)
- Erwerben physiologischer Stabilität
- Geschlechtsidentität erwerben und Geschlechtsunterschiede erkennen lernen

- Zusammenhang zwischen sozialer Umwelt und physischer Realität lernen (Generalisieren lernen)
- Lernen, eigene Gefühle zu Eltern und Geschwistern in Beziehung zu setzen
- Wahrnehmung der Bedürfnisse anderer und Einfühlungsvermögen entwickeln.

Von den aufgezählten Entwicklungsaufgaben werden nur einige, z. B. laufen, selbständig essen, Körperausscheidungen kontrollieren und (zumindest zum großen Teil und in der Regel) sprechen lernen bereits während der ersten drei Lebensjahre vollständig bewältigt. Die anderen werden lediglich in Angriff genommen und von Fall zu Fall unterschiedlich weit absolviert.

Wir wissen: Die erfolgreiche Bewältigung einer Entwicklungsaufgabe im Kleinkindalter hängt natürlich vor allem davon ab, ob die inneren Voraussetzungen bereits vorliegen – ob das Kind also »reif« ist für die Aufgabe. Zum anderen aber auch davon, welche Unterstützung es bei seinen Bewältigungsbemühungen erfährt.

Überversorgung kann die Bewältigung dieser Aufgaben empfindlich stören. Besonders im konkreten Bereich kann Überversorgung dazu führen, dass Aufgaben nicht erfüllt bzw. wahrgenommen werden können.

Werden einem Kind beispielsweise die Möglichkeiten zur Bewegung eingeschränkt, wird es später laufen lernen als es könnte, die Feinmotorik wird sich schlechter entwickeln usw. Diese Einschränkung kann durch Vernachlässigung erfolgen, also fehlende Förderung. Aber ebenso durch Überversorgung: Wird ein Kind nur getragen, überfüttert oder wenig zur Bewegung angehalten, weil es etwa beim leisesten Muckser schon wieder aufgehoben und in den Buggy gesetzt wird, wird sich seine Fähigkeit ganz logischerweise später ausbilden oder nie die Stärke erreichen, die sie von seiner Veranlagung her erreichen könnte.

Um sich zu einer gesunden Persönlichkeit zu entwickeln, müssen Kinder bestimmte Entwicklungsaufgaben bewältigen und »Lektionen« lernen dürfen. Überversorgung führt dazu, dass dies nicht oder nur bruchstückhaft geschieht. Damit sich Kinder zu gesunden Persönlichkeiten entwickeln können, brauchen Sie u. a. folgende Lernmöglichkeiten, nennen wir sie »Die Zehn Gebote gesunder Entwicklung« (wohl wissend, dass es natürlich darüber hinaus noch viele andere Aspekte gelungener Entwicklung gibt, die wir entweder schon behandelt haben oder noch beleuchten werden).

Zehn Gebote gesunder Entwicklung

1. Kindern sollte ermöglicht werden, Fertigkeiten zu erwerben und dabei Fehler machen zu können. Sie sollten aus diesen Fehlern lernen können und so ein Gefühl dafür entwickeln, was angemessen ist und was nicht.

Ein Vater, den ich in einem Café mit seinem etwa fünfjährigen Sohn beobachtete, nahm diesem ständig die Malstifte aus der Hand und »brachte ihm bei«, »richtig« zu malen. Immer wieder hörte ich Satzfetzen wie: »Das ist falsch, so sieht ein Baum doch nicht aus.« oder »Nein, das stimmt nicht, komm, ich zeig dir, wie es richtig aussieht.« Am Ende malte der Vater das Bild von Pferden unter einem Baum. Im Hinausgehen, konnte ich mich eines Blickes auf das fertige Bild nicht erwehren. Es war schön, aber das Bild eines Erwachsenen. Und dessen Sohn hatte nichts gelernt. Nicht Anweisung, sondern Motivation hätte zu einem größeren Lernerfolg geführt. »Schau dir mal einen Baum genau an. Was siehst du? Wo hört der Stamm auf?« – solche und ähnliche inspirierenden Fragen regen das Kind an und lehren es zu beobachten.

2. Kinder sollten ermutigt werden zuzuhören, um zu lernen zuzuhören und genau hinzuschauen, um Informationen zu sammeln und hinterfragen und nachdenken zu können.

Dazu gehört etwas pädagogisches Geschick. Wie bei der Mutter, die ich beim Waldspaziergang mit einer ganzen Gruppe von Kindern im Vorbeigehen erlebte. Sie erklärte den etwa Achtjährigen, wie man an den Jahresringen das Alter von Bäumen ablesen kann. Dabei sprach sie mit lebhafter Stimme und Gestik, ganz so, als handele es sich um ein unglaubliches Geheimnis, das sie offenbarte. Dabei gab sie jedem Kind eine Scheibe Holz in die Hand und ließ sie die Jahre zählen. Sie erzählte von Stürmen, Eis und Schnee und deutete auf die dickeren Ringe. Sie sprach von Sonne und Trockenheit, während sie auf die dünneren zeigte. Die Kinder waren gebannt und stellten begeistert Fragen.

3. Kinder sollten lernen, erst zu denken und dann zu handeln, ihre Impulse steuern zu können und nicht einfach ungebremst auszuleben. Sie sollten ein Gespür für ihre eigenen Gedanken, Gefühle und Impulse entwickeln. Dazu müssen Kinder lernen wahrzunehmen und zu benennen, was in ihnen vorgeht.

Lernen können sie das, indem man als Eltern einfach nachfragt und Folgen verdeutlicht. Und gleichzeitig eine Bewertung abgibt. Welche Beweggründe gibt es für das Verhalten, was hat es Negatives bewirkt und gibt es bessere Lösungen? Wichtig dabei ist es, auch die emotionale Ebene anzusprechen. Also etwa: »Warum hast du vorhin (*ruhig mit zeitlichem Abstand*) dein Heft in die Ecke gefeuert? Warum warst du sauer?« »Jetzt ist das Heft kaputt und deine kleine Schwester weint. Das ist doch nicht gut/das geht so nicht.« Diese Bewertung ist wichtig, damit das Kind lernt, dass das an den Tag gelegte impulsive Verhalten unerwünscht und nicht akzeptabel ist. Hier sollte deutlich bewertet werden – allerdings immer im angemessenen Rahmen. Abschließend kann dann die gemeinsame Überlegung stehen, wie man sich in Zukunft besser verhalten sollte und kann.

Aber noch wichtiger und effektiver als Reden ist Vorbild-Sein. Eltern, die impulsiv sind, können nicht von ihren Kindern erwarten, beherrscht zu sein. Kinder imitieren immer das Verhalten – nicht die Worte – der Eltern. Auge über Ohr.

4. Kinder sollten ermutigt und darin gefordert werden, Wünsche und Bedürfnisse argumentativ zu begründen, um selbst abschätzen zu lernen, was angemessen ist.

Möchte ein zehnjähriges Kind etwa Reitunterricht erhalten, weil die beste Freundin das auch darf, sollte es gefordert werden, diesen Anspruch argumentativ zu begründen und die Eltern zu überzeugen. Die Eltern sollten ihre Argumente dagegen setzen (»Das kostet viel Geld«, »Man muss Verantwortung übernehmen.«, »Dein Meerschweinchen hast du nicht besonders gut gepflegt.«, »Wir können dich nicht fahren« o. ä.) und dann gemeinsam mit dem Kind versuchen, Lösungen zu finden und dann eine Entscheidung fällen.

5. Kinder sollten darin gefördert werden, Kultur, Werte, Regeln und Verpflichtungen anderer Familien wahrzunehmen und zu prüfen. Sie sollten Strukturen außerhalb der eigenen Familie kennenlernen, um beurteilen und wählen zu lernen.

Das kann z. B. bedeuten, dass Kindern erlaubt wird und sie dazu ermutigt werden, bei Freunden zu übernachten oder mit anderen Familien in Urlaub zu fahren. Es kann auch heißen, dass man als Eltern einfach mal fragt:»»Wie machen das denn die XYs?« und »Wie findest du das?« Wichtig ist dabei für Eltern, mit einer weitestgehenden Offenheit und Zurückhaltung an Bewertungsfragen heranzugehen (Also nicht:»Deine Freundin Lilly hilft doch bestimmt zu Hause viel mit!«). Sie sollten ausschließlich leitende Fragen stellen. Das Abwägen und Bewerten soll ja das Kind lernen und deshalb selbst durchführen dürfen.

6. Kinder sollten Bedeutung und Notwendigkeit von angemessenen Regeln verstehen lernen. Sie sollten lernen, sinnvolle Regeln von willkürlichen zu unterscheiden. So erhalten sie die Möglichkeit zu verstehen, dass gute Regeln Orientierung geben und gleichzeitig Individualität zulassen und stützen.

Die »besten« Regeln sind die, die Kinder verstehen und nachvollziehen können. Aber auch solche, die sie nicht akzeptieren wollen, können wichtig und sinnvoll sein – z. B.: »Vor dem Essen kein Eis« oder »Um acht ins Bett«. Generell sollten Eltern Regeln erklären und sie so weit möglich gemeinsam mit den Kindern formulieren und setzen. Über Regeln finden Sie weiter unten mehr.

7. Kinder sollten die Konsequenzen von Regelgebrauch erfahren, um sinnvolle Grenzen und Regeln ernst zu nehmen und ihre Wichtigkeit zu verinnerlichen.

Regeln, die aufgesetzt werden, sollten tatsächlich auch eine Verbesserung der Situation und der Lebenswelt des Kindes bringen. Ansonsten sind sie nutz- und sinnlos. Eine Regel wie etwa die, dass alle Familienmitglieder gemeinsam zu Abend essen sollen, muss auch eine Verbesserung der Familienatmosphäre zur Folge haben. Als autoritativ-erzie-

herische Strafmaßnahme ist sie kontraproduktiv und führt
eher zur Aversion aller Beteiligten, die bei erster Gelegenheit
vom gemeinsamen Essenstisch fliehen. Hat eine Regelmaß-
nahme jedoch Sinn, sollten die Eltern auch darauf hinweisen à la: »Jetzt haben wir doch wirklich schön zusammen
gesessen und uns vom Tag erzählt.« Eltern sollten übrigens
Vorbilder sein bei der Einhaltung der Regeln. Also bitte zu
den verabredeten Zeiten am Tisch sein und nicht gerade mal
noch die Küche aufräumen oder während des Essens Zeitung lesen.

8. Kinder sollten erfahren, dass sie anderer Meinung sein dür-
fen und dennoch geliebt werden.

Manchmal gibt es einfach unvereinbare Sichtweisen und
Standpunkte. Weil die Interessenlage oder der Horizont andere sind. Virulent wird dieser Punkt besonders oft in Schei-
dungsfamilien. Es geschieht bisweilen, dass Partner, die sich
getrennt und zerstritten haben, nicht akzeptieren, dass die
Kinder beide »Parteien« lieben. So werden Papa oder Mama
»schuldig« oder »böse« gesprochen. Kinder reagieren darauf
unter Umständen heftig. Entweder mit lauter Aggression
gegen andere (Schlagen, Brüllen, Zerstören etc.) oder mit
leiser gegen sich selbst (Depression, Autoaggression etc.).
Und oft werden sie vor die unausgesprochene Wahl gestellt:
Entweder du liebst mich oder den Papa/die Mama – und
wenn du dich gegen mich entscheidest, entziehe ich dir die
Liebe.« Für Kinder ist das eine furchtbare Situation. Ähnliches gilt bei der Freundeswahl, bei Berufs- oder Partner-
wünschen (dann schon älterer) Kinder, die nicht ins Konzept
oder Werteschema der Eltern passen. Hin- und hergerissen
zwischen den Wünschen der Eltern und den eigenen Autonomiebestrebungen kann dieser Loslösungsprozess sehr be-
lastend sein und bis hin zu autoaggressivem Verhalten füh-

ren. Gelassenheit in der Erziehung bedeutet hier auch, sich zu entspannen. Oft sind die vermeintlich falschen Freunde oder Partner dennoch richtig und wichtig für die Entwicklung; und sei es, weil man merkt, was man nicht will. Vielleicht hilft es auch, sich zurückzuerinnern, wie man selbst in diesem oder jenem Alter Freunde hatte, die den Eltern nicht schmeckten. Und trotzdem lief alles gut. Die wenigsten Einflüsse führen direkt ins Drogenmilieu oder sind nachhaltig schädigend. Wenn der Rest stimmt, sind Kinder stabil genug, um trotz negativen Einflusses nicht abzustürzen.

9. Kinder sollten innere Kontrollmechanismen erwerben. Negative Gefühle wie Wut, Trauer und Angst sollten bewusst wahrgenommen und benannt werden können. Positive Gefühle wie Freude, Leidenschaft und Neugierde bzw. Interesse sollten ebenso bewusst sein. Der Ausdruck positiver wie negativer Gefühle sollte kontrolliert werden können.

»Wir haben immer mehr Kinder in den Klassen, die ungezügelt auf ihre Mitschüler eindreschen«, berichtet eine Grundschullehrerin aus Mainz aus ihrem Alltag. »Die Wut, die sich zu Hause aufstaut, entlädt sich im Unterricht. Und manchmal denke ich, dass sie auch einfach nur ihre Eltern nachahmen, aber das ist fast zu schrecklich, als es sich vorzustellen.« Zu lernen, dass ich wütend sein darf, aber deshalb niemanden schlagen muss, ist Aufgabe menschlicher Entwicklung. Dass Eltern hier besonders in ihrer Vorbildfunktion gefordert sind, ist klar. Gerade Konfliktverhalten wird in der Ursprungsfamilie gelernt. Schlagende Eltern waren in aller Regel geschlagene Kinder. Der Umkehrschluss ist allerdings nicht zulässig. Menschen, die als Kinder geschlagen wurden, schlagen zwar oft auch wiederum in Konflikten zu, können aber auch gänzlich Konflikt vermeidend werden, verschüchtert und still, weil sie die Katastrophe um jeden

Preis – auch den der Selbstaufgabe – verhindern wollen. Dass es gesunde und gute Arten gibt, Konflikte als Wachstumschance zu nutzen, haben sie nie erlebt und glauben daher auch nicht daran.

Und ein Fußballtrainer von Kindermannschaften berichtet: »Ich liebe das Training gerade mit Kindern sehr, weil ich ihnen nicht nur Fußball beibringen kann, sondern auch so wichtige Dinge wie die Freude über einen Sieg – auch über sich selbst. Einige müssen wirklich erst lernen, dass sie etwas können und stolz sein dürfen auf ihre Erfolge. Ich ermuntere, bestätige und lobe sehr viel. Und ich fordere und weise klar auf Fehler hin. Aber immer fair – etwas, das viele zu Hause nicht bekommen.«

10. Kinder sollten lernen dürfen zu unterscheiden, was in der eigenen Verantwortung liegt und was in der Verantwortung anderer. Sie sollten so keine unnötigen und unangebrachten Schuldgefühle entwickeln für Dinge, die außerhalb ihrer Macht und Verantwortung liegen.

Im Grunde ist es ganz einfach: Wenn ausgemacht ist, dass Jonas den Müll rausbringt und das nicht geschehen ist, liegt das in seiner Verantwortung und er ist gegebenenfalls zur Rechenschaft zu ziehen. Wenn aber seine Mutter für ihn den Müll rausträgt und dabei stürzt und sich den Arm bricht, kann Jonas nichts dafür. Auch wenn das banal klingen mag, ist es doch manchmal gar nicht so leicht, die eigenen Schuldgefühle zu bewältigen. Launen, Unfälle, Streit, Scheidung oder Krankheit der Eltern führen oft zu Schuldgefühlen bei deren Kindern. Hier sollten Eltern explizit darauf hinweisen, dass die Kinder keinerlei Schuld trifft und dabei sensibel Verhaltensänderungen wahrnehmen. Kinder sagen ja nicht: »Ich fühle mich schuldig«, sondern sie beginnen, sich anders zu verhalten: angepasster, ängstlicher, gestresster, aggressiver usw. Das sollten Eltern sofort wahrnehmen und versuchen anzusprechen. Notfalls gerne mit Hilfe.

Wenn Sie diese zehn Punkte betrachten, fragen Sie sich gerne auch selbst einmal, wie es mit jedem Einzelnen in Ihrer eigenen Kindheit gestanden hat. Durften Sie das alles lernen? Oder gab es Einschränkungen, vielleicht sogar ernsthafte Beschneidungen Ihres Rechts zu lernen?

Wenn Sie Einiges vielleicht selbst nicht lernen konnten, können Sie es doch Ihren Kindern ermöglichen. Jede Generation hat ihre eigenen, neuen Chancen zu lernen.

Das ist eine weitere gute Nachricht über die menschliche Psyche: Ihr Zustand wird nicht weiter vererbt. Jeder neue Mensch bekommt neue Chancen. Und Eltern müssen die Grenzen ihrer eigenen Eltern nicht übernehmen. Neues Spiel, neues Glück.

Um die Gesetzmäßigkeiten von Entwicklung noch besser zu verstehen, sind hier drei Blitzlichter angeführt, die den neuesten Stand der Entwicklungspsychologie und der Hirnforschung[37] in Kurzform darstellen.

Das Gehirn

Bei der Geburt verfügt unser Gehirn über 100 000 000 000 (100 Milliarden) Neuronen. Das sind so viele Nervenzellen wie unsere Milchstraße Sterne hat. Diese Neuronen sind durch mehr als 50 000 000 000 000 (50 Billionen) Verbindungen (»Synapsen«) miteinander verknüpft.

Diese Verbindungen wurden zum großen Teil durch genetisch vorbedingte Programme angelegt (rund 40 000 Gene sind zuständig für die Ausbildung und Funktion des Gehirns), zu einem Teil aber auch durch Erfahrungen schon im Mutterleib gebildet.

Die Anzahl der Synapsen verzwanzigfacht sich in den ersten Lebensmonaten durch die Anreize und Anregungen, die der Säugling aus seiner Umwelt erhält, auf mehr als 1 000 000 000 000 000 (1 Billiarde) im achten Lebensmonat.

Nicht benötigte und verwendete Synapsen (30 Prozent bis 50 Prozent) sterben in den ersten Lebensmonaten ab und werden sozusagen wieder »eingeschmolzen«. Das Gehirn leistet Schwerstarbeit während dieser Zeit und verbraucht dabei (und auch noch in den folgenden Lebensjahren) doppelt so viel Energie wie ein Erwachsenengehirn. Eriksons Phasenmodell (siehe oben) wird von der Hirnforschung bestätigt. Im Gehirn werden zu bestimmten Zeitpunkten der Entwicklung bestimmte sensorische und psychische Funktionen schwerpunktmäßig entwickelt. Sie könnten und sollten dann vorzugsweise gefördert werden. Besonders wichtige psychische und psychosoziale Funktionen, wie z. B. Bindungsverhalten und Spracherwerb, können ausschließlich durch Anregung und Unterstützung von außen entwickelt werden. Fehlen diese, wird die entsprechende Funktion nicht oder nur bruchstückhaft ausgebildet.

> »[Unser] Gehirn ist ein gesellschaftliches Organ: Schon im Mutterleib [...] saugt es sich [...] mit Gesellschaft voll.«
> Gerhard Roth, Hirnforscher

Der Körperkontakt

Es gibt kaum etwas, das für gesunde psychische Entwicklung wichtiger wäre, als Körperkontakt. Sogenannte »Bindungsforscher«[38] konnten zeigen, dass seltener Körperkontakt dazu führt, dass Kinder eher unsicher an die Mütter gebunden sind. Bei häufigem Körperkontakt ist die Bindung entsprechend sicherer.

Die Wissenschaftler gehen davon aus, dass durch regelmäßigen liebevollen und zärtlichen Körperkontakt das Urvertrauen in das Gute der Welt gebildet wird; auch hier wird Eriksons Theorie bestätigt.

Wenn Kinder weinen, werden dadurch häufig Trennungsängste ausgedrückt. Das Weinen wirkt wie ein starkes, genetisch verankertes, Notsignal, das oft sogar eigentlich unbeteiligte Fremde veranlasst, Trost und emotionale Zuwendung durch An-sich-Drücken, Auf-den-Arm-Nehmen und Schaukeln zu spenden. So wird Körperkontakt bei Bedarf »eingefordert«.

Lernen durch Vorbild

Die Theorie, man lerne durch die Beobachtung eines Vorbilds oder Modells wurde vom kanadischen Psychologen Albert Bandura 1971 begründet. Er geht davon aus, dass Menschen vernunftbegabte Wesen sind und dass somit kleine Kinder im Laufe des Heranwachsens immer besser in der Lage sind, den Verstand zu benutzen, d. h. nachzudenken, abzuwägen und auszuwählen, wenn sie neue Verhaltensweisen erlernen. Bandura stellte fest, dass die Wahrscheinlichkeit der Nachahmung eines Vorbilds und Übernahme seines Verhaltens in das eigene Repertoire größer ist, wenn folgende Voraussetzungen gegeben sind:

Ein Vorbild (zuerst die Eltern, später Verwandte, Freunde, Lehrer etc.) wird nachgeahmt, wenn:

- das Kind zunächst einmal die Kompetenz bzw. körperlichen Voraussetzungen besitzt, das Vorbildverhalten auszuführen.
- es gemocht wird oder beliebt ist und einen hohen Status hat.
- das beobachtete Verhalten zum Erfolg führt, belohnt oder anerkannt wird.

- es dem Vorbild Freude bereitet. Nicht nachgeahmt wird dementsprechend ein Verhalten, das auf Missbilligung stößt oder sogar bestraft bzw. mit Anzeichen von Unlust vom Vorbild ausgeführt wird.
- das Kind zwischen sich und dem Vorbild Ähnlichkeiten wahrnimmt (auch wenn diese Ähnlichkeiten nur in der Phantasie des Kindes existieren).
- das Kind dafür belohnt wird.

Ein durch Beobachtung eines Modells erworbenes Verhalten wird – nach Auffassung von Bandura – dauerhaft beibehalten, wenn seine Ausführung (egal ob regelmäßig oder nur hin und wieder) positive Rückmeldung (Bekräftigung, Anerkennung, Lob) erhält bzw. sich als erfolgreich (d. h. wirksam für die Erreichung eines Ziels) erweist. Es kann also durchaus auch wieder aus dem kindlichen Verhaltensrepertoire verschwinden, wenn es negative Bekräftigung erfährt oder sich regelmäßig als wenig erfolgreich entpuppt.

Lassen Sie uns an diesem Punkt zum Ende kommen. Wir haben genug Informationen gesammelt, um zu verstehen, was Entwicklung generell, was *gesunde* Entwicklung speziell bedeutet und wie sie funktioniert.

Allzu oft, das ist hinlänglich bekannt, läuft Entwicklung aber nicht vollends gesund ab und es bleiben Blessuren zurück. Im Laufe des Lebens versagen Eltern, Freunde, Lehrer, Partner und Chefs auch. Damit die dadurch entstehenden Verletzungen nicht zu tief werden, kann man – gerade als Erziehende – sehr viel tun. Was, das zeigt die neueste Blüte der Psychologie, die Resilienzforschung.

Schon ein guter Mensch im Leben reicht

Betrachten wir nun die erstaunlichen Ergebnisse der sogenannten Resilienzforschung. Das Wort »Resilienz« stammt
aus dem Englischen (»resilience«) und bedeutet »Wider-
standsfähigkeit«. In der Resilienzforschung geht es demzufolge darum herauszufinden, warum einige Kinder psychisch
widerstandsfähiger sind als andere. Nur etwa zwei Drittel
von Kindern, die eine »schwere Kindheit« hatten, werden
psychisch krank, anhaltend belastet und/oder anfällig für
die »schiefe Bahn« (Kriminalität, Brutalität, Drogenmiss-
brauch etc.). Ein Drittel aber werden kaum oder gar nicht
negativ beeinträchtigt – obwohl sie doch dieselben oder ähnlich schwierige Dinge erlebt haben. Wie kommt das? Sind die
einen widerstandsfähiger als die anderen? Ja!

Wegweisend für diese Forschung war die amerikanische
Entwicklungspsychologin Emmy E. Werner mit ihrer berühmten »Kauai-Längsschnitt-Studie«. Zusammen mit ihrer
Kollegin Ruth Smith hat sie über 40 Jahre hinweg rund 700
im Jahre 1955 auf der Hawaii-Insel Kauai geborene Kinder
wissenschaftlich begleitet und ihre Entwicklung dokumen-
tiert. Dabei ging es vor allem um Kinder, die unter schwierigen sozialen Bedingungen aufwuchsen, in ärmlichen Ver-
hältnissen, mit ungebildeten oder alkoholkranken Eltern,
die ständig Streit hatten. Zwei Drittel dieser Kinder kamen
damit nicht zurecht, sie hatten Schul- oder Drogenprobleme,
wurden aggressiv oder gar straffällig.

Aber ein Drittel dieser »Risikokinder« wuchs unbescha-
det trotz all der widrigen Umstände auf. Diese Kinder waren
noch als Erwachsene selbstsicher, zuversichtlich und leistungsfähig. Es gab weniger Scheidungen, weniger Gesund-
heitsprobleme, weniger Todesfälle.

Im Grunde kennen wir dieses Phänomen alle: Was den

einen schon aus der Bahn wirft, löst in einem anderen vielleicht gerade einmal ein Augenzucken aus. Etwa ein Drittel der Kinder aus »kaputten Familien« entwickeln sich entgegen aller Annahmen intellektuell, psychisch und sozial prächtig.

Also was ist es, das jene Kinder davor bewahrt, den Weg der anderen zwei Drittel zu gehen? Das war wichtig zu erforschen, denn wenn man weiß, wie man eine widerstandsfähige »Seelenhaut« bekommt, kann man bei Kindern schon früh darauf hinarbeiten, sie ihnen sozusagen antrainieren. Und das hat man herausgefunden:

Die vielleicht wichtigste Erkenntnis der Resilienzforschung ist, dass schon eine sichere Bindung zu einem einzigen Menschen genügt, um den Schutz aufzubauen, den ein Kind braucht, um ausreichend resilient zu werden. Nur eine gütige Großmutter, nur ein liebevoller Vater, nur ein weiser Begleiter (Lehrer, Partner, Therapeut etc.). Ist diese Grundvoraussetzung gegeben, entwickelt sich eine zumindest ausreichend stabilisierte und geschützte Seele mit folgenden Fähigkeiten:

Eigenverantwortung
Resiliente Kinder bzw. Erwachsene entwickeln die Fähigkeit zur Selbstkontrolle, sie akzeptieren die Verantwortung eigener Entscheidungen und deren Konsequenzen. Sie erwarten von andern keine Hilfe bei Dingen, die sie selbst erledigen können. Sie sind damit relativ unabhängig, kreativ und aktiv in ihrer Suche nach Problemlösungen.

Neugierde und Offenheit für noch Unbekanntes
Resiliente Kinder bzw. Erwachsene betrachten das Leben als eine Möglichkeit zu Wachstum und Horizonterweiterung. Sie sind in der Lage, das berühmte zu 50 Prozent gefüllte

Glas als halbvoll, und nicht als halbleer zu empfinden. Sie verfügen über eine generelle positive Lebenseinstellung und sind in der Lage, Misserfolgen, Unglücksfällen und Brüchen im Lebenslauf den Schrecken zu nehmen und einen positiven Nutzen, also Sinn, darin zu finden.

Selbstwertgefühl und Verlässlichkeit

Damit ist die Fähigkeit gemeint, von der Wichtigkeit und dem Wert im eigenen Tun überzeugt zu sein sowie Sinn und Bedeutung in der eigenen Existenz zu sehen (»Es ist gut, dass es mich so gibt«). Das erst befähigt Menschen, überhaupt Verpflichtungen einzugehen. Durch Verpflichtungen aber setzen wir uns Ziele und strengen uns an, sie auch zu erreichen. Derartige Verpflichtungen haben eine Stress reduzierende und Leistung provozierende Wirkung. In schwierigen Zeiten gibt eine solche Persönlichkeit nicht auf, sondern es gelingt ihr, das Ziel trotz widrigster Umstände zu erreichen.

Wir sehen: *Ein* Mensch genügt. Egal also, ob Großfamilie oder allein erziehend, jeder einzelne Erwachsene kann zum Gesundbrunnen für Kinder werden. Wie Siegfried im Drachenblut baden Kinder in der liebevollen Zuwendung schon dieses einen Menschen – und ganz ohne Lindenblatt. Schon wenn man einen solchen Menschen im Leben hat, können Kinder die Grundkompetenzen erwerben, die resiliente Menschen besitzen (und nicht von ungefähr entdecken wir viele Übereinstimmungen mit der gesunden Persönlichkeit):

> Man braucht keine Großfamilie, um Kinder widerstandsfähig zu machen. Noch nicht mal einen Partner. Ein Mensch genügt!

- Ein positives Selbstbild
- Das Gefühl, Dinge kontrollieren zu können und etwas zu können

- Die Fähigkeit, sich selbst Regeln und Grenzen zu setzen (»Disziplin«)
- Das Aushalten-Können von Belastungen oder übermäßigen Reizen
- Die Fähigkeit, sich innerlich von Problemen zu distanzieren
- Die Fähigkeit, sich vor gefährdenden Einflüssen zu schützen
- Regelbewusstsein
- Die Fähigkeit zu konstruktivem Denken (auch bei widrigen Umständen)
- Die Fähigkeit, sich zu entscheiden und zu organisieren (Selbstmanagement)
- Die Fähigkeit, sich in verschiedenen kulturellen und sozialen Umwelten zu bewegen und mit unterschiedlichen Rollenerwartungen konstruktiv umzugehen
- Die Fähigkeit, Konflikte gewaltlos zu bewältigen
- Die Fähigkeit, Verantwortung zu übernehmen
- Kreativität und Entdeckungslust
- Sachbezogenes Engagement und die Fähigkeit, sich selbst zu motivieren.

Das sind wichtige Neuigkeiten für eine Elterngeneration, die zu großen Teilen meint, mehr sei besser. Das stimmt in keiner Weise. Nicht mehr ist besser, sondern genug ist am besten. Gerade ausreichend reicht schon. Und lieber ausreichend als zu viel. Viel lieber. Das bestätigt auch Donald Winnicott, der berühmte Wegbereiter der Kinderpsychotherapie.

Ganz entspannt: Gut genug genügt!

Donald Winnicott war Kinderarzt und Psychoanalytiker in England. Er lernte von Melanie Klein, der Begründerin der Kinderpsychotherapie.

Bekannt ist Winnicotts Ausspruch: »There is no such thing as a baby.« [»So was wie ein Baby gibt es nicht.«]. Er meinte damit, dass man ein Baby ohne seine Mutter weder angemessen erforschen noch therapieren kann, weil beide eine untrennbare Einheit bilden. Winnicott zählt zu den bedeutendsten Wegbereitern der Kinderpsychotherapie. Dabei konnte er sich auf über 60 000 Fälle stützen, die er in seiner 40-jährigen Arbeit am Kinderkrankenhaus Paddington Green in London und in seiner eigenen Praxis behandelt hat.

Die beste Mutter ist die ausreichende Mutter

Berühmt wurde er u. a. wegen seines Konzepts der »good enough mother«, also der »ausreichend guten Mutter«. Nach Beobachtung vieler tausend Kinder und ihrer Mütter kam er zu der Überzeugung, dass eine Elternschaft ideal ist, die *ausreichend* Aufmerksamkeit und Versorgung bietet. In Schulnoten ausgedrückt wäre das eine Vier minus.

Man stelle sich folgende Szene vor: Zwei Elternpaare sitzen in einem Café zusammen und unterhalten sich über die Erziehung ihrer Kinder, die sie in der Obhut eines Babysitters ganz entspannt zu Hause gelassen haben. Und es entspinnt sich folgende Konversation:

»Wie schön, dass wir mal wieder zusammensitzen.«

»Absolut. Wir sollten das wirklich öfter machen – einmal die Woche ist eigentlich nicht genug.«

»Stimmt. Aber der Babysitter ist einfach zu teuer.«

»Aber bald sind die beiden Kleinen doch aus dem Gröbsten raus. Da können wir sie dann auch mal alleine lassen.«

»O ja, da warten wir auch schon drauf.« [Lachen]

»Viele meiner Freundinnen finden, das sei doch herzlos, so etwas zu sagen. Kinder seien doch was Wunderbares und so.«

»Sind sie ja auch – das heißt ja aber nicht, dass sie das einzige Wertvolle sind.«

»Du hast ja recht. Trotzdem denke ich manchmal, ob wir nicht bessere Eltern sein sollten.«

»Also wir finden euch klasse als Eltern und uns selbst, ehrlich gesagt, auch.«

»Ja? Was würdet ihr euch denn als Eltern für eine Note geben?«

»Definitiv eine Vier minus!«

»Toll, das müssen wir feiern!«

Eine Vier minus feiern? Das kommt uns womöglich ungewohnt vor, ist aber gerade für Kinder und Eltern, die zur Überversorgung neigen, das gesündere Ziel als die Eins plus.

Ein »Ausreichend« bedeutet »es ist genug«. Zeit loszulassen. Die »ausreichend gute Mutter« (wir erinnern uns: es kann natürlich immer auch der Vater oder ein anderer Erziehender sein) kann das. Winnicott beschreibt das Programm der ausreichend guten Mutter kurz und knapp – und sehr treffend:

»Die ausreichend gute Mutter lebt zunächst eine fast vollständige Anpassung an die Bedürfnisse ihres Kindes. Mit der Zeit passt sie sich immer weniger an – Schritt für Schritt und parallel zu der wachsenden Fähigkeit des Kindes, mit ihrem Versagen [aus den Augen des Kindes] umzugehen.«[39]

Ein spannendes Konzept. Auf den ersten Blick mag man meinen, es sei herzlos und egoistisch. Aber das Gegenteil ist der Fall. Eine ausreichend gute Mutter zu sein bedeutet, die Bedürfnisse des Kindes so lange zu erfüllen, wie es das braucht – und zwar ohne Wenn und Aber. Es bedeutet, genau zu wissen, was das Kind zu welcher Zeit braucht. Und dazu gehört, wahrzunehmen, dass das Kind im Laufe seiner Entwicklung Fähigkeiten zur Frustrationsbewältigung entwickelt – die trainiert werden wollen. Genauso, wie Kinder beispielsweise die Fähigkeit zu greifen entwickeln, die dann trainiert werden will. Jede Fähigkeit verkümmert ohne Training.

Winnicott sieht die Rolle der ausreichend guten Mutter als notwendige Anpassung an den Säugling. Sie ermöglicht ihm dadurch ein notwendiges Gefühl von Kontrolle, Allmacht und Verbundenheit mit der Mutter. So entsteht eine »bewahrende Umgebung« für das Kind. Winnicott nennt drei Elemente: Halten, Berühren und Objektpräsentation. Wenn eine Mutter z. B. ihr Kind auf dem Arm hält (Halten), mit der freien Hand das Gesicht streichelt (Berühren) und ihm danach die Brust gibt oder einen Beißring anbietet (Objektpräsentation), erfüllt sie genau diese drei Kriterien für eine »bewahrende Umgebung«. Und die ermöglicht dann dem Kleinkind – zu seiner Zeit – in eine größere Unabhängigkeit überzugehen.

Denn nach der frühen Phase der Verbindung mit der Mutter und der Illusion der Allmacht, die sie für eine gewisse Zeit ermöglicht, folgt eine Phase der nur noch »*relativen* Abhängigkeit«, in der Kinder ihre Abhängigkeit wahrnehmen und das Gefühl von Verlust kennenlernen. Indem die Mutter sich vom Kind in wohldosierter Häufigkeit wegbewegt, hilft sie ihm dabei, ein gesundes Gefühl von Unabhängigkeit zu entwickeln. Das völlig menschliche, normale – und erwünschte – Versagen der Mutter, sich an jedes Bedürfnis ihres Kindes anzupassen, hilft dem Kind, sich seinerseits an die Realität anzupassen.

Dazu muss sich das Wechselspiel von optimaler Frustration und Fähigkeit des Kindes, mit Enttäuschung umzugehen, voll entfalten. Wohlgemerkt: Es geht um optimale Frustration. Nicht um willkürliche Frustration. Optimal ist Frustration dann, wenn sie die Entwicklung des Kindes fördert und nicht, wenn sie auf Kosten des Kindes die Bedürfnisse der Eltern befriedigt.

Der Trick bei dem Ganzen ist, dass die ausreichend gute Mutter dem Kind ein Gefühl von Verlust vermittelt – statt einem Schock, emotional fallen gelassen zu werden. Kinder lernen so, die Frustration vorausahnen zu können und sich darauf vorzubereiten. Und das führt zu einer Beibehaltung des Kontrollgefühls. Die Erfahrung des Kindes ist (wenn es sie in Worte fassen könnte): »Ich schreie schon seit fünf Minuten. Ich weiß schon gar nicht mehr, warum. Aber Mama kommt nicht. Sie wird wohl auch nicht mehr kommen. Also höre ich jetzt mal auf und beschäftige mich mit etwas anderem.«

Natürlich betrifft das nur solche Situationen, in denen es für die Mutter nicht nötig ist, das Bedürfnis zu stillen. Ein Kind, das permanent ignoriert wird, wenn es schreit, wird nicht optimal frustriert, sondern vernachlässigt. Und das ist alles andere als gesund. Aber es gilt eben auch umgekehrt: Überversorgung – also die Eins-Plus-Mutter – führt zur Verkümmerung der Fähigkeit, mit Frustration und Nichterfüllung der eigenen Bedürfnisse von außen umzugehen.

Und was das bei älteren Kindern oder Erwachsenen bedeutet, ist hinlänglich bekannt. Viele Schulklassen sind mittlerweile voll mit Kindern, die nie lernen konnten, dass ihr Schreien nicht beantwortet wird. Plötzlich wird ihnen Bedürfnisbefriedigung versagt, weil es schlichtweg nicht möglich ist, jedem seine Bedürfnisse zu befriedigen. Welch ein Schock. Kein Wunder, dass solche Kinder sich oft nicht anders zu helfen wissen, als noch lauter zu schreien, sich auffällig zu benehmen, um sich zu schlagen oder anderweitig gewalttätig zu werden.

Sie müssen eine Lektion hart nachholen, die viel früher und ganz sanft hätte gelernt werden können, nämlich:

Nicht alle meine Bedürfnisse müssen erfüllt werden.
Nicht alle meine Bedürfnisse müssen sofort erfüllt werden.
Nicht alle meine Bedürfnisse müssen von anderen erfüllt werden.
Nicht alle meine Bedürfnisse sind notwendig oder gut.

Positiv ausgedrückt:
»*Ich bin stark genug, um mit unerfüllten Bedürfnissen zu leben. Ich kann einige Bedürfnisse nach eigener Wahl zulassen und andere nicht. Ich kann bestimmte Bedürfnisse auch selbst befriedigen.*«

Ich erlebe häufig Therapiepatienten, die sich an diesen vier Punkten abarbeiten und versuchen, sich stark genug zu erleben, sodass sie Verantwortung für ihre Bedürfnisse auf diese Weise übernehmen können. Ich wünschte, sie hätten es früher leichter lernen können. Auch deshalb bin ich gerne ein klarer Vertreter des Konzepts der optimalen Frustration. Es erspart vielen Menschen viel Leid im späteren Leben. Und deshalb meine ich:

Eltern können sich – völlig ohne schlechtes Gewissen und mit Stolz – über eine Vier minus in Elternschaft wie die Schneekönige freuen!

Warum wir überversorgen

Wenn Kinder überversorgt sind, ist das kaum das Problem der Kinder, obwohl ihnen Überversorgung viele Probleme bereitet. Überversorgung ist das Problem der Eltern. Aber fängt es bei ihnen an? Wir wissen ja, dass überversorgende Eltern in der Regel selbst als Kinder schon überversorgt wurden. Wer ist also schuld?

Die Schuldfrage ist vielleicht verständlich, aber doch auch völlig nutzlos. Abgesehen davon, dass es meistens unmöglich ist, sie eindeutig zu beantworten, löst ihre Beantwortung doch auch kein einziges Problem. Tatsache ist, dass jeder und jede als Eltern Überversorgung vermeiden könnte. Egal ob selbst verwöhnt, verhätschelt oder verdorben. Jeder kann den Teufelskreis durchbrechen. Vielleicht nur mit großer Mühe, aber doch sehr effektiv. Und nur das zählt.

Um Fehler zu vermeiden, ist es grundlegend wichtig, die Ursachen für die Fehler genau zu verstehen. Nehmen wir also einmal an – es spricht vieles dafür –, dass Überversorgung ein solcher Fehler ist. Dann müssen wir uns zu seiner Vermeidung fragen: Wie kommt es zu Überversorgung? Warum überversorgen Eltern ihre Kinder? Und damit begeben wir uns auf völliges Neuland, denn bisher hat diese Frage noch niemand so beantwortet, dass die psychischen Beweggründe deutlich wurden. Beleuchten wir diese also jetzt möglichst umfassend. Dres. Clarke und Bredehoft haben bei ihrer

Befragung von Eltern eine umfassende Liste[40] von Gründen
zusammengetragen, die Eltern dazu veranlassen, ihre Kinder
überzuversorgen:

- Die Eltern wurden selbst überversorgt
- Schuld (bei Schuldgefühl der Eltern gibt es ein Geschenk)
- Eltern kommen aus Armutsfamilien (»meine Kinder sol-
  len es besser haben«)
- Übertünchen, dass Eltern ein Lieblingskind haben
- Wettbewerb mit anderen Eltern
- Kontrolle der Kinder
- Konflikt oder Ablehnung durch das Kind verhindern,
  um sich sagen zu können, man sei ein guter Elternteil
- Fehlende Fähigkeit, Grenzen zu setzen
- Fair sein wollen
- Konkurrenz mit dem Partner – wer ist der bessere Eltern-
  teil?
- Den Weg des geringsten Widerstands gehen
- Schnelle Lösung für Quengeln
- Sich beliebt machen
- Kompensation für Missbrauch
- Kompensation für Abwesenheit
- Einen Gefallen erkaufen
- Überhöhung (»Vergötterung«) des Kindes
- Reaktion auf Medien
- Das Kind glücklich machen
- Wettbewerb unter Kindern anfachen
- Angst vor Wut des Kindes
- Benachteiligte oder behinderte Kinder aufwerten
- Die eigenen Entbehrungen ausgleichen (Projektion)
- Dem anderen Elternteil eins auswischen
- Fehlendes Wissen über Entwicklung und spezielle Bedürf-
  nisse des Kindes
- Generelle Abhängigkeit des Elternteils von anderen

- Ruhigstellen des Kindes, weil der Partner sonst gewalttätig wird
- Die Großeltern oder andere Erwachsene zufriedenstellen
- Krankheit des Kindes
- Keine Zeit und keine Energie.

Vielleicht fragen Sie sich angesichts einer solchen Liste von Möglichkeiten schon die ganze Zeit, ob Sie selbst Überversorger sind. Dazu wird es im Folgenden noch einen großen Test geben, mit dem Sie sich selbst auf die Schliche kommen können. Wichtig aber an dieser Stelle für Sie: Verfallen Sie nicht in Angst. Dazu gibt es keinen Grund. Es ist keine Schande, wenn Sie überversorgen. In aller Regel geschieht das ja aus guten Beweggründen und ist eher ein Ausdruck von Unsicherheit, Rat- und Hilflosigkeit als von Böswilligkeit oder Dummheit. Dennoch sollten Sie zum Wohl Ihrer Kinder und Ihrer selbst Überversorgung minimieren, so gut Sie können. Und wenn Sie merken, es fällt Ihnen schwer, dann holen Sie sich doch einfach Hilfe; es gibt wunderbare Elterntrainings oder (psycho)therapeutische Angebote, die Ihnen helfen können, sich selbst besser zu verstehen und zu beobachten. Denn mehr brauchen Sie gar nicht, um Überversorgung von Kindern abzustellen. Es beginnt alles bei Ihnen. Den Eltern. Überversorgung verstehen, heißt Eltern verstehen. Und das will ich mit Ihnen jetzt tun. Analysieren wir also einmal die Eltern.

Weil die Analyse von Menschen – und wie viel mehr von Gesellschaften – in den hypothetischen Bereich fällt und immer ein Element der Spekulation beinhaltet, will ich im Folgenden meine Analyse als Thesen verstanden wissen. Entscheiden Sie selbst, ob sie für Sie stimmig erscheinen. Ich bin gerne bereit, mich berichtigen zu lassen.

Was unsere Eltern falsch gemacht haben – und wir auch

Wenn ich an meine eigene Erziehung denke, in den 1970er und 80er-Jahren, steht dabei der Begriff »Selbstverwirklichung« ganz weit oben. Es war das Mantra, das uns unsere Eltern mitgaben. Und selbst, wenn sie es nicht taten, hörten und lasen wir es überall um uns herum. Wir sollten zu selbstbestimmten, stolzen, sich ihres Wertes bewussten Individuen heranwachsen. Das war sozusagen das gesellschaftliche Leitbild dieser Zeit. Sicher auch eine Gegenbewegung zu den Vorachtundsechzigern. Wir sollten Nein sagen dürfen, unsere eigenen Bedürfnisse verwirklichen dürfen, sagen dürfen, was wir denken, nicht machen müssen, was wir nicht machen wollten, Forderungen stellen dürfen und an uns selbst denken dürfen. Wir sollten dürfen.

Nicht selten war dieses Programm wiederum motiviert von der Erfahrung unserer Eltern, besonders unserer Mütter, die in dieser Zeit ja noch viel mehr als heute die Erziehenden waren. Sie durften *nicht*. Mädchen und Frauen aus den Nachkriegsgenerationen hatten noch viel mehr mit einem starren Rollenmodell zu kämpfen bzw. sie hatten es einfach zu akzeptieren. Als meine eigene Mutter in der gymnasialen Oberstufe zum ersten Mal eine Fünf nach Hause brachte, entschied mein Großvater, sie von der Schule zu nehmen. Sie solle eine Lehre machen. Dass sie das nicht wollte, und sicherlich auch trotz des einmaligen Fehltritts die Begabung zum ersehnten Studium hatte, interessierte niemanden. Dabei hätte sie nur ein bisschen Förderung gebraucht. Aber ihr Wunsch zu studieren war in den 1950er-Jahren noch zu exotisch. Und so litt sie zeitlebens darunter, ihre Möglichkeiten und Talente nicht verwirklicht zu haben. So ging es vielen Frauen in der Generation unserer Eltern.

Zwar war das Ganze schon eine Stufe besser als das, was

unsere Großmütter in diesem Zusammenhang erlebten. Meine durfte in den 1920er-Jahren nach der Grundschule trotz eines Einserzeugnisses noch nicht einmal auf die »weiterführende Schule« gehen. Sie war eben ein Mädchen und sollte im elterlichen Betrieb, einem Friseurgeschäft, aushelfen. Und auch das eine symptomatische und keineswegs vereinzelte Geschichte aus dieser Zeit. Was Wunder also, dass unsere Eltern, voran unsere Mütter, die zeitlebens ihre eigenen Bedürfnisse nicht oder nur unter großem Druck leben konnten, für ihre Kinder nun die große Chance erkannten. In einer gesellschaftlichen Atmosphäre, die Selbstverwirklichung nicht nur erlaubte, sondern sie auch zum »richtigen Programm« erklärte. Dann kam etwas zum Tragen, das Eltern aller Generationen charakterisiert: Die Kinder sollen es besser haben. »Ich durfte so vieles nicht, du sollst es dürfen.«, »So vieles war nicht möglich, für dich soll es möglich sein.« So oder so ähnlich war die zugrunde liegende Bewegungskraft, die so etwas wie »Selbstverwirklichung« zur Messlatte einer ganzen Generation machte.

Damit haben wir, die gegenwärtige Elterngeneration, bis heute zu kämpfen. Denn keiner hat dazu gesagt, dass Selbstverwirklichung ganz konkrete Grenzen hat. Und haben muss. Spätestens da, wo die Selbstverwirklichung der anderen anfängt.

Und etwas Weiteres belastet uns heute zuweilen sehr. Wir sollten keine Autoritäten mehr akzeptieren. Hierarchien wurden unpopulär, ja sogar verteufelt. »Autorität ist man nicht aufgrund von Amt und Position, sondern, weil man überzeugt.« Plötzlich war der Vater, der Befehle gab, lächerlich. Der Vater, der erklärte, war populär. Die Abkehr der späten sechziger Jahre von der ehemals übermächtigen Autorität, die Rebellion dagegen, fand ihren

Die Autoritätskritik der Elterngeneration führte zu Autoritätsangst

Niederschlag direkt in einer Ablehnung aller Orientierung gebenden Instanzen. Die Autoritätskritik führte zur Autoritätsverweigerung und letztlich paradoxerweise wieder zur Angst vor Autorität. Ein psychologisch völlig logischer Kreislauf.

Die heutige Elterngeneration ist die erste, die völlig in einer Atmosphäre antiautoritärer Erziehung aufgewachsen ist. Nicht ohne Grund tut sie sich daher bisweilen schwer, Grenzen und Regeln aufzuzeigen, wo dies notwendig und hilfreich wäre. Sie hat oft nicht gelernt, dass angemessene Regeln gut tun können und wo gesunde Grenzen verlaufen.

Es scheint, als sei das Pendel zu weit in die andere Richtung geschlagen. Durfte man früher zu wenig, gab es damals zu wenig und waren Freiheiten zu selten, geht es heute oft in die andere Richtung. Die heutige Elterngeneration, also die Geburtenjahrgänge um die 1970er-Jahre, sind voll auf Selbstverwirklichung programmiert. Und erleben in der Wirklichkeit, dass das nicht ohne Weiteres funktioniert. Die Welt erlaubt uns keine Selbstverwirklichung. Bzw. nur zu einem gewissen Grad. Besonders sobald das Berufsleben anfängt, mussten wir lernen, dass es mit der Selbstverwirklichung nicht so weit her ist, wie uns die Erziehung unserer Eltern glauben gemacht hat.

Es interessiert unsere Kollegen nicht, ob gerade meine geliebte Katze gestorben ist und ich deshalb seit Tagen mit meinen Gedanken woanders bin. Es interessiert meinen Chef nicht, ob meine Beziehung gerade in die Brüche geht und mir deshalb Fehler unterlaufen. Es interessiert auch keinen, ob ich müde bin, krank, unterfordert, sauer, traurig, wütend, angenervt, ob ich etwas anderes für mein Leben will, ob ich keine Lust habe oder Lust, etwas Besseres zu tun. Meine Emotionen und inneren Impulse gehören mir. Und da sollen sie auch bleiben. »Reißen Sie sich zusammen!«, blafft der Vorgesetzte einer Klientin, als diese mitten in einer Präsentation in Tränen ausbricht. Ihre Schwester war zwei Wochen vorher bei einem Unfall ums Leben gekommen.

Sicherlich, es gibt viele andere Beispiele, die belegen, dass Selbstverwirklichung möglich ist. Aber jeder kennt wohl deutliche Grenzen. Auch ganz natürliche: Einer meiner Klienten würde gern ein Sozialprojekt in Uganda betreuen. Aber als Vater dreier kleiner Kinder und einer Frau, die ihre Zukunft nun mal nicht in Afrika sieht, kann er sich das abschminken. Wie steht es da mit seiner Selbstverwirklichung?

Und so kommt bei vielen dieser Generation irgendwann die Realisierung: Wir sind angeschmiert. Uns wurde etwas vorgemacht. Selbstverwirklichung, wie sie propagiert wurde und zu der wir erzogen wurden, ist gar nicht umsetzbar. Das ist das Platzen eines rosa Traums. Selbstverwirklichung hört da auf, wo die Selbstverwirklichung des anderen anfängt. Und das ist unter Umständen sehr schnell.

Auch wenn die Dramatik dieser Erfahrung individuell verschieden ist, unter dem Strich ist es wahrscheinlich, dass eine Enttäuschung (also: das Ende einer Täuschung) stattgefunden hat. Die Realität mit all ihrer Begrenzung hat sich uns aufgedrängt.

Dasselbe gilt für den Komplex der Autorität. Sobald der erste Job angetreten ist, erleben wir, dass wir zwar Autorität ablehnen können. Aber die Kündigung kommt dann schneller als wir schauen. Chefs hören nicht gerne Sätze wie: »Das lass ich mir von Ihnen nicht sagen« oder »Nö, das mach ich nicht«. Wer beruflich erfolgreich sein will, der muss es schaffen, sich auch (!) unterzuordnen; nämlich da, wo dies zielführend und angemessen ist. Nicht immer und auf keinen Fall blind, aber doch ab und zu und notwendigerweise. Nur, wie sollen wir unseren Kindern diese Unterscheidungskunst beibringen, wenn wir sie selbst nicht gelernt haben? Das wird schwer, ist aber nicht unmöglich. Denken hilft – und die Arbeit an der eigenen Angst. Und dabei geht Ablehnung von – treffender: ungeübter Umgang mit – Autoritäten Hand in Hand mit Selbstverwirklichung. Beides bedingt sich gegenseitig.

Was heißt das für unsere Kinder, für unsere Erziehungskonzepte? Wir wollen, dass sie es besser haben als wir. Wie es unsere Eltern wollten. Und deren Eltern. Und so weiter. So soll unser Leiden an einer Begrenzung unserer Selbstverwirklichung für unsere Kinder abgeschwächt oder ganz aus der Welt geschafft werden.

Und jetzt kommt der Clou: Eltern, die heute nach dieser psychischen Mechanik funktionieren, neigen zur Überversorgung. Mit aller Macht sollen jene Grenzen des Willens und Wollens, des Könnens und Glaubens für die Kinder aus dem Weg geschafft werden. Sie sollen sich nicht an Grenzen stoßen, an denen wir uns stoßen. Also müssen die Grenzen verschoben, ignoriert oder aufgehoben werden.

Und damit unterscheiden wir uns paradoxerweise gar nicht mehr von unseren eigenen Eltern.

Unser Mantra ist nach wie vor: »Verwirkliche dich selbst.« Statt es zu modifizieren und vielleicht zu sagen: »Schau, dass du auch auf deine eigenen Bedürfnisse achtest, und sorge dafür, dass du sie in sorgfältiger Abstimmung mit anderen so weit auslebst, wie es möglichst wenige Menschen in der Auslebung ihrer Bedürfnisse hindert. Und hilf anderen, ihre Bedürfnisse zu leben« oder etwas Ähnliches, versuchen viele heute, lieber die Grenzen zu eliminieren. Das ist ein bisschen, wie an die Mauer rennen und sich den Kopf blutig zu schlagen, weil man immer wieder dagegenläuft, in der Hoffnung, die Wand würde dadurch einstürzen. Statt einfach umzudrehen und eine andere Richtung einzuschlagen.

Selbstverwirklichung als Idee ist wunderbar. Und als Therapeut weiß ich, wie befreiend die Erlaubnis sein zu dürfen, wie man ist. Es ist unglaublich schön zu sehen, wenn Menschen sich oft nach Jahrzehnten der Bedürfnisunterdrückung zum ersten Mal selbst verwirklichen. Welche Energien da frei gesetzt werden! Und dennoch: Völlige Selbstverwirklichung bleibt eine fixe Idee. Da ist das Pendel dann zu weit in die andere Richtung geschwungen.

Statt Selbstverwirklichung erleben wir – vielleicht heute mehr und mehr – eher einen gewissen Sozialdarwinismus.

Also die Selektion der Besten. Unter einer ganz bestimmten Definition von »gut«.

Verwirkliche dich selbst heißt heute: Verwirkliche dich so, dass du Erfolg hast

Es wird das »Verwirkliche dich selbst« zusätzlich gespickt mit einer klaren Vorgabe, was das heißt: »Verwirkliche dich nämlich so, dass du Erfolg hast.« Und damit pressen wir unsere Kinder dann wieder in eine Passform, die enger nicht sein könnte. So wird deutlich: Was wir im Namen einer – falsch verstandenen – Selbstverwirklichung tun, ist im Grunde kontraproduktiv und fördert lediglich die Frustration des Nicht-Schaffens und Nicht-Erreichens bzw. des ungeheuren Leistungsdrucks, an dem Kinder ab frühestem Alter heute zusehends leiden.

Von der Wirklichkeit desillusioniert sind wir verängstigt. Wir haben kein Rezept für Grenzen gelernt. Wir haben Selbstverwirklichung gelernt. Aber was macht man denn mit Grenzen? Unterordnen? Akzeptieren? Das geht doch nicht. Das wäre doch Aufgabe der eigenen Identität. Das wäre doch das Gegenteil von Selbstverwirklichung. So scheint es heute vielen Eltern. Und das wollen sie für ihre Kinder nicht. Sie wollen das Beste.

Im Gespräch mit jungen Eltern höre ich immer wieder Gedanken, die so oder so ähnlich aussehen:

»Du musst heute doch überall überragend sein. Wenn du meinst, du bekommst einen Job, weil du zwei Studienabschlüsse hast, ein Jahr im Ausland warst und drei Sprachen fließend sprichst, dann hast du dich getäuscht. Was bei uns noch todsicher einen guten Job eingebracht hätte, reicht heute doch nicht mehr. Das ist heute normal! Man muss sich heute ganz anders auszeichnen. Unser Kind soll doch alle Möglichkeiten haben. Es soll einen guten Job bekommen können. Einen, der ihm auch Spaß macht. In dem er sich selbst verwirklichen kann. Aber dazu muss man heute einfach mehr machen und früher anfangen.«

Aber: Das ist die Welt in der *wir* aufgewacht sind. Das ist *unsere* Erfahrung als Elterngeneration. Für *unser* Leben. Und wieder sind wir in der Gefahr, unsere Probleme und Lösungsversuche auf unsere Kinder zu übertragen. Und unsere Ängste. Weil *wir* Zukunftsangst haben, erziehen wir unsere Kinder angstvoll. Wir geben ihnen Werkzeuge in die Hand, von denen wir lediglich ängstlich ahnen, dass sie sie zum Erfolg führen oder zumindest überleben lassen. In der Selektion der Besten. Dabei hinterfragen wir weder, ob unsere Angst berechtigt ist, noch ob das (Horror-) Szenario, das wir für die Zukunft unserer Kinder annehmen, überhaupt eintreten wird. Und selbst wenn, es kann doch sein, dass unsere Kinder Werkzeuge entwickeln, auf die wir gar nicht gekommen wären.

Vielleicht reicht ja doch die Vier minus. Und der Rest reguliert sich von alleine – nämlich durch die Initiative unserer Kinder, die unter diesen ausreichenden Voraussetzungen zum Leben ihres eigenen Lebens fähig sind. Vielleicht bedeutet ein ängstliches Bewahrenwollen von Eltern nichts anderes als ein Nicht-ernst-Nehmen der Kräfte und Fähigkeiten ihrer Kinder.

Um einem Missverständnis vorzubeugen: Ich schreibe »wir«. Aber natürlich geht es nicht allen so und auch nicht immer. Es geht nur darum, sich selbst auf die Schliche zu kommen, *wenn* es einem so geht. Um es kontrollieren, anders, besser machen zu können. Fühlen Sie sich also nicht angegriffen durch mein »wir«. Beruhigter wäre ich, wenn Sie einfach schauen, ob es für Sie stimmt oder eben nicht. Und wenn es stimmt, dann versuchen Sie, Ihre eigene Angst in den Griff zu bekommen. Das schaffen Sie! Lassen Sie uns dazu genauer hinschauen, um besser zu verstehen. Und dann unser Handeln verbessern zu können, wenn wir das brauchen. Ihre Kinder werden es Ihnen danken.

Die Postmoderne – unsere Zeit

> »Wir verstehen unser
> Leben immer weniger.
> Kurz, wir leben in der
> postmodernen Welt, wo
> alles möglich ist
> und fast nichts sicher.«
> (Vaclav Havel)[41]

Wir leben in der Postmoderne[42]. Die zeichnet sich u. a. dadurch aus, dass ihr von Seite ernst zu nehmender SoziologInnen die schwindende Plausibilität der sogenannten »Großerzählung«[43] bescheinigt wird. Eine Großerzählung ist die Summe zusammenhängender Inhalte, die den Anspruch erheben, ein sinnstiftendes System zu sein, das einem das Leben und die Welt zu erklären vermag. Also z. B. Religionen, Staatsformen (Sozialismus, Monarchie, Demokratie etc.), Lebensphilosophien, sonstige Weltanschauungen und jeglicher Glaube. Großerzählungen sind sozusagen die – kollektive – Brille, durch die man sich selbst, die Welt und das eigene Leben sieht. Jede Großerzählung beinhaltet dabei eine Verpflichtung zum Handeln, das den Inhalten der Großerzählung entspricht. Den Bedeutungsverlust der »alten« Großerzählungen konnten wir mitverfolgen in der wachsenden Hinfälligkeit solcher Lehren wie z. B. dem Realsozialismus, der Wissenschafts- und Technikgläubigkeit und nicht zuletzt in der wachsenden Unpopularität der christlichen Religion in Westeuropa.

Aber wie kam es zum »Absterben« der Großerzählungen? Das fängt schon lange vor unserer Zeit an. Im Zeitalter der Aufklärung, also dem 18. Jahrhundert. Damals waren so gut wie alle Personen in dasselbe soziale Gefüge eingeordnet. Einzelne, die sich in dieses System nicht einordnen ließen, waren völlige Außenseiter und isoliert. Das Individuum war Teil einer bestimmten sozialen Einheit und unterstand deren Regeln und Verpflichtungen vollkommen. Aber es gab immer ein gegenseitiges Geben und Nehmen: Der Einzelne genoss den Schutz der Einheit, die sich im Gegenzug der Solidarität und Loyalität des Einzelnen sicher sein konnte. Einer für alle, alle für einen. Wer außerhalb der Einheit stand, war schutzlos.

Mit der Auflösung des Stände- und Feudalwesens löste sich auch diese Symbiose auf. Es formierte sich die moderne Gesellschaftsform, in der jeder das Recht dazu hatte, sich sein persönliches und selbst definiertes Glück zu bauen. Eine Beschränkung bestand lediglich durch die staatlich-öffentlichen Gesetze. Im Zuge der individuellen Emanzipierung entwickelten sich Individuum und Staat zu zwei sich gegenüberstehenden Größen. Es war eine Trennung geschehen zwischen Ich und Staat. Die moderne Gesellschaft war entstanden.

Im 19. Jahrhundert setzte sich diese Form der modernen Gesellschaft allerdings erst nur ansatzweise durch. Zwischen Staat und Individuum entwickelten sich nämlich Verbände und Vereine sowie konfessionsgebundene Gruppierungen mit ihren je eigenen Gesetzen. Wieder war das Individuum in einer sozialen Einheit aufgehoben und wieder an deren Regeln gebunden.

Dies änderte sich in Westeuropa erst durch die beiden Weltkriege und insbesondere durch die schrittweise Auflösung der weltanschaulichen Milieus durch Flucht und Vertreibung, wachsende außerhäusliche Erwerbstätigkeit der Frauen und die modernen Medien, allen voran das Fernsehen. Die kulturrevolutionäre Bewegung der 1968er nimmt hier für die jüngere Geschichte wohl eine herausragende Funktion ein.

Die Großerzählungen wurden jetzt durch eine Weitung der individuellen Horizonte zunehmend in Frage gestellt und durch andere zugänglich gewordene Angebote ergänzt bzw. gänzlich ersetzt. So erst konnte die Möglichkeit entstehen, sich sein Leben in einer Fülle von Bereichen und in bisher nie da gewesenem Ausmaß selbst zu gestalten. Heute haben wir mit der Globalisierung das Ganze noch einmal verstärkt. Wir kennen mittlerweile so viele Lebensentwürfe und verschiedene Lebens- und Weltsichten wie keine Generation vor uns. Wir können aus einem riesigen Angebot wählen. Und müssen es auch. Die Folgen sind Individualisierung und Pluralisierung sowie eine viel größere Bedeutung der persönlichen Geschichte als in früheren Zeiten. Man kann sogar sagen, dass »meine persönliche Geschichte« und deren Deutung die Großerzählung ersetzt hat.

Es ist also ein zunehmender Trend zu dem festzustellen, was in der Wissenschaft als Individualisierung bezeichnet wird. Es ist nicht länger maßgeblich für das persönliche Leben, was einem eine Gruppe als maßgeblich meint vorschreiben zu müssen. Die persönlichen Werte erfindet man zwar in aller Regel nicht selbst, sucht sie aber relativ frei unter dem vielfältigen Angebot der Werte aus. Die Freiheit des modernen Menschen macht dies möglich. Individualisierung gilt als ein Grundzug der Neuzeit. Die Aufklärung schon richtet den Fokus auf das Individuum, aber in unserer heutigen Zeit wird das noch viel intensiver.

Mit der Individualisierung einher geht die Pluralisierung unserer Gesellschaft: Je mehr sich der Einzelne seine persönliche Weltanschauung zusammensetzt und das allgemein akzeptabel wird, desto mehr entstehen ganz unterschiedliche – individuelle – Lebenskonzepte und Lebensbereiche. Erhöhte Spezialisierung und steigende Komplexität tragen zudem dazu bei. So ist die Bahn gebrochen für ein Phänomen, mit dem wir uns heute ganz intensiv konfrontiert sehen: Die Möglichkeit der Selbsterfindung und der damit zusammenhängende, schon von Albert Camus beschriebene Zwang dazu.

Dass dieser Prozess der Emanzipation nicht nur angenehme Folgen mit sich bringt, liegt klar auf der Hand. Sehr groß ist oft der Druck, der auf dem heutigen Menschen lastet, sich seine Identität, seine Persönlichkeit selbst gestalten zu müssen und dabei nicht ungefragt auf deponiertes, anerkanntes und akzeptiertes, Gut zurückgreifen zu können. Was heute eine Partnerschaft ist, ist ebenso definitionsbedürftig wie die Frage nach Lebensdimensionen wie Erfolg, Gesundheit, Philosophie oder Sinn im Leben, politischer Einstellung und Glaube. Richtig ist nicht, was die Gemeinschaft sagt, sondern, was für mich stimmt. Aber was ist das?

Die Großerzählung ist tot. Aber was tritt an ihre Stelle? Wir sind ja keine sinnentleerten Individuen geworden. Unsere Ängste, Sehnsüchte und unser Lieben mögen zwar nicht mehr auf die traditionalen, von der Großerzählung gestützten Werte ausgerichtet sein. Dennoch aber haben wir Ängste, Sehnsüchte und Liebe(n)sbedürfnis – weil wir Menschen sind. Wenn der heutige Mensch aber immer noch Sinn sucht und findet, und sei es sein ganz eigener, muss etwas an die Stelle der Großerzählung getreten sein, das ihm diesen Sinn zu liefern vermag und ihn offensichtlich vor dem Absturz ins Sinn- und Bodenlose bewahren kann. Und das ist seine persönliche Geschichte.

In dem Maße, wie die Großerzählung an Plausibilität und Bedeutung für den Einzelnen verliert, wird die persönliche Geschichte wichtig. Wenn das, was meinem Leben Aufgabe und Richtung gibt, nicht mehr von außen auf mich trifft, ich mich also nicht mehr in einem Richtung weisenden Umfeld bewege, findet meine Orientierung aus dem Inneren heraus statt. Es sind dann nicht mehr die Erfahrungen meiner Väter und Mütter, meiner Vorfahren und sozialen Bezugsgruppen, sondern meine eigenen Erfahrungen, meine eigene Geschichte, die mir den Stoff bietet, aus dem sich ein Lebenskonzept, eine Wahrnehmungs- und Handlungsgrundlage ergibt. Die Frage des gegenwärtigen Menschen ist immer weniger »Was soll man tun?« und immer mehr »Was soll ich tun?« Wie muss mein Handeln gestaltet sein, dass es dem entspricht, was ich als mir wesenhaft erfahre und definiere?

Die moderne Psychotherapie hat das längst wahrgenommen und in die Tat umgesetzt. So geht z. B. die moderne systemische Psychologie nicht mehr primär, wie es etwa die klassische Psychoanalyse noch tut, von einem normativen Gesundheits- oder Krankheitsbild aus.

Vielmehr will sie dem Klienten dabei behilflich sein, sein »Wunschszenario« zu entwerfen und zu formen. Also diejenige Lebensweise und Weltsicht zu verwirklichen, die vom Klienten selbst als erstrebenswert definiert wird – und nicht wie sie »zu sein hat«.

Die innere, eigene Geschichte hat die Kraft, das eigene Leben mit Sinn und Richtung zu erfüllen. Oder psychologisch gesprochen: Die innere Autorität ist erstarkt, indem die äußere Autorität fraglich geworden ist. Allerdings ist die innere Autorität nicht unbegrenzt leistungsfähig. Manchmal sind gute äußere Autoritäten, die Orientierung liefern, sehr hilfreich. Die mit der Individualisierung zusammenhängende wachsende Unüberblickbarkeit der Lebenssituation, ihre Komplexität und Pluralität und der Dauerstress des Erfindungszwangs der eigenen Person machen Ziele und Wege immer weniger erkennbar.

Heute ist es doch so: Wenn es einem gelingt, sein Leben selbstbewusst und stark auf die Reihe zu bekommen, es zu interpretieren und zu verstehen, ist es möglich, wunderbar erfüllt zu leben. Mehr als das in früheren Zeiten möglich war. Gelingt dies aber nicht, bleibt dem postmodernen Menschen wenig Rückfallmöglichkeit, kaum stützende Außenstruktur. Deshalb greifen so viele so bereitwillig nach Autoritäten, die ihnen endlich die Last abnehmen und ihnen sagen, wie die Welt funktioniert, was richtig und was falsch ist. Da kann man nur hoffen, dass die abgestorbene Großerzählung nicht einfach unkritisch durch die nächste ersetzt, sondern hinterfragt und zumindest personalisiert wird.

Was ist sicher? Die Ängste der Eltern

Die Vielfalt an Möglichkeiten die unsere Gesellschaft bietet, stellt uns vor die anspruchsvolle Aufgabe, den »richtigen« Weg zu finden. Dazu muss ich ihn aber erst einmal definieren. Es sei denn, ich bin in irgendeiner Glaubensgemeinschaft, die mir genau sagt, wie ich lieben, arbeiten, leben und erziehen soll. Ich gehe aber einmal davon aus, dass Sie eher suchen und definieren wollen – warum sollten Sie sonst dieses Buch lesen.

Die heutigen Eltern sind häufig in einem Umfeld aufgewachsen, das ihnen eingetrichtert hat:

Sei, wer du bist!
Erfinde dich selbst!
Du bist frei!
Lass dir nichts vorschreiben!
Was gut ist, kannst du selbst bestimmen!
usw.

Wenn das keine emotionale Überversorgung mit Hang zum erzeugten Größenwahn ist! Dieses »Alles ist möglich«-Versprechen musste ja zwangsläufig enttäuscht werden. Mit Eintritt in die Arbeitswelt wurde sehr schnell klar, dass das nicht stimmt. Niemand hatte auf Mitarbeiter gewartet, die mit einer Forderungshaltung ankommen, die allein der englischen Queen gestanden hätte: »Wie, ich habe kein eigenes Büro?!«, »Also für *das* Gehalt geh ich ja noch nicht mal aus dem Haus!«, »Ich habe gekündigt, die haben mich nicht wertgeschätzt.«

Zusätzlich sind wir ja in einer Welt aufgewachsen, in der uns zudem noch suggeriert wurde: »Alles ist vorhanden« und »Es geht immer bergauf«. Das waren die 1980er-Jahre und der Beginn der 1990er-Jahre. Und dann kam das böse Erwachen. Der Traum ist beendet, die Seifenblase zerplatzt. Das Leben heute ist ein Kampf um das Überleben. Nur die Besten werden gewinnen. Nur die Harten kommen in den Garten. Die »Generation Ich« hat die Panik bekommen. Und sie sind jetzt die Eltern. Das unsanfte Aufwachen, das Entsetzen über die harte Realität führte uns schnurstracks in die Angst um unsere Kinder. Ein in Fachkreisen gut bekannter psychologischer Kurzschluss.

Die Folge: Überversorgung. Mit Mitteln, mit Aufmerksamkeit, mit Pflege, mit Bildung. Sündhaft teure Privatschulen sprießen wie Pilze aus dem Boden, Elitebildungsanstalten in England quellen über von deutschen Schülern, Früh- und Begabtenförderung, Kinderuniversitäten und Sprachkurse für Dreijährige können sich vor Anfragen nicht retten. Panisch versuchen Eltern ihren Kindern alles ins Hirn zu stopfen, was sie finden können. Aus ihrer eigenen Angst heraus. Aber Angst ist ein schlechter Ratgeber. Die Abbruchraten an deutschen Privatschulen sind überdurchschnittlich hoch. Nach der Hysterie kommt die Ernüchterung, oft sind die Kinder überfordert oder die Schule hält nicht das, was sie verspricht. Die Effektivität beispielsweise einer frühen Sprachförderung ist umstritten und die durch Stress verursachten psychischen und psychosomatischen Erkrankungen von Kindern nehmen stark zu. Angst führt eben zu eingeschränkter Sicht – und damit zu Fehlentscheidungen.

Die Angst, die eigenen (Gott bewahre!) Kinder könnten zu den Verlierern im darwinschen Spiel gehören, treibt überversorgende Eltern oft insgeheim an und um. Die Verunsicherung, dass vieles von dem, was gemeinhin als sicher galt, mittlerweile als unsicher entlarvt wurde, hat ein ernst zu nehmendes Trauma unter vielen heute zwischen 30- und 45-Jährigen ausgelöst.

Und ein weiterer, bisher wenig beachteter Umstand trägt zur Verunsicherung und Verängstigung bei: Die heutigen Eltern sind die erste Scheidungsgeneration. In der Elterngeneration der heute 30- bis 45-Jährigen hat sich die Scheidung zum Massenphänomen entwickelt. Schon früh haben die neuen Eltern deshalb gelernt, dass Beziehungen keinesfalls mehr sicher sind. Weder die von Partnern miteinander, noch die zwischen Eltern und Kind. Väter und Mütter verlassen das Haus. Diese Lektion haben die nachachtundsechziger Jahrgänge gelernt. Viele haben sie quasi mit der Muttermilch eingesogen. Nichts ist sicher – noch nicht einmal die Anwesenheit der Eltern.

Was also ist heute eigentlich noch sicher – wenn noch nicht einmal ein »bis dass der Tod uns scheidet« oder die biologisch engste Eltern-Kind-Verbindung irgendeine Wirkmacht entfaltet?

Was ist sicher? Diese häufig unbeantwortete Frage bestimmt nicht selten das Erziehungsverhalten jener überversorgenden Eltern. Auf einer bisweilen fast verzweifelt wirkenden Suche nach Sicherheit gehen sie jedem erzieherischen Trend nach, um ja nichts falsch zu machen. Das läuft dann nach dem Überfischungsprinzip: Im Versuch, einen fetten Fisch aus dem Teich zu ziehen, geht man zur Sicherheit am besten mal mit einem Riesennetz durch. Da wird schon etwas Verwertbares drin hängen bleiben. Den Ausschuss kann man ja aussortieren. Das kann man aber bei der Erziehung eben leider nicht. Und das ist der Haken an der Sache.

Ein Beispiel, wie sich die Angst von Eltern auswirken kann, habe ich kürzlich erlebt: Ich bekam einen Anruf von einem überaus besorgten Familienvater, der therapeutische Hilfe suchte. Sein siebenjähriger Sohn hatte vor ein paar Monaten den Autounfall seiner Großeltern miterlebt und könne sich seitdem »nicht mehr von seinen Eltern wegbewegen«. Das führte zu erheblichen Problemen, denn sobald sich beide Eltern aus dem Sichtfeld des Jungen bewegten, liefe er ihnen unter heftigen Weinen und Schreien nach. »Wir wissen nicht mehr, was wir tun sollen. Wir haben solche Angst, dass unser Kind es nicht schafft, das zu verarbeiten.« Die Familie hatte eine Reihe von Therapeuten konsultiert. Ich war der neunte. Alle acht vor mir hatten ihnen versichert, dass es sich um ein völlig normales Verhalten in Reaktion auf ein Trauma handele, dass ihr Kind keine Störung habe, sondern gerade in dieser Zeit das Erlebte verarbeite, dass das eine gewisse Zeit bräuchte und sie als Eltern nun viel Sicherheit geben mussten und Nähe, Körperkontakt und Wärme. Kein Therapiebedarf.

Achtmal hatten die Eltern aus ihrer Angst heraus ihr Kind, das sie schützen wollten, zu Therapeuten geschleift, die manchmal mehr, manchmal weniger – je nach Ausbildung und therapeutischer Richtung – im erlebten Trauma herumstocherten. Die Diagnose der Kollegen wollten die Eltern aber nicht akzeptieren, sie sprachen ihnen lieber die Kompetenz ab. Weil ihre eigene Angst so groß war.

Ich sollte also der neunte Therapeut sein. Die Eltern hatten meine Sendung im Radio gehört und hielten mich nun offenbar für »eine Koryphäe« auf dem Gebiet der Psychologie. Aber ich sah die Situation so wie meine Vorgänger. In unserem Telefonat versuchte ich deshalb, dem Vater aufzuzeigen, wie die Psyche funktioniert, was ihr Kind jetzt brauchte und was nicht. Und ich begründete damit mein deutliches Nein zu einer Annahme des Therapieauftrags. Der Vater war zunächst überhaupt nicht begeistert. Erst nach etwa 30 Minuten fielen die entscheidenden Sätze und mir wurde plötzlich klar, worum es eigentlich geht:

»Sie meinen also, dass alles gut läuft, dass wir nichts falsch machen, wenn wir unseren Sohn nicht therapieren lassen?«

Ich erwiderte: »Ja, das meine ich.« Darauf der Vater: »Und Sie sagen mir das als Experte, ja?« »Ja, es ist alles gut.« Ich war ganz berührt, aber es war irgendwie auch erschreckend. Da war so viel Angst vor dem eigenen Versagen, dass der gesunde Menschenverstand (die Psychologie ist ja nichts anderes) des Vaters einer Bestätigung von außen bedurfte. Von vermeintlich höchster Autorität eines Psychologen. Mein letzter Satz war: »Sie dürfen sich jetzt entspannen.« Sein »Danke!« klang erleichtert.

Angst ist kein guter Ratgeber. Sie lässt uns Autoritäten und Experten suchen, und vergessen, dass wir unsere eigenen Autoritäten sind. Ich bin sicher: Hätte ich diesem Vater irgendwelche Pillen verschrieben, er hätte sie seinem Kind gegeben.

Für mich war das eine Erinnerung daran, meine eigenen Ängste niemals zum Dirigenten meiner Handlungen werden zu lassen. Weder in der Erziehung noch im Leben.

Es ist nachvollziehbar, dass ängstliche Eltern der Versuchung erliegen, lieber ein bisschen mehr zu geben und zu tun, als am Ende ihre Angst bestätigt zu sehen. Nachvollziehbar, ja. Aber gefährlich. Und auch überhaupt nicht notwendig. Ängstliche Eltern können anfangen, sich zu entspannen. Es muss nicht mehr sein, um gut zu sein. Im Gegenteil. Es darf genug sein. Es sollte genug sein.

Genug genügt.

Test: Sind Sie ein Überversorger?

Wir haben bis hierher viel über das Problem der Überversorgung gelernt. Nun können wir wagen, es an uns heranzulassen. Es ist Zeit, Farbe zu bekennen. Wie schaut es bei

Ihnen aus? Neigen Sie zur Überversorgung oder eher nicht? Dieser Test hilft Ihnen, sich selbst ein wenig auf die Spur zu kommen.

Bevor Sie beginnen, ein paar Worte der Vorsicht. Solche Tests sind immer nur begrenzt aussagekräftig. Weil man sie selbst ausfüllt. Mein alter Psychologieprofessor hat dazu immer gesagt. »Wenn Sie Mist eingeben, bekommen Sie auch Mist heraus.« Wenn ich mir also etwas vormache, werde ich durch diese sogenannten Selbsttests natürlich ein dementsprechendes Ergebnis bekommen. Nun gehe ich hier selbstverständlich davon aus, dass Sie sich nicht selbst belügen – warum sollten Sie sich sonst bis hierher durchgekämpft haben. Aber man hat selbst mit dem besten Willen manchmal ein paar kleine blinde Flecken. Deshalb kann es sehr hilfreich sein, denselben Test zusätzlich noch einmal von einem Menschen, der Sie gut kennt, für Sie ausfüllen zu lassen. Das ist dann die Fremdsicht, die andere von Ihnen haben. Und dann können Sie beide Ergebnisse miteinander vergleichen. Je dichter sie beieinander liegen, desto mehr stimmt Ihre Selbstsicht mit der Fremdsicht überein. Will sagen: Desto mehr denken Sie selbst von sich dasselbe wie andere von Ihnen. Und das ist in der Regel ein gutes Zeichen und zeugt von Reflexionsfähigkeit.

Solche Tests können Ihre Person nie ganz erfassen, sondern immer nur in ganz wenigen Aspekten. Hier ist es der Aspekt der Überversorgung. Er lässt keine Aussage darüber zu, ob Sie ein guter Vater oder eine gute Mutter sind. Nehmen Sie diesen Test also mit gehörigem Ernst, aber ebenso mit Skepsis und Humor. Denn vor allem ist es spannend, sich selbst einmal so zu betrachten.

Dieser Test hat zwei Teile. Im ersten finden Sie generell heraus, wie sehr Sie zur Überversorgung neigen. Der zweite Teil zeigt Ihnen dann, in welchen der drei Dimensionen von

Überversorgung Ihre größten Gefahren liegen und wo Sie sich keine Gedanken zu machen brauchen.

Teil I
Der Überversorgungsindikator

In den Formulierungen der folgenden Fragen ist von »Kindern« die Rede. Sollten Sie nur ein Kind haben, ersetzen Sie die Mehrzahl einfach durch die Einzahl.

Zählen Sie zur Auswertung einfach die Anzahl der mit »Stimmt« angekreuzten Aussagen zusammen:

	Stimmt	Stimmt nicht
1. Vieles von dem, was ich als Kind selbst hätte tun können, haben mir meine Eltern abgenommen.	☐	☐
2. Wenn ich mich als Kind mit anderen Kindern in meiner Grundschulklasse vergleiche, hatte ich mehr als die meisten.	☐	☐
3. Ich habe oft das Gefühl, ich sollte mehr Zeit mit meinen Kindern verbringen.	☐	☐
4. Wenn Eltern es nicht schaffen, ihre Kinder gleich zu behandeln und gleich zu lieben, sind sie schlechte Eltern.	☐	☐
5. Meine Kinder sollen es besser haben, als ich es damals hatte.	☐	☐

	Stimmt	Stimmt nicht
6. Wenn ich auf andere Eltern schaue, möchte ich nicht, dass meine Kinder schlechter wegkommen als deren Kinder.	☐	☐
7. Ich fürchte mich davor, von anderen als Rabenmutter oder Rabenvater angesehen zu werden.	☐	☐
8. Es ist mir sehr wichtig, der zentrale Einfluss im Leben meiner Kinder zu sein.	☐	☐
9. Ich bin manchmal einfach zu müde, um mit meinen Kindern noch groß zu diskutieren.	☐	☐
10. Ich finde es schrecklich, wenn meine Kinder sauer auf mich sind, mich ablehnen oder gleichgültig mit mir umgehen.	☐	☐
11. Eltern sollten sich möglichst immer um ihre Kinder kümmern, besonders, wenn diese klein sind.	☐	☐
12. Ich kann schlecht Nein zu meinen Kindern sagen.	☐	☐

13. Ich finde es insgeheim schön, wenn ☐ ☐
    meine Kinder mir mehr vertrauen oder
    mich mehr mögen als meinen Partner/
    meine Partnerin.

14. Wenn meine Kinder etwas möchten, ☐ ☐
    das ich eigentlich nicht gut finde,
    erlaube ich es lieber, damit es keinen
    Riesenaufstand gibt.

15. Meine Kinder akzeptieren kein Nein – ☐ ☐
    am Ende setzen sie sich durch.

16. Wenn meine Kinder weinen, gebe ich ☐ ☐
    ihnen etwas, das sie sonst nicht be-
    kommen, um sie zu beruhigen.

17. Es gibt nichts, was auch nur annähernd ☐ ☐
    so wichtig wäre wie meine Kinder –
    mich selbst eingeschlossen.

18. Manchmal »besteche« ich meine ☐ ☐
    Kinder mit Belohnung (Süßigkeiten,
    Privilegien, Spielsachen etc.), um zu be-
    wirken, dass sie das tun, was ich will.

19. Ich finde es gut, wenn sich Geschwister ☐ ☐
    untereinander vergleichen und so zur
    Höchstleistung anstacheln.

	Stimmt	Stimmt nicht
20. Meine Kinder haben es ohnehin schon nicht leicht. Da sollen sie wenigstens etwas mehr haben als andere.	☐	☐
21. Mein Partner/meine Partnerin verwöhnt unsere Kinder nie. Ich mache das bewusst anders.	☐	☐
22. Meine (Schwieger-) Eltern kritisieren mich, wenn ich ihren Enkeln nicht alles gebe, was sie möchten.	☐	☐
23. Ich habe Angst vor meinem Partner/ meiner Partnerin. Deshalb bekommen meine Kinder von mir oft mehr als ich für nötig halte – weil er/sie es so will.	☐	☐
24. Meine Kinder sollen sich frei und ohne Grenzen entwickeln können.	☐	☐

0 bis 6

Mit großer Wahrscheinlichkeit sind Sie für Überversorgung kaum anfällig. Sie verstehen es, ihre Kinder in ausreichendem Maße zu fördern und zu fordern. Was Sie für wichtig halten, geben Sie Ihren Kindern gerne und bewusst. Aber nicht alles, was sie wollen, und nie wahllos. Sie setzen auch klare Grenzen und kommunizieren diese deutlich. Sie verstehen oft gar nicht, wie es überhaupt dazu kommen kann, dass Kinder anderer Eltern manchmal so dermaßen über die Stränge schlagen. Über Erziehung denken Sie gar nicht so oft nach. Sie tun es einfach. Und das machen Sie richtig gut.

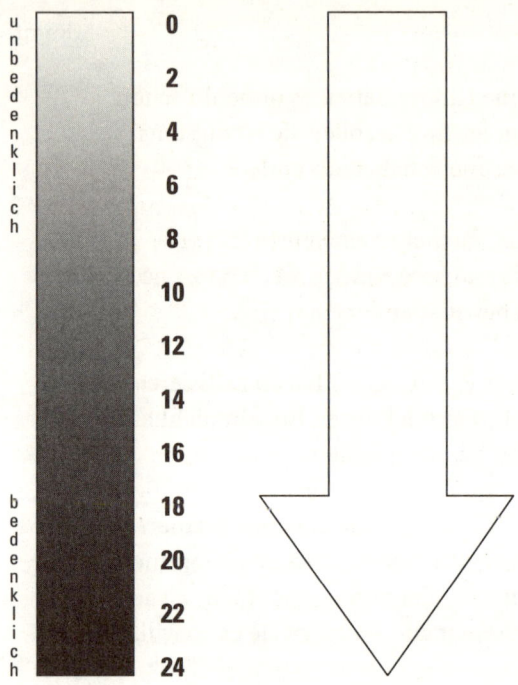

7 bis 12

Sie kennen das Phänomen der Überversorgung und können es manchmal auch in Ihrem eigenen Eltern-Verhalten erkennen. Manchmal sind Sie einfach zu müde und erschöpft, Ihre Kinder noch groß zu »erziehen«. Sie vertrauen darauf, dass Sie unter dem Strich genug Grenzen setzen und fordern, um Ihre Kinder zu starken Persönlichkeiten heranwachsen zu lassen. Stellenweise fühlen Sie sich auch ein wenig schuldig, wenn Sie nicht genug Zeit mit Ihren Kindern verbringen können – Sie würden es gerne mehr tun. Wenn Sie könnten, würden Sie Einiges ändern, aber Sie wissen: »So groß wird der Schaden nicht sein.« Und wissen Sie was? Sie haben recht. Aber Vorsicht: Nicht zulegen – eher weniger.

13 bis 18

Überversorgung ist fester Bestandteil Ihres Erziehungsstils – auch, wenn Sie es so nicht nennen würden. Für Sie heißt es vielleicht »Verwöhnen«, »Mal was Gutes tun« oder »Fünfe gerade sein lassen«. Das allerdings tun Sie mit diesem Ergebnis wahrscheinlich zu oft. Es fällt Ihnen eher schwer, Ihren Kindern einen Herzenswunsch abzuschlagen. Und Herzenswünsche diagnostizieren Sie recht häufig bei Ihren Kindern. Nein-Sagen und Grenzen-Ziehen gehören nicht zu Ihren Lieblingstätigkeiten – auch im sonstigen Leben nicht. Außerdem wissen Sie langsam auch nicht mehr, was gut und was schädlich ist für Ihre Kinder. Sie möchten einfach gute Eltern sein. Und schießen dabei manchmal über das Ziel hinaus. Für Sie gilt ab jetzt: Weniger ist mehr. Sie dürfen sich erlauben, Ihr Ziel in der Erziehung Ihrer Kinder zu verändern. Keine Eins plus mehr. Ihr neues Klassenziel ist jetzt die stabile Vier minus.

19 bis 24

Mit hoher Wahrscheinlichkeit überversorgen Sie Ihre Kinder relativ durchgängig. Und wenn diese nicht schon auffällig geworden sind in Kindergarten oder Schule, werden sie es, wenn Sie so weitermachen, mit wachsendem Alter. Es wird ihnen schwerfallen, mit Misserfolgen umzugehen und Frustrationen auszuhalten. Sie lassen sie kaum erfahren, dass sinnvolle Grenzen Sicherheit bewirken können und dass man sich Dinge, die zunächst unerreichbar scheinen, zu einem gewissen Grad erarbeiten kann. Sie wollen Ihre Sache als Eltern richtig gut machen und es fällt Ihnen schwer, »böse« oder »gemein« zu sein – denn so empfinden Sie es, wenn Sie

Ihren Kindern das Leben nicht erleichtern. Leider vergessen Sie dabei, dass die Erleichterung nur kurzfristig ist. Fangen Sie lieber an, starke Persönlichkeiten zu erziehen. Und dazu gehört: sinnvolles Nein-Sagen, angemessene Grenzen und Aushalten, wenn Ihre Kinder sich an etwas abarbeiten.

Teil II
Test zur Identifikation des Überversorgungstypus

Bitte kreuzen Sie an, was überwiegend – also in mehr als 50 Prozent der Fälle – auf Sie zutrifft. Trifft zu bedeutet: »Trifft in mehr als der Hälfte aller Fälle auf mich zu.« Trifft nicht zu bedeutet: »Trifft in weniger als der Hälfte aller Fälle auf mich zu.« Zählen Sie am Ende jeweils die Anzahl Ihrer »Trifft zu« zusammen. Zur größeren Exaktheit können Sie zusätzlich Ihren Partner oder einen Freund den Test für Sie ausfüllen lassen und die beiden Ergebnisse auf Deckungsgleichheit prüfen.

Typ 1 – Materielle Überversorgung

Behauptung	Trifft zu	Trifft nicht zu
Ich möchte, dass mein Kind möglichst viele schöne Dinge tut.		
Ich erlaube meinem Kind sehr viele Privilegien.		
Ich stelle sicher, dass es meinem Kind nie langweilig wird.		

Behauptung	Trifft zu	Trifft nicht zu
Ich kaufe meinem Kind alles Spielzeug, das es haben will.		
Ich melde mein Kind zu vielen Veranstaltungen, Vereinen, Unterrichten etc. an.		
Ich will, dass mein Kind mehr hat als andere Kinder in seinem Umfeld.		
Ich kaufe meinem Kind alle Kleidung, die es haben will.		
Ich gebe meinem Kind mehr als es fordert.		
Ich gebe meinem Kind Dinge, um die es nicht gebeten hat.		
Ich will, dass mein Kind immer gute Markenkleidung trägt.		
Ich finde es wichtig, dass mein Kind neue, trendige Sachen möglichst als Erstes im Freundeskreis hat.		
Ich möchte, dass mein Kind vom Besten das Beste hat.		
Ich finde, für mein Kind gilt: Je mehr, desto besser.		
Summe		

Auswertungsschlüssel

0–2   keine Tendenz zu Überversorgung
3–5   Überversorgung unwahrscheinlich
6–8   Überversorgung möglich
9–10   deutliche Überversorgung
11–13 bedenkliche Überversorgung

Typ 2 – Freiheitliche Überversorgung

Behauptung	Trifft zu	Trifft nicht zu
Ich schreibe meinem Kind keine Regeln vor.		
Ich erlaube meinem Kind, das Familienleben zu bestimmen.		
Ich finde grundsätzlich alles gut, was mein Kind macht.		
Ich möchte, dass mein Kind ohne Grenzen aufwächst.		
Ich setze die Regeln, die ich für mein Kind mache, nicht durch.		
Ich gebe meinem Kind sehr viele Freiheiten.		
Ich finde, dass Grenzen Kinder nur einengen und in ihrer Entfaltung behindern.		

Behauptung	Trifft zu	Trifft nicht zu
Ich erwarte von meinem Kind nicht, dass es immer Hausarbeiten erledigt.		
Ich messe mein Kind nicht an irgendwelchen Standards.		
Ich erwarte nicht, dass mein Kind dasselbe kann wie andere Kinder in seinem Alter.		
Ich möchte, dass mein Kind selbst entscheidet, was es wo, wann und wie macht.		
Ich lehne es ab, Kindern Vorschriften zu machen.		
Ich finde es wichtig, dass bei mir Kinder alles dürfen.		
Summe		

Auswertungsschlüssel

0–2   keine Tendenz zu Überversorgung
3–5   Überversorgung unwahrscheinlich
6–8   Überversorgung möglich
9–10 deutliche Überversorgung
11–13 bedenkliche Überversorgung

Typ 3 – Attentionale Überversorgung
(Überversorgung mit Aufmerksamkeit)

Behauptung	Trifft zu	Trifft nicht zu
Ich schenke meinem Kind sehr viel Aufmerksamkeit.		
Ich tue sehr viel dafür, dass mein Kind nie das Gefühl hat, ich würde es nicht beachten.		
Ich finde, dass Eltern ihre Kinder als erste Priorität im Leben haben sollten.		
Ich achte darauf, dass ich sofort da bin, wenn mein Kind nach mir verlangt.		
Ich nehme meinem Kind lieber Aufgaben ab, als es mit ihnen kämpfen zu sehen.		
Ich nehme meinem Kind Aufgaben ab, die es selbst erledigen sollte.		
Ich bin in alles eingebunden, was mein Kind tut.		
Ich achte darauf, dass mein Kind nie das Gefühl hat, allein zu sein.		
Ich höre meinem Kind immer zu, wenn es mir etwas erzählt und beende auch Gespräche dafür.		

Behauptung	Trifft zu	Trifft nicht zu
Ich tue bestimmte Dinge, damit mein Kind mich liebt.		
Ich finde es sehr schlimm, wenn mein Kind mich wegstößt, weil es wütend auf mich ist.		
Ich ahne im Voraus, was mein Kind braucht und gebe es ihm.		
Ich kann es nicht ertragen, wenn mein Kind frustriert ist.		
Summe		

Auswertungsschlüssel

0–2   keine Tendenz zu Überversorgung
3–5   Überversorgung unwahrscheinlich
6–8   Überversorgung möglich
9–10 deutliche Überversorgung
11–13 bedenkliche Überversorgung

Herzlichen Glückwunsch zum absolvierten Test! Ihn überhaupt zu machen, war unter Umständen richtig mutig von Ihnen. Sollte Ihr Ergebnis in einem Bereich oder auch in mehreren Bereichen zu Überversorgung tendieren, ist das überhaupt kein Grund zur Panik. Vielmehr können Sie sich freuen, dass Sie sich nun selbst auf die Schliche gekommen sind!

Und im nächsten und letzten Kapitel können Sie lernen, wie Sie aus der Überversorgungsfalle wieder herauskommen.

Wie wir Überversorgung verhindern

Wie ist Überversorgung zu vermeiden? Erinnern wir uns an das erste Kapitel. Überversorgung heißt dreierlei: zu viele Sachen, zu viel Freiheit und zu viel Aufmerksamkeit, also: zu wenige Regeln. Auf eine erste, kurze Formel gebracht, wäre das die:

Faustregel
zur Vermeidung von Überversorgung

Überversorgung verhindert man mit einer *ausreichenden* Menge an materiellen Dingen, *ausreichender* Aufmerksamkeit und *ausreichender* Freiheit. Eine Vier minus genügt.

Wenn man als Eltern bereits das Gefühl hat überzuversorgen, muss man diese Faustregel nur geringfügig verändern. Dann ist das vereinfachte Ziel: weniger von allem. Also:
Wenn man als Eltern bereits überversorgt, reduziert man Überversorgung mit *weniger* Dingen, *weniger* Aufmerksamkeit und *weniger* Freiheit (= mehr sinnvolle Grenzen).

Faustregeln sind großartig, denn sie definieren nur Eckpfeiler. Das Erziehungsgebäude an sich kann man dann nach den eigenen Wünschen und Fähigkeiten gestalten. Faustregeln sind aber dadurch auch nur begrenzt aussagekräftig. Deshalb lassen Sie uns nun tiefer einsteigen und umfassender beleuchten.

Vielleicht sind Sie sich immer noch unsicher, ob Sie Ihr Kind überversorgen. Dann können Sie für sich folgende vier Fragen überlegen:

1. **Ist das, was ich für mein Kind anschaffe oder ihm ermögliche, mehr zu meiner Freude oder zur Freude meines Kindes?**

2. **Strapaziere ich damit mich selbst oder meine Familie finanziell oder energiemäßig über Gebühr?**

3. **Könnte das Verhalten meines Kindes mit dieser Sache (Spielzeug, Förderung, Erlebnis usw.) anderen, der Gesellschaft oder der Umwelt in irgendeiner Weise Schaden zufügen?**

4. **Behindert oder verlangsamt das Geben dieser Sache das Aneignen dessen, was mein Kind in dieser Phase lernen sollte?**

Diese vier Fragen können Ihnen helfen, sich selbst auf die Spur zu kommen. Außerdem sind sie gut geeignet, um eine grundlegende Handlungsanleitung zur Vermeidung von Überversorgung zu erstellen. Denn sie führen im Grunde Schritt für Schritt zum gewünschten Ziel:

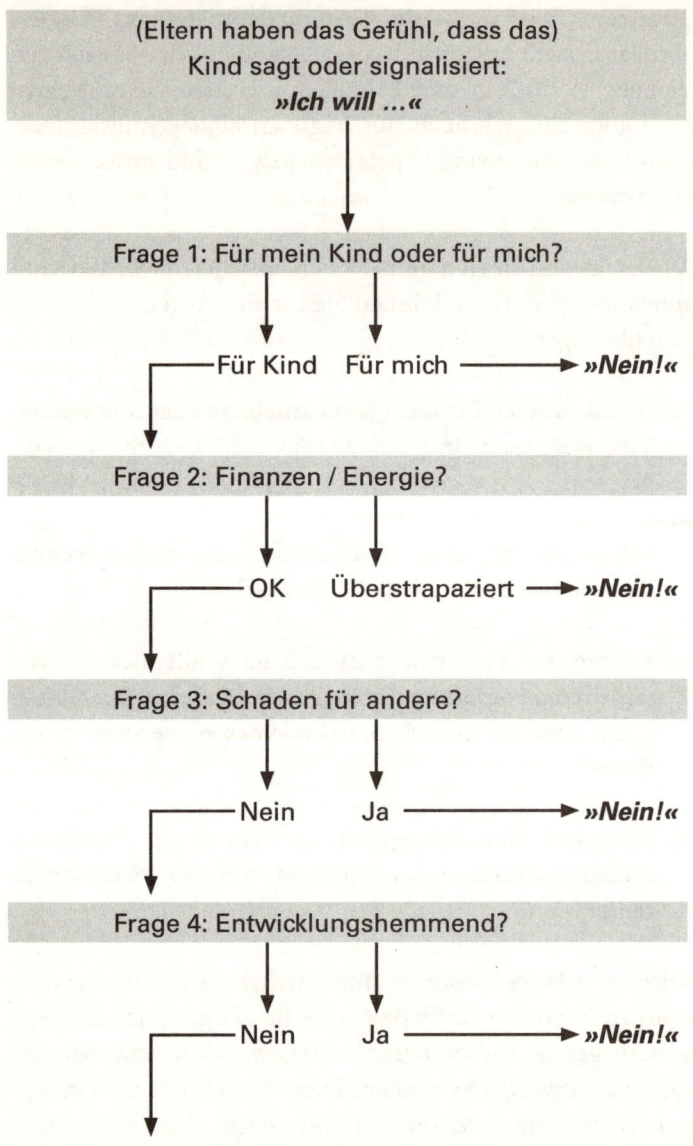

(Eltern haben das Gefühl, dass das)
Kind sagt oder signalisiert:
»Ich will ...«

↓

Frage 1: Für mein Kind oder für mich?

Für Kind   Für mich ──→ **»Nein!«**

Frage 2: Finanzen / Energie?

OK   Überstrapaziert ──→ **»Nein!«**

Frage 3: Schaden für andere?

Nein   Ja ──→ **»Nein!«**

Frage 4: Entwicklungshemmend?

Nein   Ja ──→ **»Nein!«**

»Gerne! Da hast du es. Genieße es!«

In meiner Anfangszeit als Therapeut hielt ich nebenbei einige Jahre lang Unterricht in der Grundschule einer mittelgroßen Stadt. In den Klassen fielen immer wieder einige Kinder besonders auf, weil sie sich im Unterricht nur sehr schwer an Regeln halten konnten und ihre Impulse selten kontrollierten – sie taten einfach das, was ihnen gerade spontan durch den Kopf ging. Man kann sich vorstellen, wie schwierig das in einer Klasse mit 30 Kindern zu handhaben ist.

Dominik, zehn, war eines dieser »ferngesteuerten Kinder«, wie wir das damals unter uns Lehrern etwas flapsig nannten. Wenn wir z. B. mit der Gruppe bastelten, sprang er mit Vorliebe auf den Tisch, brüllte: »AUFSTAAAAAAAND!« und fuchtelte mit seiner Bastelschere in Richtung der anderen Kinder, als fordere er sie zum Fechten heraus.

Wenn ich an der Tafel schrieb, stand er plötzlich neben mir und hielt mir sein Pausenbrot hin: »Du, Herr Schlageter, ich mag keine Leberwurst essen!«, oder er stand einfach auf und verließ den Klassenraum. Stellte ich ihn zur Rede, war seine Erklärung lapidar: »Ich wollte mal raus.«

Einmal konnte ich ihn gerade noch daran hindern, nach der Stunde seinen Stuhl aus dem vierten Stock in den Pausenhof zu werfen. »Ich wollte sehen, wie der auseinanderplatzt.« Dominik war sauer und enttäuscht, weil ich ihm diese Idee vermasselte. Ich hatte ihn um eine Menge Spaß gebracht.

Offenbar hatten wir da ein Thema. Seine Aktionen kamen so völlig aus dem Blauen heraus, dass sie nur schwer vorauszusehen waren. Seine Mutter hatte ich wiederholt zum Gespräch eingeladen. Sie war eine sanfte, ein wenig depressiv wirkende Frau. An den Vater kann ich mich nicht mehr erinnern, weil ich ihn nur einmal kurz sah – er war viel beruflich unterwegs.

In einem Elterngespräch schüttete mir die Mutter ihr Herz aus. Sie berichtete, wie sie Dominik fortwährend ermahnte, sich zu benehmen und er »einfach keine Grenzen« habe:

»Er respektiert mich nicht. Ich setze dauernd Grenzen, und er überschreitet sie einfach. Er hat so eine Aggression in sich. Das kann man nicht bändigen. Er ist auch so dick. Aber er hört einfach nicht auf zu essen. Ich weiß nicht mehr, wie ich es noch versuchen soll.«

Und in der Tat, Dominik konnte Grenzen nur sehr schwer akzeptieren, aber ich hatte gute Erfahrungen gemacht, wenn ich deutlich und mit Nachdruck Gebote und Verbote aussprach, die ich immer ausreichend erklärte, dann aber konsequent durchsetzte. Das klappte ganz gut mit ihm. Es war nur sehr aufwendig in einer vollen Klasse. Also entschloss ich mich, das nächste Elterngespräch mit beiden Eltern und Dominik gemeinsam bei der Familie zu Hause zu führen.

Als ich kam, war außer der Mutter niemand da. »Mein Mann musste zu einem Termin und Dominik ... na ja, Sie wissen ja wie er ist. Ich habe ihm gesagt, er soll pünktlich zu Hause sein, aber er kann einfach nicht auf die Zeit achten.« Schon bevor das Gespräch begonnen hatte, wurde einiges deutlich.

Wir begannen also das Zweiergespräch. Nach ungefähr 30 Minuten wurde die Haustür aufgeschlossen, und Dominik spazierte wortlos an uns vorbei. Er steuerte direkt auf den Kühlschrank zu. Und jetzt spielte sich etwas ab, das mir viel erklärte – es entspann sich zwischen Mutter und Sohn folgender Dialog:

Mutter: »Dominik – wo kommst du denn jetzt her?«
Dominik: »...«

Mutter: »Dominik, du solltest um vier hier sein. Es ist jetzt halb fünf. Das geht nicht. Jetzt mussten wir ohne dich anfangen.«
Dominik: »Na und?«

Mittlerweile war Dominik am Kühlschrank angekommen und hatte sich ein Eis am Stiel herausgenommen.

Mutter: »Leg das zurück, bitte ... Dominik ... Du weißt doch, dass du das nicht sollst.«
Dominik packte das Eis aus.
Mutter: »Bitte Dominik. Hör doch auf mich. Du wirst zu dick. Bitte, leg das Eis zurück. Bitte!«

Ich beobachtete sprachlos die Szene und konnte mich kaum noch auf dem Stuhl halten.

Dominik steckte sich wortlos das Eis in den Mund, warf das Papier in den Mülleimer, ging an uns vorbei und verließ den Raum. Die Mutter drehte sich mir hilflos zu und meinte:

Mutter: »Sehen Sie, ich kann machen, was ich will, er hört einfach nicht.«

Ich hätte schreien können. Wenn »Grenzen setzen« so aussieht, haben Kinder keine Chance. Lassen wir einmal den Aspekt der Aggression außer Acht, der hier sicherlich auch eine Rolle spielt, so ist die Szene doch symptomatisch für unser Thema. Kennen Sie das? Dann ist es höchste Zeit, etwas zu verändern. Aber keine Angst, das ist kein Hexenwerk und es ist gut machbar! Notwendig sind lediglich folgende Schritte:

Ich-Grenzen entwickeln und verstärken

Es fängt alles bei Ihnen an. Sie sind die Eltern Ihrer Kinder. Sie sind die, die prägen – da können Sie machen, was Sie wollen. Das, was Ihre Kinder bei Ihnen sehen und hören, übernehmen sie und nennen es fortan Wirklichkeit. Das kann Angst machen. Es kann aber auch entspannen, denn so ist der Lauf der Dinge seit es uns Menschen gibt. So lernen wir alle. Sie haben ebenfalls von Ihren Eltern gelernt – und schauen Sie, was für ein prächtiger Mensch Sie geworden sind! Und das trotz sicherlich einiger Verletzungen und Begrenzungen ihrer Eltern.

So wird es Ihrem Kind auch gehen. Es wird sich als Erwachsener irgendwann seinen eigenen Reim darauf machen können, was es erlebt hat und wer er oder sie ist. Entspannen Sie sich also. Und beginnen Sie, sich getrennt von Ihrem Kind zu verstehen und zu erleben. Überversorger machen oft den Fehler zu glauben, sie seien mit ihren Kindern so eng verbunden, dass es quasi gar keine Trennungslinie zwischen Eltern und Kind gibt.

Sosehr das Band zwischen Eltern und Kindern ein ganz besonderes ist, ist es doch nicht stärker als andere Beziehungsbänder – z. B. zwischen Partnern oder Freunden. Es kann sogar sehr viel schwächer sein; denken Sie nur an die vielen traurigen Fälle von Kindesvernachlässigung. Das spricht von einem sehr schwachen Band. Natürlich kann es nicht das Ziel sein, die Verbindung zwischen Ihnen und Ihrem Kind so schwach zu gestalten, dass die Beziehung in Richtung Vernachlässigung ginge. Das wäre furchtbar. Das wäre keine Vier minus mehr, sondern eine Fünf oder gar eine Sechs – also mangelhaft oder ungenügend. Aber zur Verhinderung von Überversorgung ist es notwendig, in der Überzeugung zu leben, dass mein Kind nicht völlig von mir abhängig ist. Dass ich nicht mein Kind bin. Dass mein Kind nicht Ich ist. Dass wir auf gute Weise voneinander getrennt – eigenständige Persönlichkeiten sind. Das bedeutet, dass ich beispielsweise meine eigenen Bedürfnisse sehr wohl wahrnehme und in angemessenen Grenzen selbstverständlich verwirkliche. Das bedeutet, dass ich mich dafür nicht unnötig schuldig fühle. Es heißt, dass ich meinem Kind zugestehe, traurig sein zu dürfen über eine Enttäuschung, die ich zu verantworten habe. Oder dass es wütend sein darf, weil ich es erzürnt habe. Starke Ich-Grenzen sind nötig, um enttäuschen zu können. Und Enttäuschung, das wissen wir mittlerweile, ist dort, wo sie angemessen ist, unglaublich hilfreich und wichtig für die gesunde Entwicklung von Kindern.

Aber auch in Bezug auf die Umwelt, auf Familie, Freunde und Bekannte, ist es wichtig, deutlich sichtbare Ich-Grenzen aufzubauen. Nicht selten überversorgen Eltern ihre Kinder vor allem deswegen, weil sie vor anderen nicht wie schlechte Eltern dastehen wollen (»Wie? Du lässt dein Kind bei Regen mit dem Fahrrad zur Schule fahren?!«). Von den Freunden oder Nachbarn als nicht liebevoll oder vernachlässigend dargestellt zu werden, ist für viele Triebfeder ihres Erziehungsverhaltens. Schade, denn dieselben Nachbarn und Freunde sind dann im Zweifelsfall auch die, die ihren Kindern verbieten, mit den überversorgten und sozial schwierig gewordenen Kleinen zu spielen.

Klare Ich-Grenzen bedeuten in diesem Fall dann, dass Eltern sich sagen dürfen: »Das sind eure Erwartungen. Und nach denen muss ich mein Kind nicht erziehen. Ich habe ein Recht auf Differenz.« Sich dabei dann auch noch gut zu fühlen und eben nicht schuldig oder fehlerhaft, ist die Kunst der Ich-Grenzziehung. Dem zugrunde liegt die innere Überzeugung, dass wir getrennt sind, dass deine Regeln nicht zwangsläufig meine sein müssen. Deine Überzeugungen auch nicht. Und deine Erwartung schon gar nicht. Das erfordert eine gehörige Portion Ich-Stärke und Selbstbewusstsein. Denn eine solche Haltung bedeutet, dass ich meine Einsichten und Entscheidungen für genauso richtig halte wie die der anderen. Und das können viele nicht so gut. Sie neigen eher dazu, die Autorität von anderen anzunehmen, statt auf ihre eigene, innere Autorität zu hören. Da wird dann das, was der Herr Doktor, die Erzieherin, der Herr Lehrer, die Mama, der Papa oder die Frau Müller-Mayer-Schuster sagt, meint oder denkt, für wichtiger gehalten als die eigene Meinung. Aber Vorsicht vor Experten. Die holen einem auch die Kartoffeln nicht aus dem Feuer, wenn der vermeintlich gute Rat ein totaler Quatsch war. Gesunde Ich-Grenzen bewahren einen davor, die Meinung der anderen unkritisch zu übernehmen. Sie ermöglichen, das »Andere« anzuschauen und zu prüfen. Und nur anzunehmen, wenn es tatsächlich passt. Diese Form der Qualitätssicherung sollten Sie gerade in der Erziehung Ihrer Kinder zur Grundhaltung machen. Aber das ist nur *meine* Meinung.

Ein weiterer Aspekt: Überversorgung kommt oft einher mit einer völligen Überschätzung der eigenen Macht und des eigenen Einflusses auf die Entwicklung des Kindes. Auch des negativen. So als würde ein Nein, eine schmerzhafte Erfahrung, eine Krise das Kind schon für das ganze Leben lahm legen. Ein richtiges *Trauma* kann das – und selbst dann kann therapeutisch sehr viel geheilt werden. Aber das sind Ausnahmen im Leben, die von Ihnen als Eltern u. U. ebenfalls kaum zu beeinflussen sind. Zu solchen Traumata gehören schwerer Missbrauch, das Erleben von Krieg, Mord und unaufgearbeiteter Tod eines nahen Verwandten. Solche Kaliber versetzen die Seele in (oft wieder auflösbare) Totenstarre. Wenn das Ihr Alltagsleben mit Ihren Kindern bestimmt, dann ist dieses Buch nicht für Sie geschrieben. Dann brauchen Sie persönliche professionelle Betreuung. Auf alles andere trifft das zu, was ich hier versuche zu beschreiben.

Machen Sie sich also nicht zu viele Gedanken. Lassen Sie es auch mal laufen. Und vergessen Sie sich selbst nicht. Sie sind auch als Vater oder Mutter ein eigenständiges Wesen, das sehr wohl das Recht hat und die Möglichkeit, auch mal egoistisch zu sein und Fehler zu machen. Ihr Kind hält das aus. Denn es ist ebenfalls mit einer starken Psyche ausgestattet, die ein Sturm im Wasserglas so leicht nicht umhaut – auch wenn manchmal Zeter und Mordio gebrüllt wird. Im Gegenteil, gerade dann kann es sein, dass der oder die Kleine eine wichtige Lektion für ein erfolgreiches Leben lernt. Gönnen Sie ihnen das! Und hören Sie auf, sich schuldig zu fühlen.

Unpopulär lieben

Eltern, die nicht mehr überversorgen wollen, müssen auch lernen, Unpopularität auszuhalten. Entzug macht unbeliebt. »Mama ist böse«, »Ich hab dich nicht mehr lieb«, »Du bist absolut ätzend« tun u. U. sehr weh. Aber es kann sein, dass solche Sätze, die ja aus Wut gesagt werden, ein gutes Zeichen sind. Nämlich dafür, dass Grenzen erfahrbar gemacht wurden. Kinder, die derart ausgesprochen die Liebe »entziehen«, entziehen sie ja nicht wirklich. Vielmehr zeigt die Tatsache, dass die Wut verbal geäußert wird, zum einen, dass die Beziehung zwischen Eltern und Kind so tragfähig und stark ist, dass sogar Wut geäußert werden darf (eine Erfahrung, die viele mit ihren Eltern nie machen durften!) und zum anderen, dass man noch miteinander kommuniziert. Bedenklich wäre es erst, wenn die Kommunikation abbräche oder ein Rückzug nach innen stattfände.

Wirklich in der Familie vernachlässigte oder missbrauchte Kinder würden solche oben zitierten Sätze übrigens niemals sagen. Sie sind ja gerade durch eine Mischung aus Liebe, Angst und Ekel völlig gelähmt. Gerade weil sie den Papa oder die Mama lieben, vermögen sie nicht, sich zu entziehen, sich zu wehren oder zu fliehen. Und dafür fühlen sie sich dann schuldig. Obwohl sie weder Schuld noch Verantwortung tragen für den Missbrauch. Sie sind ausschließlich Opfer und bedürfen der Hilfe von außen.

Aber das ist ein völlig anderes Thema. Innerhalb des »normalen« Bereichs gilt: Mein Kind darf mich auch einmal voller Wut ablehnen. Es kann sogar ein gutes Zeichen sein, wenn es bedeutet, dass ich als Elternteil einen entwicklungshemmenden Höhenflug des Sprösslings gestoppt habe. Dann kann ich mir auf die Schulter klopfen und sagen: »Gut gemacht.«

Die zwangsläufige Funkstille nach solchem elterlichen Verhalten auszuhalten, fällt vielen Eltern schwer. Besonders, wenn Überversorgung zum Tagesgeschäft gehört. Wir erinnern uns, dass viele Eltern ja gerade deshalb überversorgen, weil sie ihren Schuldgefühlen dem Kind gegenüber gegensteuern wollen. Wenn ich mich aber ohnehin schon schuldig fühle und meine, dass ich meinem Kind Böses antue, (weil ich zu viel arbeite oder ihm anderweitig nicht die Aufmerksamkeit schenke, die ihm meines Erachtens zukommen sollte) – wie soll ich da noch zusätzlich eines darauf setzen? Auf meine Schuld? Wenn Eltern sich in diesem Teufelskreis befinden, sind sie vollkommen manipulierbar. Wer sich schuldig fühlt, ist immer manipulierbar. So hat die katholische Kirche im Mittelalter den Bau ihrer Kirchen, allen voran der Petersdom, finanziert. Durch Ablasshandel.

Millionen Sünder gaben ihr letztes Hemd, um nicht in der Hölle schmoren zu müssen. Aber das war damals schon schwachsinnig. Wie viel mehr, wenn es heute um eine gelungene Erziehung geht.

Schuld ist neben Angst das schlechteste Gefühl für Eltern. An sich ist das Schuldgefühl – wie die Angst – durchaus sinnvoll und notwendig. Wenn ich tatsächlich Schuld habe. Von einem Mörder etwa erwarten wir, dass er sich schuldig fühlt. Tut er das nicht, finden wir das nicht akzeptabel. Von einem Politiker, der lügt, erwarten wir Reue. Ein Gewerkschaftsboss, der Bestechung annimmt, soll sich schuldig fühlen. Ein Manager, der über Leichen geht ebenfalls. Schuld ist schon okay. Wenn sie okay ist. Leider fühlen sich die, die sich schuldig fühlen sollten, manchmal nicht schuldig. Und dann wiederum fühlen sich Menschen schuldig für Dinge, die sich dafür gar nicht eignen. Etwa Alleinerziehende, die arbeiten müssen, weil sie ihre Familie ernähren wollen. Oder Eltern, die Nein gesagt haben. Wer sich schuldig fühlt, kann nicht mehr unpopulär handeln. Man will dann nur noch Vergebung und Ablass. Auf keinen Fall noch mehr Schuld. Vor dieser Sackgasse sollten sich Eltern hüten. Das würde bedeuten: gefesselte Hände. Deshalb sollten Eltern, die überversorgen, zuerst ihre eigenen Schuldgefühle überprüfen. Sie sollten sich Fragen stellen wie:

> Schuld und Angst sind die größten Feinde gelungener Erziehung

- Was bleibe ich meinem Kind schuldig?
- Warum?
- Leidet es darunter?
- Wie sehr?
- Fühle ich mich meinem Kind gegenüber schuldig?
- Gibt es eine andere Möglichkeit, die Situation zu ordnen?
- Zu welchem Preis?

- Und ist der niedriger als der, den ich jetzt bezahle?
- Würde mein Schuldgefühl dadurch abnehmen oder verschwinden?
- Warum?

Diese Fragen können helfen, dem eigenen Schuldkomplex auf die Schliche zu kommen. Und noch einmal: Wenn ich Grund zur Schuld habe, dann muss ich die Verantwortung übernehmen. Dumm wird es nur, wenn ich mich grundlos schuldig fühle. Das eine lässt sich aber mitunter nur schwer vom anderen unterscheiden. Wir gehen aufgrund unserer persönlichen Geschichte sehr unterschiedlich mit Schuldgefühlen um. Nehmen wir beispielsweise Menschen, die in einem Umfeld aufwuchsen, in dem sie ihre Existenzberechtigung verdienen mussten – durch Leistung, Schweigen, Anpassung, Helfen o.ä. – und nur dann gut waren, wenn sie die Erwartungen ihrer Eltern erfüllten. Sie werden als Erwachsene viel eher dazu neigen, sich schuldig zu fühlen, wenn sie Erwartungen anderer nicht erfüllen. Oder, wenn sie ihre eigenen Bedürfnisse erfüllen. Oder noch schlimmer: Sie werden ihre eigenen Bedürfnisse nicht erfüllen, sondern unterdrücken – um sich nicht schuldig fühlen zu müssen. Ein weiterer psychischer Teufelskreis. Dagegen sind Menschen, die in einem Umfeld aufwachsen, das sie grundsätzlich wertschätzt und ihnen vermittelt: »Du bist gut«, viel eher geneigt, sich auch gut zu fühlen – vor aller Leistung und ohne unnötiges Schuldgefühl. Je nachdem, wie die eigene Geschichte mit der Schuld aussieht, werde ich mit ihr als Eltern zu kämpfen haben und Schwierigkeiten haben zu entscheiden, wie viel Schuldgefühl für mich angemessen ist und wie viel nicht.

Deshalb ist ein Weiteres wichtig: Ich muss andere fragen können, und es auch tun. Jeder sollte Menschen um sich herum haben, die ihm wohlwollend gegenüberstehen und die wohlmeinendes Feedback geben können. Wohlgemerkt: Menschen, die einem den eigenen Weg nicht gönnen, die von sich auf andere schließen, die keine Toleranz besitzen, stattdessen aber Missgunst, Neid und übergroße Erwartungen, scheiden als Feedback-Geber aus. Alle anderen sind zu konsultieren für Fragen wie: Sehe ich das richtig? Wie siehst du das? Muss ich mich schuldig fühlen? Was kann ich anders machen? Usw. Dieser Realitätscheck darf sein. Und oft setzt er vieles ins rechte Verhältnis.

Falls es dann tatsächlichen Grund für Schuldgefühle geben sollte, bringt es wenig, sich lange damit aufzuhalten. Dann ist es am besten, die Situation zu ändern. Schade wäre, lähmende Schuldgefühle zu pflegen. Denn Sie wissen: Eltern sind auch nur Menschen. Sie dürfen Dinge falsch machen. Dann ist man zwar verantwortlich. Vielleicht auch schuldig. Okay. Aber der nächste Schritt ist nicht ein kriechendes Winseln um Vergebung, sondern die aufrechte Bitte darum – und die Wiedergutmachung bzw. die Reparation soweit möglich. Das ist dann das Ende der Schuld. Übrigens ein Grundsatz, der auch im Katholizismus entstand. Es gibt eben immer zwei Seiten.

Sinnvolle Regeln und Strafen finden

In der Pädagogikausbildung erzählt man sich folgende Geschichte:

In einem Dorf, das auf einem hohen Felsen stand, beschlossen die Bürger, einen Spielplatz zu bauen. Ihre Kinder sollten es gut haben. Sie sollten alle Freiheit besitzen und keine Grenzen kennen.

Also bauten sie den Spielplatz an den Rand des Dorfes, wo sich die dort spielenden Kinder unbeobachtet und frei wissen durften. Begrenzt wurde der Spielplatz nur durch die steil abfallenden Klippen. Es gab keine Mauern, nur den Horizont. So überließen die Bürger des Dorfes ihren Kindern den Ort zum Spielen.

Doch die Kinder spielten nicht. Sie wagten sich nicht auf den Spielplatz. Sie hatten Angst hinunterzufallen. Dicht aneinander gedrängt hockten sie auf dem Boden in sicherer Entfernung vom Abgrund. Die Bürger waren ratlos.

Schon wollte man den Spielplatz wieder schließen, da kam dem Bürgermeister die rettende Idee: »Wir bauen einen Zaun!«, rief er und schritt zugleich zur Tat.

Und als der Zaun errichtet war, wagte sich das erste Kind bis an den Rand des Felsens, dann das zweite und schließlich begannen alle Kinder wie wild zu spielen und zu toben. Sie hatten keine Angst mehr hinunterzufallen.

Der Zaun hatte sie sicher gemacht.

Diese Parabel wird benutzt, um das Konzept von Regeln und Begrenzungen zu erklären. Regeln als sinnvolle Orientierungshilfen, die Sicherheit geben, weil klar ist, wo der Abgrund beginnt. Grenzen, die so gesetzt sind, dass sie die Grenze zwischen gut und schlecht, zwischen hilfreich und zerstörerisch, zwischen gesund und ungesund deutlich machen. Solche Grenzen können nur sinnvoll sein. Das Bild des Zauns – im Gegensatz zur Mauer – ist deshalb so schön, weil es Offenheit und eine gewisse Flexibilität beinhaltet, die Grenzen ebenfalls anhaften sollte.

Ich kann mich in diesem Zusammenhang gut an die Frage eines Mitstudenten erinnern, der im Referendariat unser aller Bedenken auf den Punkt brachte, als er den Professor fragte:

»Ist ja prima, das mit den Regeln, aber wie kann ich sicherstellen, dass die Kinder auch das machen, was ich ihnen sage. Und mich nicht einfach auslachen. Ich habe doch keine Handhabe, sie zu zwingen.«

Das ist für viele Eltern die Kernfrage. Und die größte Quelle der Frustration. »Ich habe meiner Tochter schon tausendmal gesagt, dass sie um sechs Uhr zu Hause zu sein hat. Sie macht es einfach nicht.« Oder »Ich kann machen, was ich will, mein Sohn macht einfach seine Hausaufgaben nicht«, usw. Wie kann ich die Regeln durchsetzen, die ich aufstelle?

Unser Professor gab uns zwei sehr hilfreiche Tipps:

1. *Verordnen* Sie niemals Regeln, sondern beziehen Sie die Kinder bei deren Erstellung mit ein.
2. Etablieren Sie eine »Stufenleiter der Strafe«.

Wir alle befolgen nur solche Regeln, deren Übertretung wir fürchten oder die uns einleuchten. Furcht vor Übertretung kann entstehen, weil ich die Erfahrung gemacht habe, dass Unangenehmes geschieht, wenn ich die Grenze übertrete oder wenn mir jemand durch Erzählung Angst gemacht hat. Einleuchten kann mir eine Grenze aus Empathie, Gerechtigkeitsempfinden, moralischen Überlegungen etc. – also weil ich die Grenze für sinnvoll halte. Kinder sind da nicht anders. Der sanftere und deshalb vor allem – aber nicht nur – für Kinder der zunächst am besten geeignete Weg ist sicher die Erkenntnis. Deshalb ist es in der Pädagogik eine lange bekannte und häufig angewandte Methode, Regeln gemeinsam mit den Kindern zu entwickeln und aufzustellen, die sie einhalten sollen. Dazu gibt es dann eine kleine Familienkonferenz, in der alle Beteiligten Regeln aufstellen dürfen, die im

Konsens- oder Mehrheitsverfahren angenommen werden und deren Einhaltung durch gemeinsam abgestimmte Sanktionen gesichert wird. Und da kommt dann die Angst ins Spiel. Aber nicht die klein machende und lähmende Angst, sondern die bewahrende und hilfreiche.

Man kann Kinder und Erwachsene durch den Aufbau von Angst zur Einhaltung von Regeln bringen. Regeln durch Erzeugung von Angst durchzusetzen, mag uns auf den ersten Blick widerstreben. Aber wenn wir ehrlich sind, brauchen wir beide Wege: Erkenntnis und Angst. Betrachten wir uns selbst: Warum parken wir nicht im Parkverbot? Warum lügen wir nicht bei der Steuererklärung? Warum sagen wir unserem Chef nicht endlich mal so richtig die Meinung? Weil wir Angst vor den Folgen haben, Angst vor Strafe. Einsicht ist das eine, aber Angst ist als Garant für die Einhaltung von Grenzen unersetzlich. Wieder wichtig dabei: Es müssen angemessene Grenzen sein und keine willkürlichen. Es muss sich um Grenzen handeln, die dem Kind gut tun. Keine, die es in der Entfaltung behindern. Und dazu muss man wieder gut Bescheid wissen über die jeweiligen Bedürfnisse im Entwicklungsstand des Kindes. Sonst wird aus einer bewahrenden Angst nichts anderes als Terror oder gar Gewalt. Und das hätte mit unserem Thema gar nichts mehr zu tun.

Grundsätzlich also ist der erste Zugang zur Erstellung von Regeln der Einbezug aller Betroffenen, in unserem Fall Kinder und Eltern, in den Prozess.

Machen wir uns aber nichts vor. Solche demokratischen Modelle hören sich wunderbar an, aber im Zweifelsfall funktionieren sie nicht. Nämlich dann, wenn beispielsweise die Eltern eine angemessene und wichtige Regel aufstellen möchten (»Um 20 Uhr geht es ins Bett.«, »Geschwister werden nicht geschlagen.«, »Das Abendessen wird gemeinsam und ohne Fernsehen eingenommen.« O. ä.), das Kind sich aber beharrlich weigert, diese Regel einzuhalten. Psychologisch gesehen würde es sich dabei um einen Widerstand des Kindes handeln, der schon eine Vorgeschichte haben muss: Ein Widerstand entsteht erst, wenn Druck erzeugt wurde oder Verletzung geschah. Eine Rebellion erst, wenn Unterdrückung herrschte. Man sollte sich dann immer grundsätzlich fragen: Warum blockiert mein Kind? Was kann ich ändern, um es wieder zu öffnen? Noch einmal Achtung: Das gilt wieder nur bei Widerständen gegenüber legitimen und angemessenen Erwartungen der Eltern. Handelt es sich dagegen um willkürliche, unangemessene oder vergewaltigende Regeln bzw. Erwartungen, sind die Blockaden des Kindes ein Zeichen psychisch angemessener und notwendiger Gegenwehr.

Gehen wir aber für jetzt vom Normalfall aus, also davon, dass Sie als Eltern angemessene und gute Regeln setzen – die Ihr Kind nicht akzeptiert. Die langfristige Lösung ist, sich die beiden obigen grundsätzlichen Fragen zu stellen. Die kurzfristige, die Regeln dann einfach beizubehalten. Denn wenn für die Eltern als umsichtige Erwachsene nach reiflicher Überlegung klar ist, dass diese oder jene Regel nötig ist, liegt die letztendliche Verantwortung zu ihrer Setzung bei ihnen – durchaus mit wiederholter Erklärung.

Im Klartext: Falls Sie bisher zur Überversorgung geneigt haben und jetzt etwas ändern wollen, wird es erst einmal Aufstand geben. Dann lassen Sie sich nicht beirren. Setzen Sie nachvollziehbare und angemessene Grenzen – auch, wenn es hart erscheint. Entzug ist gut.

Die Stufenleiter der Strafe

Stellen Sie sich folgende Situation vor:

Im Internet wird eine Website eröffnet, die Ihnen erlaubt, jeden Film und jedes Lied innerhalb von zwei Minuten kostenlos mit einem Mausklick herunterzuladen. Sie wissen, dass das illegal ist. Aber jeder, den sie kennen, macht es. Sie finden das Verbot unfair, weil sie glauben, dass die Industrie ohnehin genug verdient. Außerdem haben Sie noch nie gehört, dass irgendjemand tatsächlich bestraft wurde. Im Gegenteil, neulich lasen Sie in der Zeitung, dass der Bundesgerichtshof einen Angeklagten zwar schuldig gesprochen, aber straffrei gesetzt hat. Keine Vorstrafe, noch nicht einmal eine Geldbuße. Diese Praxis wird damit in Zukunft in ganz Deutschland ausgeübt werden. Nun ist letzte Woche von Ihrem Lieblingsmusiker eine neue CD herausgekommen, die 24 Euro kostet.

Werden Sie sie kaufen oder straffrei umsonst herunterladen?

So geht es Kindern, die Grenzen und Regeln kommuniziert bekommen, aber keine Konsequenzen erfahren, wenn sie sie nicht beachten. Wenn ich einem dreijährigen Kind etwa sage: »Ich will nicht, dass du mich haust«, ist das ein netter Versuch, aber was wird das Kind tun? Es wird die Hand heben und schauen, was passiert. Passiert nichts, schlägt es zu. Ich kann einem 14-Jährigen auftragen: »Du bist bitte um 18 Uhr zum Essen zu Hause.« Aber wenn er um 19 Uhr endlich kommt, und außer einem »Das geht doch so nicht« nichts passiert, wird es beim nächsten Mal noch später. Da ist keine Stufenleiter der Strafe.

Dieser Begriff ist weniger spektakulär als er klingen mag.

»Strafe« ist ein hartes Wort. Vielleicht klingt »Stufenleiter der Konsequenzen« oder »Stufenleiter der Sanktionen« besser. Es geht in jedem Fall darum, ein Bewusstsein zu schaffen, dass es spürbare Folgen hat, wenn Grenzen überschritten werden.

Und das ist ein heikles Thema. Es ist unbedingt notwendig, dass die Grenzen sinnvoll sind – also den Bedürfnissen des Kindes angepasst und angemessen. Wir erinnern uns an die Überlegungen zum rechten Maß und zur Entwicklung des Menschen. Ich muss unbedingt wissen, was zu welcher Zeit für mein Kind zumutbar ist, was ihm gut tut und was nicht. Ziel von Grenzsetzung ist ja immer das Wohl des Kindes. Nicht der Wutabbau oder die Machtbefriedigung der Eltern.

Unter diesen – und ausschließlich diesen – Umständen gilt es, die »Stufenleiter der Strafe« zu installieren. Sie muss zu Anfang unbedingt erklärt und deutlich gemacht werden. Sinnvoll ist das Ganze ja nur, wenn man auch weiß, was genau passiert, wenn man eine gute Regel missachtet.

1. Konsens
Wie oben beschrieben beginnt jeder Regelprozess sinnvollerweise mit dem gemeinsamen Erstellen von Regeln, das idealerweise mit einem Konsens endet.

Beispiel:
Vater: »Mir ist es wichtig, dass wir gemeinsam Abendessen. Ich würde deshalb gerne die Regel aufstellen, dass wir alle jeden Tag um 18 Uhr am Tisch sitzen.«
Mutter: »Das wird knapp, ich komme so schnell nicht aus dem Büro.«
Kind: »Ich mag aber Fernsehen.«
Eine mögliche Konsenslösung könnte sein:

Stufenleiter der Strafe

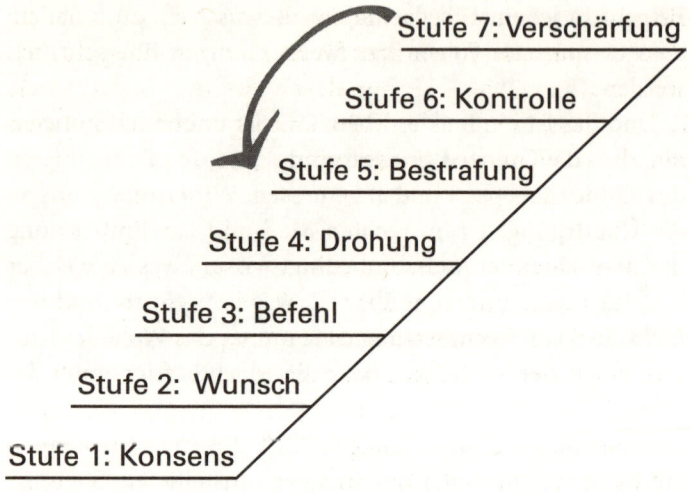

Stufe 7: Verschärfung

Stufe 6: Kontrolle

Stufe 5: Bestrafung

Stufe 4: Drohung

Stufe 3: Befehl

Stufe 2: Wunsch

Stufe 1: Konsens

»Wir sitzen jeden Abend um 19 Uhr alle am Tisch, um abendzuessen. Von 18 bis 18.30 Uhr darf der Fernseher laufen.«

Auch die Strafe kann hier schon besprochen werden, für den Fall, dass die Regel nicht eingehalten wird. Allerdings mag das an dieser Stelle einen unnötigen negativen Zungenschlag hineinbringen – denn es kann ja sein, dass alle mit großer Begeisterung einsteigen und keine Notwendigkeit für Strafszenarien besteht. Deshalb besprechen wir hier die Strafe erst auf Stufe 4 – dann aber sollte sie spätestens kommuniziert werden.

Im besten Fall bleiben alle Beteiligten auf Stufe 1 der Leiter stehen und halten sich an die getroffenen Vereinbarungen.

Die Realität wird meist anders aussehen. Zwar sind die Eltern in unserem Beispiel ebenso verpflichtet, die Regel einzuhalten und sollten eine Strafe erfahren, wenn sie sie brechen, fokussieren wir aber für hier einmal ausschließlich auf das Kind. Gehen wir nun davon aus, dass das Kind die Regel bricht, indem es um 19 Uhr noch nicht vom Spielen mit seinen Freunden heimgekommen ist.

Über Regeln

1. Definieren Sie von der Entwicklung her passende und vernünftige Regeln und setzen Sie diese auch konsequent durch. Aufgabe des Kindes ist es in jeder Entwicklungsphase, Grenzen zu testen. Kinder werden deshalb unweigerlich Regeln auf Festigkeit prüfen. Geschieht dies, ist das ein normaler und wichtiger Prozess und nicht ein Fehlverhalten des Kindes. Es ist Ihre Aufgabe zu entscheiden, wo ein »Nein« liegt und es dort fest zu verankern.

Überversorgte Kinder testen nicht nur bestehende Regeln und Grenzen, sondern überschreiten sie weit – über das angemessene Maß hinaus. Sie glauben, dass Regeln für sie nicht gelten. Regeln gelten nur für andere. Sie denken, sie seien anderen gegenüber privilegiert, was sie ja auch sind.

2. Wenn Sie Regeln definieren, sollten Sie sich überlegen, welche Regeln diskutierbar sind und welche nicht. Klare Richtlinien und Regeln ermöglichen mehr Konsequenz und schaffen Berechenbarkeit. Flexibilität bei verhandelbaren Regeln erzeugt bei den Lernenden die Erfahrung der Mitbestimmung und Wirkmächtigkeit und schult darüber hinaus auch kognitive Fähig-

keiten, weil Diskussionen durch Logik und Argumentation geführt und gewonnen werden können.

3. Durch eine Kombination aus verhandelbaren und unverhandelbaren Regeln verstehen Kinder, was von ihnen erwartet wird. Sie lernen mit der Konsequenz umzugehen, die bei Regelbruch (z. B.: »Nur einer redet zur selben Zeit.«) oder Nichterfüllung der festgelegten Erwartung (z. B.: »Hausaufgaben werden immer gemacht.«) erfolgt.
Außerdem lernen sie so angemessene Folgebereitschaft, die es ihnen später möglich macht, nicht immer die eigenen Bedürfnisse um jeden Preis durchsetzen zu müssen, sondern sich auch einmal unterzuordnen und zu folgen. Eine Fähigkeit, die sowohl im Beruf als auch in Beziehungen immens wichtig ist.
Sie lernen ebenso persönliche Verantwortung und auch kognitive Fähigkeiten, indem sie z. B. Argumentationslinie und Logik der Regeln nachvollziehen und selbst erstellen.

4. Die Konsequenzen bei Nichtbeachtung der Regel, also »Strafen«, sollten zeitnah erfolgen und dabei vernünftig, angemessen und nachvollziehbar sein. Damit werden wiederum die Regeln gestützt.
Das Durchsetzen von sinnvollen (!) Regeln lehrt Kinder wichtige Fähigkeiten, die ihnen später das Leben erleichtern. Dazu gehört auch der Respekt für Menschen und Dinge – zunächst innerhalb des Familienverbandes, im Freundeskreis, in der Schule und später generell. Kindern Respekt als Wertschätzung des anderen beizubringen bedeutet, sie zu ermutigen, Verantwortung für ihr Tun zu übernehmen.

2. Wunsch

Nun sollte die Missachtung der Regel unbedingt angesprochen werden. Durchaus mit Milde. Hier gehört auch noch einmal die Erklärung der Regel hin. Ein Beispiel:

Eltern: »Wir haben gemeinsam die Regel aufgestellt, dass wir um 19 Uhr am Tisch sitzen. Wir haben besprochen, dass wir die Regel wichtig finden, weil wir sonst als Familie nie zusammen sind. Du hast sie ›abgesegnet‹. Jetzt bist du zu spät gekommen und hast die Regel gebrochen. Wir möchten, dass das in Zukunft nicht mehr passiert.«

Je nach Reaktion des Kindes sind hier vielleicht noch einige weitere Begründungsschleifen notwendig. Am Ende jedoch sollte die Feststellung stehen, dass man sich weiterhin auf die Regel verpflichtet. Es sei denn, die Regel muss geändert werden, weil sich herausstellt, dass sie nicht wirklich sinnvoll bzw. uneinhaltbar ist – dafür sollte an dieser Stelle noch Offenheit auf allen Seiten bestehen; die Frage: »Macht die Regel noch Sinn?« kann hier noch gestellt werden.

Im besten Fall reicht dieses erneute Daraufhinweisen, um die Regel zu festigen. Die Realität mag wieder anders aussehen. Gehen wir davon aus, dass das Kind weiterhin die von den Eltern als sinnvoll erachtete Regel missachtet bzw. ihre Einhaltung verweigert. Dann ist die dritte Stufe angebracht.

3. Befehl

Nun sollte nicht mehr diskutiert werden. Es ist an dieser Stelle alles gesagt. Jetzt geht es in die brisantere Phase der Stufenleiter. Eine, die mit größerer Kraft arbeitet. Ein Befehl ist angesagt und das geht ganz knapp und mit Autorität in der Stimme:

Eltern: »Du hast unsere gemeinsame Regel zum zweiten Mal gebrochen. Jetzt reicht es. Das kommt nicht mehr vor!«

Eltern machen an dieser Stelle meist den Fehler, dass sie den Befehl soweit abschwächen, dass er nicht mehr wahrzunehmen ist. Ein Befehl ist kurz, hat keine Nebensätze, keine Konjunktive, sondern nur »Ist-Aussagen«. Falls Sie jetzt denken, das sei doch ziemlich banal, kann ich nur sagen, stimmt. Aber es sind die banalsten Dinge, an denen wir oft scheitern. Und in aller Regel werden auf diesen ersten drei Stufen der Leiter schon erhebliche Fehler gemacht. Bis hin zu dem Kardinalfehler, die ersten drei Stufen gänzlich auszulassen und gleich mit der Drohung einzusteigen. Aber die ist nur angebracht, wenn 1–3 nicht fruchten. Eltern, die überversorgen, haben es häufig versäumt, sich als Autorität zu etablieren. Dementsprechend schwierig – aber nicht unmöglich – ist es, sich an dieser Stelle zu behaupten. Aber Dranbleiben lohnt sich. Für Sie und Ihr Kind.

4. Drohung

Jetzt wird es handfester. Werden die ersten Stufen im Flug genommen, ist es nun wichtig, die Brisanz zu erhöhen. Dazu sollten Konsequenzen vor Augen geführt werden. Nach dem »Wenn-Dann-Prinzip«. So hat das Kind die Chance zu lernen, dass es einen erfahrbaren Unterschied macht, wenn es die Regeln und Grenzen überschreitet. Und dass es ihm besser geht, wenn es die – sinnvollen und angemessenen – Grenzen akzeptiert. Und so muss es ihm also schlechter gehen, wenn es sie überschreitet. Wie bei Erwachsenen, bei uns, auch. Spätestens hier sollten sich Eltern überlegen, welche Arten von Strafe sie androhen. Wie überall ist wichtig, dabei auf Angemessenheit und Verhältnismäßigkeit zu achten. Die berühmte »gerechte Strafe« muss gefunden werden. Sind Strafen unverhältnismäßig oder überzogen, beinhalten sie körperliche oder seelische Gewalt, bewirken sie nicht Entwicklung sondern Zerstörung. Im leichtesten Fall sind sie dann nicht plausibel für das Kind, und es kann nichts lernen außer Verwirrung. Seit 2000 gibt es ein Gesetz, das Kindern ein Recht auf eine Erziehung ohne Gewalt zusichert. In § 1631 Abs. 2 BGB heißt es »Kinder haben ein Recht auf gewaltfreie Erziehung. Körperliche Bestrafung, seelische Verletzungen und andere entwürdigende Maßnahmen sind unzulässig.« Eine Strafe muss angemessen und gerecht sein. Aber was ist eine gerechte Strafe?

Verständlicherweise macht hier ein »Strafenkatalog« à la »Für einmal Schuleschwänzen gibt es am besten zwei Wochen Hausarrest« keinen Sinn. Zu unterschiedlich sind die Entwicklungsstufen und Bedürfnisse der Kinder sowie die Erziehungsstile der Eltern. Viel sinnvoller ist es, sich um Angemessenheit in der jeweiligen eigenen Situation zu bemühen. Grundsätzlich sind allerdings einige Punkte hilfreich, die Katja Devaux in einer Veröffentlichung des Hessischen Rundfunks[44] mit dem Titel »Die gerechte Strafe – Kindern Grenzen setzen« überschaubar und treffend darstellt. Sie weist darauf hin, dass Strafe vor allem deswegen in Misskredit geraten ist, weil sie mit veralteten, autoritären Erziehungsmethoden gleichgesetzt werde: Zur Strafe in der Ecke stehen, 100-mal den gleichen Satz schreiben, körperliche Züchtigung usw. Deshalb plädiert sie für eine Neuformulierung. Statt von »Strafe« solle man von »Konsequenzen für falsches Verhalten« sprechen (ich stimme insofern überein, als man, wenn man das Wort »Strafe« benutzt, zumindest dieses Verständnis zugrunde legt). Eltern seien heute oft zu zögerlich, inkonsequent und damit in ihren Vorgaben für Kinder zu undurchschaubar und schwammig. Um »Grenzenlosigkeit« bei Kindern zu vermeiden, seien Regeln und vor allem konsequente Reaktionen auf Fehlverhalten notwendig. Was eine »gute Konsequenz« auszeichnet, listet sie folgendermaßen auf:

Miteinander reden

Eltern sollten zu allererst mit ihrem Kind reden und herausfinden, warum es Grenzen übertreten hat. Vielleicht gab es dafür zwingende Gründe, z.B. der Bus kam zu spät, das Kind folglich auch. Deshalb gibt es keinen guten Grund, sein Kind zu bestrafen.

Logische Zusammenhänge

Konsequenzen sollten immer in Zusammenhang mit der »Tat« stehen und für das Kind einsehbar und logisch sein. Beispiel: Das Kind kommt viel zu spät nach Hause. Dafür muss es die überschrittene Zeit beim nächsten Ausgang wieder gutmachen und früher nach Haus kommen.

Keine Macht demonstrieren

Strafen dürfen keine Machtdemonstration werden, auch wenn wütenden Eltern manchmal durchaus danach sein kann. Alle Arten von »Da siehst du mal, was du jetzt davon hast« sowie Freundesverbote, wochenlangen Hausarrest, Taschengeldstreichen o.ä. sollten Eltern vermeiden. Sie bringen keinen Lerneffekt, sondern Ohnmacht und Wut bei den Kindern – und daraus wird nur mehr Ärger. Eine Spirale ohne guten Ausgang.

Die Tat bestrafen, nicht die Person

Strafen sollten sich immer an der »Tat« orientieren, nicht am »Täter« selbst. »Das war dumm« ist anders als »Du bist dumm«, und »Du hast da etwas falsch gemacht, bitte mach es besser« ist anders als »Immer machst du alles falsch«. Generalisierungen und Beschuldigungen sind demütigend und greifen das Kind in seiner Person an – und mit dem Gefühl, die Eltern akzeptieren es als Mensch nicht, kann kein Kind positiv leben und lernen!

Realistische Konsequenzen

Konsequenzen sollten realistisch – am besten nicht im Affekt, sondern mit Bedacht gewählt – und durchführbar sein. Strafen wie zwei Wochen Fernsehverbot oder drei Stunden Vokabeln lernen sind für Kinder wie Eltern nur schwer durchzuhalten. Und Eltern, die drohen und dann nicht konsequent bleiben, machen sich unglaubwürdig. Also lieber Konsequenzen wählen, die machbar sind und tatsächlich in den Alltag passen!

Strafen in diesem Sinn hat also mit drakonischen Maßnahmen nichts zu tun. Es geht um das konsequente Korrigieren von »falschen« Verhaltensweisen. Und zwar nicht so, dass es wehtut, sondern als pragmatische, für Kinder berechenbare Antwort auf ihr Verhalten.

Damit das funktioniert, ist es natürlich notwendig, dass die Kinder die (Familien-) Regeln genau kennen. Dann wissen sie, was von ihnen erwartet wird und an welchem Punkt sie mit Konsequenzen rechnen müssen. Sie können dann selbst entscheiden, ob sie Bestrafungen riskieren wollen oder nicht – ein Stück Selbstverantwortlichkeit.

Wer mehr Fragen oder große Schwierigkeiten mit den konsequenten Antworten auf kindliches »Fehlverhalten« hat, kann sich an die Erziehungsberatungsstellen in seiner Nähe wenden. Dort wird man individuell nach den Problemen suchen und den richtigen Weg zur Konsequenz erarbeiten. Denn alle Kinder sind verschieden und brauchen unterschiedliche Erziehung. Diese Tipps können deshalb auch nur eine allgemeine Linie aufzeigen und helfen, die größten Fehler zu vermeiden.

5. Bestrafung

Wird auch die Drohung nicht ernst genommen, wird also die Regel auch nun nicht eingehalten, sollte die angekündigte Strafe auch tatsächlich vollzogen werden. In aller Konsequenz und den Absprachen entsprechend. Leider merken Eltern oft erst hier, dass die Strafe, die sie sich ausgedacht und schon angedroht haben, unangemessen oder unpassend, also: überzogen ist. Ein häufiger Fehler, der dazu führt, dass die Stufenleiter der Strafe an dieser Stelle durch Absprung verlassen wird. Damit wird allerdings die Autorität der Eltern weiter erodiert. Es gibt wenig Unglaubwürdigeres, als eine Konsequenz anzukündigen und sie dann nicht einzulösen. Immerhin ist der Absprung noch besser als ein blindes Durchziehen einer als überzogen erkannten Bestrafung. Am besten aber überlegt man sich vorher gut – und gemeinsam –, wie eine angemessene Sanktion auszusehen hat. Dass man es schafft, sie im Bedarfsfall dann auch umzusetzen, sollte in die Vorüberlegung unbedingt einfließen. Wichtig ist an dieser Stelle die konsequente Umsetzung des Angekündigten. Das »Wie« des Strafens muss im Entscheidungsbereich der Eltern verbleiben – allerdings mit den Grenzen, die von Gesellschaft und Gesetzgeber dankenswerterweise gesetzt wurden. Das »Dass« des Strafens allerdings gebieten sowohl Psychologie als auch Pädagogik, wenn die Einhaltung von Grenzen gelernt werden soll.

Sollten Sie sich auf dieser fünften Stufe der Leiter wiederfinden, haben Sie nicht per se etwas falsch gemacht. Kommt es aber wiederholt und häufig vor, dass Sie Bestrafung exerzieren müssen, liegt es mit höchster Wahrscheinlichkeit an Ihnen. Will sagen, an Ihrem generellen Erziehungsstil. schwierige Kinder sind, das lehrt die systemische Psychologie, lediglich Symptomträger für ein krankes System, die Familie. Es kann dann gut sein, dass zu viele Regeln und Grenzen herrschen in Ihrem Haus. Sodass Ihr Kind eher zur Rebellion gedrängt wird. Oder aber, es herrscht emotionale Unterversorgung oder tiefgreifendere Verunsicherung, die ein generelles »Aufbegehren« veranlassen. Schließlich kann die Weigerung, Regeln einzuhalten, auch jene Unfähigkeit des Kindes zur Beschränkung sein, die durch Überversorgung entsteht.

In jedem Fall sollten Eltern bei häufigem Vordringen auf die fünfte Stufe grundsätzlich selbstkritisch ihre Erziehungsmethoden, ihr Familien- und Beziehungsleben hinterfragen. Und bei Bedarf ganz selbstverständlich und ohne komisches Gefühl professionelle Hilfe suchen und annehmen. Das ist überhaupt keine Schande. Im Gegenteil, eine Schande wäre es, hilflos zu sein und aus falschem Stolz heraus keine Hilfe in Anspruch zu nehmen. Manchmal kommt man halt einfach in Schleifen, aus denen man sich selbst kaum befreien kann. Hilfe anzunehmen ist eine zutiefst erwachsene Lösung.

6. Kontrolle

Strafen werden verordnet und deren Einhaltung überprüft. Werden beispielsweise Privilegien entzogen (»Heute Abend kein Fernsehen!«) oder Auflagen gemacht (»Diese Woche bist du jeden Abend um 18 Uhr zu Hause!«), sollte sichergestellt und überprüft werden, dass die Strafe auch tatsächlich eingelöst wird. Im Grunde erklärt sich dieser Punkt von selbst. Denn warum sollte ich eine Strafe aussprechen und deren Vollzug dann nicht überprüfen. Gerade das passiert aber immer wieder. Weil man dem eigenen Kind ja demonstrieren will, dass man es ernst nimmt (man will ja auch keinem das Vertrauen entziehen), sagt man dann unter Umständen solche Sätze wie: »Weil du jetzt schon zweimal keine Hausaufgaben gemacht hast, gehst du heute nicht zu Kevin zum Spielen, sondern übst Schlagzeug. Ich vertraue darauf, dass du das machst. Ich komme um 20 Uhr nach Hause und bringe Pizza mit.« Was wird wohl passieren …?

Dabei lässt man dann außer Acht, dass so etwas ja bei uns

Erwachsenen auch nicht funktioniert. Strafe ohne Kontrolle ist nicht besonders sinnvoll. Es würde ja auch niemand auf die Idee kommen, Straftätern zu sagen: »Ihr wisst ja, wo das Gefängnis ist. Geht doch schon mal vor, ich komme dann nach und schließe das Tor ab.«

Zu misstrauisch? Eher realistisch. Kontrolle ist nur ein Begriff und eine Tätigkeit, die sehr in Verruch geraten ist. So als spräche man dem bestraften Gegenüber die Kooperation und den guten Willen ab. Obwohl, sollte man das nicht auch? Was ist das denn für eine Erwartung, dass jemand freudig seine Strafe annimmt? Das geschieht doch wohl nur in den seltensten Fällen. Ein Kind, das bestraft wird (wichtig: wir reden immer von angemessenen Strafen – dazu gehört nie körperliche oder psychische Gewalt), wird kaum sagen: »Toll Mama, danke für diese überaus kreative und auch entwicklungsfördernde Beschneidung meiner bisher zu großen Freiheit.« Paradoxerweise hat es mehr mit ernst nehmen der Person zu tun, nicht zusätzlich zum Aussitzen-Müssen einer Strafe noch eine Einsicht und Selbstdisziplin zu verlangen, die unrealistisch und unmenschlich ist. Wer eine Strafe ausspricht, hat auch die Verantwortung, deren Einhaltung zu garantieren. Und da der Bestrafte die Strafe nicht selbst ausspricht, hat er quasi ein Recht auf Kontrolle von außen. Flieht er aus der Strafe oder vermeidet er das Absitzen, ist das eher dem anzulasten, der die Strafe ausgesprochen hat und diese deshalb kontrollieren sollte.

7. Verschärfung

Sollten Sie so weit auf der Stufenleiter der Strafe gekommen sein, ist es definitiv Zeit für die Grundsatzfrage. Eigentlich gibt es nur zwei Möglichkeiten, wie es so weit kommen konnte: Entweder es gibt wirklich schwerwiegende Probleme innerhalb Ihrer Familienstruktur, die dazu führen, dass ein

Kind durch »schwieriges« Verhalten reagiert. Dann sollten Sie als Familie unbedingt professionelle Hilfe aufsuchen und möglichst schnell etwas ändern. Oder Ihre Strafen sind zu schwach. Dann gilt: bei Wiederholung eine andere, mehr empfundene Strafe oder dieselbe Strafe noch einmal.

Überversorgende Eltern agieren – wenn sie überhaupt bestrafen und nicht nur drohen – oft mit zu »schwachen« Strafen. »Meine Mutter hat mich immer auf mein Zimmer geschickt, wenn sie mich bestrafen wollte«, erzählte mir eine junge Erwachsene einmal. »Ich fand das klasse! Da hab ich dann den ganzen Tag gelesen und bin am Abend mit reuevoller Miene ins Wohnzimmer gegangen und habe mich entschuldigt. Geändert hat sich nie etwas. Es war immer dasselbe Spiel.« Da war die Strafe keine Strafe.

Es macht ja auch Sinn, mit einem Strafmaß lieber tiefer einzusteigen als zu hoch. U. U. sollte man dann nachjustieren. Aber nie, ohne sich selbstkritisch zu hinterfragen, was denn das eigentliche Problem ist. Und vielleicht liegt das gar nicht beim Kind …

Gerade diese letzte Stufe der Leiter gemahnt sehr zur Vorsicht. Allzu leicht ist man in einen überzogen autoritären Stil abgerutscht und versucht dann sein zerstörerisches Verhalten zu rechtfertigen. Deshalb noch einmal ganz deutlich: Kinder wollen vor allem ernst genommen werden. Das bedeutet auch immer, dass Eltern sich von ihnen anfragen lassen müssen. Wer auf die Aktionen und Reaktionen von Kindern achtet, sieht sehr schnell und deutlich, wo Entwicklung gefördert wird und wo behindert. Strafe wird ohnehin in den seltensten Fällen gebraucht.

Und Einsicht ist, so scheint mir, der bevorzugte Weg.

Es kann aber auch sein, dass Sie das Nein-Sagen lernen müssen. Dann ist das folgende Kapitel für Sie interessant:

Die Kunst des Nein-Sagens

Michaela S. war hin und her gerissen. Sie fand es lächerlich, ihrem Sohn Daniel einen iPod für 250 Euro zu kaufen. Er war doch erst zehn Jahre alt.

Dabei war es noch nicht einmal der Preis, der die 39-Jährige so störte. Ihr Mann war leitender Angestellter; sie konnten sich das leisten. Es war die Vorstellung, so ein extravagantes Luxusspielzeug für ein Kind zu kaufen, das noch nicht einmal das Bruchrechnen beherrschte.

Wenn sie nachgab, wie sollte Daniel dann lernen, dass man nicht immer das bekommen kann, was man will. Es war Michaela klar, dass dieser iPod sehr gut schon bald unbeachtet in der Ecke landen könnte – so wie Daniels Wunschlisten-Spielzeuge der letzten Jahre: eine Kinderküche, ein Aquarium und ein rotes Schlagzeug.

Aber Daniel ließ nicht locker: »Alle haben einen!« Michaela wurde schwach. »Daniel ist ein gutes Kind«, versuchte sie sich zu beruhigen. Sie wollte, dass er das hatte, was die anderen auch haben. Sie wollte nicht, dass er sich minderwertig oder weniger geliebt fühlte. Außerdem hatte sie im Freundeskreis herumgefragt. Es hatten wirklich die meisten Kinder einen iPod.

Also gab Michaela nach. Nicht allerdings, ohne einen Handel einzufädeln: »Du bekommst deinen iPod und verzichtest im Gegenzug auf eine Geburtstagsparty.« »Okay,« erwiderte Daniel. Und ohne auch nur eine Sekunde zu warten, setzte er nach: »Und krieg ich dann die neue Playstation?«

Es hat einfach kein Ende! Es sei denn, man setzt eines. Und das bedeutet: »Nein« sagen. Die meisten Probleme innerhalb der Familie, zwischen Partnern, aber auch zwischen Eltern und Kindern, entstehen, weil es die Einzelnen nicht schaffen,

Nein zu sagen, obwohl sie gerne würden. So werden keine klaren Grenzen gesetzt und Bedürfnisse nicht deutlich geäußert. Die Gründe sind vielfältig. Wir wollen die anderen nicht verletzen, sie nicht vor den Kopf stoßen, uns selbst nicht so wichtig nehmen, keine Egoisten sein, verhindern, dass andere uns ablehnen usw. Wir haben Angst vor Konflikten und schaffen, indem wir sie vermeiden wollen, umso größere.

Die Sehnsucht des Menschen angenommen, geliebt zu sein, ist allgegenwärtig. Wir wollen für die Menschen wertvoll sein, die uns etwas bedeuten. Das ist völlig menschlich. Vielleicht ist dieses Bedürfnis bei den eigenen Kindern am größten. Und ein »Nein« wirkt dem entgegen. Neins machen unpopulär, unbequem und ungeliebt. Kurzfristig. Mittelfristig steigern sie den Wert unserer Jas! Langfristig führt das angemessene Nein-Sagen dazu, dass unsere Aussagen verlässlicher werden, dass auch die Bejahung, das Lob und die Erlaubnis schwerer wiegen.

Ein »Nein« stärkt den Wert eines »Ja«

Dabei sind Nein-Sagen und Grenzen-Setzen alles andere als einfache Formulierungen. Es handelt sich um komplexe Künste, die keinesfalls zu Plattitüden verkommen sollten. Gerade weil ihre Angemessenheit so kompliziert festzustellen ist. Jesper Juul (*1948), der bekannte dänische Familientherapeut weist in diesem Zusammenhang darauf hin, dass:

»viele nur [sehen], dass Kinder heutzutage freier im Umgang mit Erwachsenen sind und von der Wirtschaft als Konsumenten geschätzt werden. Sie haben jedoch keinen Blick dafür, dass die Möglichkeiten der Kinder, nach ihren eigenen Vorstellungen zu leben und zu spielen, allmählich gegen Null gehen.«[45]

In einem Interview verdeutlicht Juul weiterhin, was es bei der Kunst des Nein-Sagens zu beachten gilt[46]. So seien die meisten Probleme zwischen Eltern und Kindern zunächst einmal darauf zurückzuführen, dass die Familienmitglieder nicht in der Lage seien, Nein zu sagen, obwohl sie es möchten. Der Grund dafür sei eine Unfähigkeit, sich abzugrenzen und deutlich genug auszudrücken. Weil man andere nicht vor den Kopf stoßen oder gar verletzen wolle, scheue man die momentane Auseinandersetzung und produziere damit umso mehr Konflikte in der Zukunft. Dabei forderten vor allem Kleinkinder ihre Eltern immer wieder heraus, übertreten deren Grenzen. Das diene einem doppelten Zweck: die eigenen Bedürfnisse zu befriedigen und die Eltern kennenzulernen. Kleinkinder, die Juul auf ein bis vier Jahre einstuft, wollten herausbekommen, was den Eltern gefällt und was nicht, was sie gutheißen und was sie ablehnen, worauf sie sich einlassen und was ihnen widerstrebt. Im Laufe der ersten drei bis vier Jahre prägten sie sich langsam und gründlich die Antworten auf diese Fragen ein. So lange, bis sie die Auffassung der Eltern, was richtig und falsch, gut und richtig ist, verinnerlicht und damit deren Moralvorstellungen übernommen hätten. Unterstützen könnten Eltern diesen Prozess, indem sie möglichst deutliche Antworten gäben und Reaktionen zeigten und indem sie geduldig warteten, bis das Gelernte im Bewusstsein der Kinder verankert sei. Je mehr man mit Kindern schimpfe oder sie kritisiere, desto länger dauere diese Verankerung. Er nennt ein Beispiel:

»Wenn ein zweijähriges Kind dem Papa zum dritten Mal die Brille von der Nase zerrt, könnte er freundlich, aber dennoch klar und entschieden, sagen: ›Nein, das will ich nicht!‹ Wenn die vierjährige Tochter das Gespräch der Eltern bei Tisch un-

226

terbricht, könnte die Mutter sagen: ›Ich will zuerst weiter mit
Papa sprechen, danach können wir miteinander reden.‹«[47]

Solche klaren, persönlichen Aussagen, könnten die Kinder
sehr viel eher zur Zusammenarbeit anregen als die unpersönlichen pädagogischen Phrasen vergangener Tage wie etwa:
»Mit Brillen spielt man nicht. Die kosten viel Geld.« Oder:
»Man unterbricht andere Leute nicht.« Oder: »Mama will
nicht, dass du ihre Brille nimmst.« Oder: »Mama will erst
mit Papa reden.« Wer von sich selbst in der dritten Person
spräche, habe nur wenig Überzeugungskraft.

Die brauche man vor allem im sogenannten Trotzalter.
Diese Phase der kindlichen Entwicklung gleiche in gewis-
ser Weise der Pubertät. Sie sei die erste Möglichkeit für das
Kind, sich einen eigenen Raum zu erobern und eine akti-
vere, wechselseitige Beziehung zu seinen Eltern aufzubauen.
In dieser Phase hätten Kinder zwei wichtige Bedürfnisse:
Erstens brauchten sie ein Feedback auf ihre unablässige
Erkundung und Erprobung der Wirklichkeit. Daher sei es
notwendig, immer und immer wieder Nein zu denselben
Dingen zu sagen. Je persönlicher und selbstsicherer sich die
Eltern dabei ausdrückten, desto schneller zögen die kleinen
Forscher ihre Schlussfolgerungen. Beispiel: »Nein, ich will
dir heute keine Süßigkeiten kaufen.«

Zum zweiten sollten Eltern den Willen ihres Kindes nach
mehr Selbständigkeit und Autonomie vorbehaltlos bejahen
und unterstützen. Wenn Kinder Dinge selbst machen wollten,
zu denen sie eigentlich noch nicht in der Lage seien, könnten Mutter oder Vater beispielsweise sagen: »Schön! Da bin
ich aber gespannt, ob du das schon hinkriegst. Sag Bescheid,
wenn du Hilfe brauchst.« Besonders aber brauchten Eltern gerade in dieser Trotzphase viel Gelassenheit. Dabei sei das Beste, was Eltern machen können, so Juul, die Entwicklung des

Kindes als Geschenk zu betrachten. Je erfolgreicher man darin sei, desto mehr und schneller werde einem als Eltern eine größere Freiheit beschert. Eltern, die ein Nein aussprechen wollen, rät Juul, sich zunächst ihrer eigenen Wertvorstellungen, Grenzen und Bedürfnisse zu vergewissern. Außerdem, die Konsequenzen zu überdenken, die ein Nein für das Leben der Kinder haben kann. Ab dem dritten Lebensjahr sollten Eltern die Gedanken, Erfahrungen, Ängste und Erwartungen des Kindes in ihre Überlegungen mit einbeziehen. Reagierten Kinder auf ein Nein enttäuscht, traurig oder wütend, sollten Eltern auf keinen Fall die emotionalen Reaktionen, die aus kindlicher Sicht notwendig sind, kritisieren, ironisieren oder ins Lächerliche ziehen. Bei Konflikten mit den Eltern braue sich bei Kindern oft ein Frustrations-Cocktail zusammen, der aus Trauer, enttäuschten Erwartungen und Zorn bestehe und für den Lernfortschritt unersetzlich sei. Es bestehe für die Eltern kein Grund, sich diese Frustration allzu sehr zu Herzen zu nehmen oder gar ein erzieherisches Versagen daraus abzuleiten. In die Frustration der Kinder sollten sich Eltern prinzipiell nicht einmischen. Sie sollten weder gleich mit Trost bei der Hand sein, noch versuchen, die Frustration zu relativieren. Angemessener sei eine empathische, anerkennende Bemerkung, wie etwa: »Ich wusste gar nicht, dass du es dir so gewünscht hast.« Oder: »Ich verstehe, dass du sehr enttäuscht bist. Ich hoffe, du kommst bald darüber hinweg.«

Aber dürfen sich Eltern, die Nein gesagt haben, umstimmen lassen? Oder sind sie dann zu nachgiebig und inkonsequent? Hier weist Juul ebenfalls darauf hin, dass ein Nein immer verhandelbar sein sollte. Das Austauschen unterschiedlicher Standpunkte stünde nicht nur Politikern an, sondern auch Eltern und ihren Kindern. Sie lernten sich dabei selbst und einander besser kennen und erhielten zudem Informationen, die sie sonst nicht bekämen. Ein Erwachsener, der nach einem gleichwürdigen Gespräch an seinem Nein festhielte oder es in ein Ja umwandelte, genieße bei Kindern unbedingten Respekt. Dazu nennt Juul allerdings zwei Voraussetzungen: Erstens sollte der Erwachsene sein Nein nicht für so fundamental wichtig halten, dass daran einfach nicht zu rütteln ist. Zweitens sollte es hier um ein Gespräch oder einen Dialog gehen und nicht um Quengelei, Erpressung oder grobe Manipulation.

Konsequenz hält Juul für begrüßenswert, aber davon auszugehen, dass man heute noch in allen Fragen dieselbe Ansicht vertritt wie letzte Woche, sei weder realistisch noch klug, denn man beraube sich selbst der Möglichkeit, etwas dazuzulernen. Gefährlich sei einzig und allein der Mangel an Konsequenz, den »bequeme« Eltern an den Tag legten, weil sie wichtigen Konflikten aus dem Weg gehen oder sich kurzfristig beliebt machen wollten. Das verunsichere die Kinder, mache sie labil und lehre sie, dass Erwachsene sich erpressen und manipulieren ließen. Kinder weigerten sich oft, das zu tun, was ihre Eltern sich wünschten oder von ihnen verlangten: Sei es, die Zähne zu putzen, sich anzuziehen, aufzuräumen oder Hausaufgaben zu machen. Begegne man ihrem Nein mit Kritik, Druck, Drohungen, aber auch mit Überredungsversuchen, Motivation, oder Versprechungen, komme es oft zu festgefahrenen Situationen, in denen beide Seiten ihre Würde verlören. Weitaus sinnvoller sei es, sich damit zu begnügen, seinen Wunsch zu wiederholen, um sich anschließend zu entfernen (oft nur für wenige Minuten). Gäbe man dem Kind Gelegenheit, seinen Unwillen zur Zusammenarbeit zu überdenken, erhielte es damit die Möglichkeit, unter Wahrung der persönlichen Integrität Ja zu sagen, statt einfach nur zu gehorchen oder sich bedrückt zu fügen. Dies

Mangel an Konsequenz lehrt Kinder zu manipulieren

funktioniere jedoch nicht, wenn Eltern diese Methode nur als Trick anwenden, um ihren Willen durchzusetzen. Juul schließt mit der beruhigenden Erinnerung:

»Wenn Kinder mit Fürsorge und Respekt für ihre persönlichen Grenzen behandelt werden, dann hören sie tatsächlich auf das, was ihre Eltern sagen, und halten sich in der Regel auch daran. Vielleicht nicht immer und vielleicht auch nicht mit großer Begeisterung, doch im Großen und Ganzen tun sie es.«[48]

Soweit Jesper Juul. Sollten Sie nun noch ein paar kurze Hilfestellungen zur Kunst des Nein-Sagens benötigen, finden Sie hier fünf konkrete Tipps:

1. Durchatmen
Sie müssen nicht gleich Ja oder Nein sagen, wenn Sie etwas gefragt werden. Grundsätzlich gilt: Je mehr unter Druck ich eine Entscheidung treffe, desto wahrscheinlicher läuft sie nach alten Mustern ab. Deshalb immer erst ein wenig warten. Gewöhnen Sie sich solche Sätze an wie: »Das sage ich dir gleich.« Oder »Das muss ich mir erst einmal überlegen.« Dann haben Sie genug Zeit, sich bewusst zu entscheiden. Manchmal genügen ja schon ein paar Sekunden.

2. Selbstanalyse
Wir haben gesehen, dass es verschiedene Gründe gibt, warum es einem schwerfallen kann, Nein zu sagen. Finden Sie Ihren ganz persönlichen heraus. Es können natürlich auch mehrere Gründe sein. Erst wenn Sie wissen, warum es Ihnen schwerfällt, können Sie sich beim nächsten Mal bewusst dazu bringen, es zu sagen. Das wird ungewohnt sein und vielleicht unangenehm – aber das darf es auch. Immerhin begehen Sie einen neuen Weg!

3. Ende der Schuld

Wenn Sie merken, dass Sie sich beginnen schuldig zu fühlen, weil Sie Nein sagen (wollen) – und Ihre eigenen Bedürfnisse damit ganz legitimerweise auch mal über die der anderen stellen – dann erlaube ich Ihnen hiermit feierlich, sich das Nein zuzugestehen. Werfen Sie die Schuld aus dem Fenster! Dann gilt für Sie ab sofort: Jeder Tag ohne ein Nein ist ein verlorener Tag.

4. Kosten-Nutzen-Rechnung

Motivieren Sie sich zum Nein-Sagen, indem Sie sich klarmachen, welchen Nutzen Sie von einem Nein haben. Umgekehrt können Sie sich vor Augen führen, welchen Preis Sie bei einem Ja bezahlen. Gewinnen Sie durch ein Nein selbst Freiheit, größere Ruhe, mehr Erfolg usw.? Wenn ja, dann: Nein! Denken Sie dabei nie zu kurzfristig, denn da mag ein Ja mehr Erfolg versprechen. Nur: Später rächt es sich dann unter Umständen. Also lieber vor allem mittel- bis langfristig denken.

5. Mein Nein ist anders.

Oft schrecken wir davor zurück, Nein zu sagen, weil wir meinen, das müsste automatisch bedeuten, wir müssen schreien, laut werden oder gewalttätig auftreten. Das ist Unsinn. Man kann sehr sanft und deutlich Nein sagen. Man kann es hartnäckig und dabei leise sagen. Man kann es ganz sachlich und klar sagen. Es gibt tausend Möglichkeiten, Nein zu sagen. Sie müssen nicht zum Verbalschläger mutieren. Finden Sie Ihre persönliche Art, Nein zu sagen.

Wer hilft weiter?

Erziehung ist bereichernd und soll Freude machen. Aber manchmal funktioniert das nicht. Manchmal überfordert sie, belastet, ängstigt, frustriert. Oder die Situation ist so verfahren, dass man es nicht mehr schafft, aus eigener Kraft herauszukommen. Dann benötigen Eltern Hilfe von außen. Deshalb ist es gut zu wissen, welche Möglichkeiten es gibt, Hilfe zu bekommen, wenn man sie braucht.

Das Wichtigste dabei ist das Zulassen der Erkenntnis: Ich brauche Hilfe. Das bedeutet nicht, dass man versagt hat. Sondern ganz im Gegenteil, dass man wach genug ist, um zu erkennen, wo man mit seinem Latein am Ende ist. Ein Bewusstsein der eigenen Grenzen ist wichtig – nicht, dass ich keine Grenzen habe. Es wäre einfach nur dumm anzunehmen, dass das überhaupt möglich wäre. Ich kann es nicht oft genug wiederholen: Eltern *dürfen* nicht weiter wissen. Sie *dürfen* ratlos sein. Und hilflos. Schließlich ist Erziehung eine der komplexesten Unterfangen im Leben. Da ist es keine Schande, an einigen Stellen zu verzagen. Wenn wir drei Wochen lang einen Husten haben, gehen wir doch auch zum Arzt. Ohne Selbstvorwürfe. Aber manchmal haben Eltern drei Wochen oder mehrere Jahre lang Probleme bei der Erziehung. Und suchen keinen »Arzt« auf. Deshalb ganz einfach: Wenn Sie merken, Sie kommen alleine nicht weiter, lassen Sie sich von Experten helfen. Dafür sind die da.

Zweiter Punkt: Realisieren, dass es anderen genau so geht. Zu meinen, man ist allein mit seinen Problemen, ist eine Illusion. Nach über zehn Jahren therapeutischer Erfahrung kann ich wohl sagen, dass ich bisher nichts nur einmal gehört hätte. Oft kommen Klienten zu mir, die meinen, sie seien die Einzigen mit so einem »peinlichen Problem«. Auch Eltern. Alle erzögen ihre Kinder besser. Keiner habe solche Probleme. Aber das ist der größte Irrtum. Es redet lediglich keiner darüber. Nur beim Therapeuten. Deshalb halte ich es auch für das größte Privileg, Therapeut zu sein: Man darf sehr schnell erfahren, dass das »heile Leben aller anderen« gar nicht existiert. Die Wirklichkeit sieht in vielen Fällen genauso aus wie die eigene, in einigen sogar schwieriger, in manchen auch besser. Auf jeden Fall ist man mit allen seinen Problemen immer in guter Gesellschaft. Das zu wissen entlastet ungemein. Als Therapeut lernt man, was wirklich normal ist – und was nur vermeintlich. Und so ist es denn auch für viele Klienten ganz wichtig, zugesagt zu bekommen: Es gibt andere mit Ihren Problemen. Da fühlt man sich schon sehr viel normaler und das beruhigt erheblich.

Oft gestaltet sich die Suche nach dem **richtigen Therapeuten** allerdings nicht so einfach. Ich erlebe vor allem zwei Schwierigkeiten bei Klienten: Geld und Chemie. Ich bin kein Experte für die Auflistung von Beratungsstellen; mir sind leider nicht alle Möglichkeiten bekannt. Was ich aber aus eigenem Erleben weiß, möchte ich hier gerne zur Verfügung stellen. Sollten Sie weitere Tipps haben, schreiben Sie sie mir bitte für die nächste Auflage dieses Buches unter www.schlageter-institut.de

1. Geld

Ein Therapeut lebt in aller Regel von seiner Arbeit. Deshalb kostet eine Behandlung auch Geld. Die Sätze variieren je nach Ausbildung, persönlicher Festsetzung und natürlich auch nach Marktwert des Therapeuten. Zwischen 60 und 150 Euro pro Stunde (die oft mit 45 Minuten – je nach Therapierichtung – definiert wird) sind realistisch. Natürlich ist nach oben hin keine Grenze gesetzt, solange es bezahlt wird. Manche Therapeuten bieten eine flexible Honorargestaltung, indem sie sich nach den finanziellen Hintergründen der Klienten richten. Vereinfacht heißt das dann: Ein Millionär bezahlt mehr als ein Hartz-IV-Empfänger. Dieses Modell der »Sliding Scale« halte ich persönlich für das ethisch vertretbarste, aber das mögen andere anders sehen. Fragen Sie aber auf jeden Fall danach, wenn Sie sich einen Therapeuten anschauen.

Die gesetzlichen **Krankenkassen** übernehmen teilweise die Kosten, aber an diesem Punkt lassen viele frustriert die Finger von einer therapeutischen Begleitung, denn erstens akzeptieren die gesetzlichen Krankenkassen nur einige wenige Gruppen von Therapeuten – also etwa »Psychoanalytiker« (Ärzte) oder »psychologische Psychotherapeuten« (s. »Heilpraktikergesetz«), viele wirklich gute andere Therapeuten aber nicht. Und die richtig guten und erfolgreichen Therapeuten haben schlicht und ergreifend keine Lust oder Zeit, irgendwelche Krankenkassen mit langen Berichten überzeugen zu müssen, dass ihre Klienten eine Therapie brauchen, und sagen von vornherein, dass sie nur private Klienten annehmen. Die sind dann aber oft auch auf Monate hin ausgebucht, richtig teuer und es geht aus der eigenen Tasche. Man muss also eine Kosten-Nutzen-Abwägung machen. Nach Aussage eines Klienten bezahlen manche privaten Krankenkassen ein gewisses Stundenkontingent, wenn man es als »Coaching« reklamiert.

Ich rate Klienten, die sich unsicher sind, oft, sich einfach zu überlegen, wie viel sie bereit wären, für einen neuen Fernseher auszugeben oder etwas anderes, das ihnen in dieser Preislage wichtig ist. Das sollten sie dann umrechnen auf die zu erwartenden Therapiekosten. Und wenn die ungefähr genauso hoch sind, dann: anmelden. Denn im Gegensatz zum Fernseher hat man von einer guten Therapie ein ganzes Leben lang etwas. Meist reichen auch schon 3 bis 10 Sitzungen aus, um Erziehungsprobleme in den Griff zu bekommen.

Eine preisgünstige und oft sehr gute Lösung gerade für Erziehungsfragen sind auch die – zumeist kostenlosen – **Beratungsstellen** von Städten und Gemeinden sowie der christlichen Kirchen. Diakonie (evangelisch) und Caritas (katholisch) etwa beschäftigen ganz hervorragende Fachleute, die oft sehr gute Beratung geben. Dazu einfach die jeweilige Beratungsstelle am eigenen Ort oder in der nächst größeren Stadt anrufen und durchfragen. Falls Sie da nicht weiterkommen, wenden Sie sich an die Zentrale der Landeskirche (evangelisch) bzw. an das Bischöfliche Ordinariat (katholisch) Ihrer Region. Dort wird Ihnen zumeist sehr freundlich weitergeholfen. Auch gibt es spezielle Familienberatungsstellen der kirchlichen Anbieter, die ebenfalls eine gute Anlaufstelle darstellen. In diesen Beratungsstellen spielt Ihre Gesinnung übrigens keine Rolle, Sie müssen keiner bestimmten Religion angehören und werden auch nicht missioniert. Es sei denn, Sie geraten mal an ein »faules Ei«, aber das kann Ihnen überall passieren, und dann wäre ohnehin die sofortige Beendigung der Begleitung angesagt, denn die soll ja keine Gehirnwäsche sein.

Damit also die therapeutische Begleitung gut wird, muss die Kompetenz des Therapeuten stimmen (dazu einfach schauen, ob sich innerhalb der ersten drei Sitzungen für einen selbst etwas verbessert – wenn nicht: Geld sparen und einen anderen Therapeuten suchen) und die Chemie.

2. Chemie

Immer mal wieder rufen mich Menschen an, die Rat haben wollen bezüglich der Wahl eines Therapeuten. Ihre Frage ist: »Wie finde ich ihn oder sie? Einen oder eine, die zu mir passt?« Und in der Frage ist schon die erste Antwort enthalten: Überlegen Sie sich, ob es ein Mann oder eine Frau sein soll. Und in welchem Alter. Das ist wichtig, denn je nach Geschlechterpaarung und sexueller Orientierung ergeben sich unterschiedliche Dynamiken. Aber es gibt kein Richtig oder Falsch. Schauen Sie, was sich von der Vorstellung her am besten anfühlt. Eine weitere Antwort: Gehen Sie auf der Suche des richtigen Therapeuten oder Begleiters für Ihre Situation vor wie beim Hosenkauf: Probieren Sie verschiedene an! Ich rate immer, sich drei in die engere Wahl zu nehmen und jeweils ein Erstgespräch zu vereinbaren – das ist in der Regel sogar kostenlos. Fragen Sie dezidiert nach einem Erstgespräch. Wählen Sie dann den, der am besten passt und steigen Sie voll ein.

Ein guter Tipp ist auch, sich vorher erst einmal bei **Verwandten, Bekannten** und **Freunden** herumzuhören. Wer kann einen guten Therapeuten empfehlen? Wer hat positive Erfahrungen gemacht? Die Wahrscheinlichkeit, dass ein Therapeut für Sie passt, ist größer, wenn Menschen, die Sie mögen, ihn auch gut finden. Falls Sie eher Schwierigkeiten haben, sich als »therapiesuchend« zu outen, erfinden Sie eben eine Geschichte von einer Freundin oder einem Berufskollegen, die oder der sucht. Aber es lohnt sich manchmal, die Wahrheit zu erzählen; man ist oft erstaunt, wer alles schon Hilfe gesucht hat.

Das **Internet** eignet sich übrigens hervorragend für die

Vorabrecherche. Auf Websites wie www.therapie.de oder www.psychologensuche.de können Sie ganz gezielt Therapeuten mit allen möglichen Schwerpunkten in Ihrer Nähe suchen und finden. Die haben oft ein Bild dabei und auch mehr oder weniger ausführliche Vorstellungstexte, die Ihnen einen ersten Eindruck geben. Hier können Sie dann gezielt nach »Familientherapeuten« oder »Kinderpsychologen« suchen. Schauen Sie da einfach, was Ihnen auf den ersten Blick zusagt, und nehmen Sie drei in die engere Wahl.

Oft, aber nicht immer, hat es großen Sinn, die Kinder in eine therapeutische Begleitung mit einzubeziehen. Weniger Sinn hat es, die Kinder allein in die Therapie zu schicken. Deshalb hat sich in den 1970er-Jahren auch die **Familientherapie** entwickelt. Eine Gruppe US-amerikanischer Therapeuten bekam immer wieder von Eltern deren Kinder als »Problemfälle« geschickt. Die gestörten Kinder sollten sie dann wieder richten, auf dass die Familie fortan problemlos leben könne. Irgendwann war für die Therapeuten klar, dass es überhaupt keinen Sinn hat, Kinder isoliert von der eigentlichen Problemursache – nämlich der Familie – zu betrachten. Kinder sind nämlich lediglich Symptomträger eines kranken Systems, des Systems Familie. Dieser Grundsatz bestimmt seither auch die Philosophie der Familientherapie, die sich in der Folge entwickelte. Hier wird die gesamte Familie therapiert, also Eltern und Kinder. Falls Sie diesen Ansatz für so gut halten wie ich, suchen Sie gezielt nach Familientherapeuten und machen intensiv mit bei der Heilung des wahren Problems, das nie das Kind allein ist.

Und wenn ich dann zum **Therapeuten** gehe, was macht der eigentlich mit mir oder uns? Das ist eine weitere Frage, die viele im Vorfeld zu einer Therapie beschäftigt. Die Antwort: nichts Spektakuläres. Er (oder natürlich immer auch sie) hört aufmerksam zu, bietet Verständnis und Mitgefühl, hinterfragt, hakt nach, stellt klärende Fragen, fordert manchmal heraus, bietet vereinzelt Handlungsalternativen an, diskutiert diese mit den Klienten, probiert vielleicht auch einmal ein neues Verhaltensmuster mit den Klienten aus, und gibt nur ganz selten konkrete Ratschläge oder Antworten, sondern hilft den Klienten viel eher dabei, eigene Lösungen zu entwickeln und ihre Antworten zu finden. Genau das ist für jene Klienten sehr schwierig, die den Therapeuten als Antworten-Geber sehen und erwarten, dass er einen oder zwei magische Sätze sagt, die das Problem lösen. Das geht aber leider nicht – außer, man besäße als Therapeut magische Fähigkeiten. Einer meiner Professoren sagte dazu einmal: »Therapeuten sind die am meisten unterschätzte und gleichzeitig überschätzte Berufsgruppe. Entweder hält man sie selbst für verrückt oder sie sollen magisch wirken.« Die Wahrheit wird wie immer in der Mitte liegen und individuell verschieden sein. Fest steht aber: Ein guter Therapeut oder eine gute Therapeutin, die ihr Handwerk verstehen und für Sie passen, können Ihnen weit helfen.

Und wann Sie dann alleine weiter können, es also Zeit ist, die Therapie oder generell eine Begleitung zu beenden, merken Sie u. a. an folgenden fünf Punkten:

1. Die innere Stimme
Sie wissen, wann Sie austherapiert sind, wenn Sie die Stimme Ihres Therapeuten innerlich »hören« können, wenn Sie sich die Fragen selbst stellen können, die Ihnen Ihr Therapeut stellen würde.

2. Vorher und Nachher
Bitten Sie Ihren Therapeuten, Ihnen seine Aufzeichnungen von der ersten Sitzung vorzulesen. Dann können Sie Ihren

Fortschritt sehen und beurteilen. Wenn diese für Sie ausreichen, ist es Zeit zu beenden.

3. Das Wetter

Wenn Sie merken, dass Sie immer häufiger und über mehrere Sitzungen über das Wetter reden oder sonstige Smalltalk-Themen abarbeiten, dass Sie wiederholt das Gefühl haben, die Sitzung habe Ihnen nicht wirklich etwas gebracht, sollten Sie zu jemand anderem gehen oder zumindest eine Pause erwägen.

4. Immer noch Probleme

Seelische Probleme sind nicht wie Krebs. Man muss nicht alles auf einmal und sofort beseitigen. Manchmal braucht man Verschnaufpausen, um zu verarbeiten. Und manchmal ist es der falsche Therapeut. Dann: beenden.

5. Sie bestimmen

Gehen Sie nicht einfach nur zur Therapie, weil Sie nett oder höflich sein wollen oder weil Ihr Therapeut meint, Sie sollten weitermachen. Sie sind der Experte auf dem Gebiet Ihrer eigenen Psyche. Wenn Sie nichts anderes hält als Höflichkeit oder Angst vor negativer Reaktion des Dienstleisters, dann sagen Sie leise Adieu.

Wahre Fundgruben für hilfreiche Erziehungstipps sind natürlich auch die **LehrerInnen** und **ErzieherInnen** Ihrer Wahl. Sicher sind nicht alle die inspirierenden Pädagogen, die wir manchmal erwarten, aber viele haben doch auch fundierte Ahnung von der Erziehung und Entwicklung von Kindern. Bei Erziehungsproblemen oder Hilflosigkeiten kann man auch einfach mal beim Kindergarten oder der Schule vorbeischauen und sich Rat holen. Gleiches gilt für

Freunde und die eigenen Eltern, wenn es die Beziehung zulässt.

Elterntrainings sind ebenfalls nicht zu verachten, wenn es um das Fitmachen von Eltern geht. Dazu würde ich empfehlen, den Suchbegriff »Elterntraining« einfach einmal in einer Internet-Suchmaschine einzugeben. Einige bekanntere und wissenschaftlich abgestützte Modelle (zu denen es auch zahlreiche Buchveröffentlichungen gibt), sind: Starke Eltern – starke Kinder (www.starkeeltern-starkekinder.de), Triple P (www.triplep.de), KES (www.akf-bonn.de), STEP (www.instep-online.de), Gordon Familien-Training (www.gordonmodell.org), Erziehungsführerschein (www.erziehungsfuehrerschein.de). Es gibt AD(H)S-Elterntraining, Elterntraining für alleinerziehende Mütter (PALME), Elterntraining für Schulerfolg von diversen Anbietern; unter anderem hat die Universität Köln ein Elterntraining aufgelegt.

Wer sich über die Qualität der Angebote anbieterunabhängig informieren will, kann das Buch von Sigrid Tschöpe-Scheffler »Elternkurse auf dem Prüfstand. Wie Erziehung wieder Freude macht« oder »Systematischer Vergleich von Elterntrainings« von Andrea Henschel lesen. Grundsätzlich gilt: Informieren Sie sich gut, das Internet bietet dazu alle Möglichkeiten. Und wenn Sie sich dann noch ein bisschen herumhören und nicht gleich bei der ersten gezogenen Niete aufgeben, finden Sie sicher genau das Richtige für Sie, da mache ich mir gar keine Sorgen.

Zum guten Schluss

Wir sind ans Ende gekommen. Ans Ende dieses Buches. Nicht ans Ende dessen, was über Erziehung gesagt werden kann. Meine eigenen Recherchen für dieses Buch haben mir eines noch einmal deutlich vor Augen geführt: Erziehung ist viel zu komplex, um allgemeingültige Schwarz-weiß-Aussagen zu machen. Es gibt sehr selten ein »Entweder-oder« und viel öfter ein »Sowohl-als-auch«. Es gibt eine Vielzahl von Erziehungsansätzen und -überzeugungen. Sicherlich bin ich ein Verfechter der klaren Linie. Und aus gutem Grund, wie ich hoffentlich deutlich machen konnte. Aber zu sehr hängt der favorisierte Erziehungsstil von der eigenen Erfahrung ab, als dass man irgendein Konzept allgemein gültig setzen könnte. Und sollte.

Deshalb ist es mir am Ende sehr wichtig, noch einmal darauf hinzuweisen, dass es bei aller Theorie und Praxis immer nur darum zu gehen hat, was Entwicklung fördert und nicht hemmt. Wenn es einen Grundsatz gibt, der in jeder Hinsicht gilt, dann doch der: Erziehung sollte entwickeln und entfalten und nicht klein machen und verkümmern lassen. Und das *unter* dem Strich, also durchaus mit erlaubten Fehlern im Detail.

Dass dazu mehr gehört – viel mehr – als ein Regelwerk oder eine Tippsammlung, habe ich hoffentlich nachvollziehbar aufzeigen können. Eltern sind vor allem gefragt, ihren *eigenen* Weg in der erzieherischen Aufgabe zu finden. Was man von ihnen allerdings im Sinne der Kinder, deren Leben genauso unendlich wertvoll ist wie das aller anderen Menschen, abverlangen können muss, ist: Bewusstsein. Elternschaft verpflichtet zum bewussten Erziehen.

Nur in dem Maß, in dem Eltern dieser Pflicht entsprechen, kann ihre Erziehung als »gut« benannt werden. Wenn zu einer guten Erziehung dann noch wertschätzende und respektvolle Haltung sich selbst, dem Partner (wenn es einen gibt) und dem Kind gegenüber hinzukommt, ist die gelungene Erziehung perfekt.

Wichtig bei allem ist, ich möchte es noch einmal betonen: Unter dem Strich muss es stimmen. Eine Summe von plusminus null reicht, um dem Kind genug gegeben zu haben, dass es seinen eigenen Weg gehen kann. Die Psyche ist ein Ausgleichsorgan. Die in den Medien oft hochgehaltenen Horrorbeispiele misslungener Erziehung sind nicht dienlich in der Frage nach guter Erziehung. Sie sind in aller Regel Folge extremer Vernachlässigung oder Lebensumstände; sie sind nie die Norm. Auch, wenn das so scheinen mag, wenn auf allen Bildschirmen wieder die Geschichten von psychisch gestörten Menschen breitgetreten werden und reißerisch gefragt wird: »Was haben Eltern falsch gemacht, dass so ein Mensch herauskam?«

Solche Geschichten erzeugen vor allem Angst. Bei Eltern. Es entsteht der Eindruck, als könne man so leicht etwas falsch machen. Als sei die menschliche – um wie viel mehr die Kinderseele – ein ungeheuer labiles Konstrukt, das so schnell gebrochen werden kann. Aber das Gegenteil ist der Fall.

Wenn ich als Psychologe eines im Laufe der Jahre gelernt habe, dann dass die Psyche des Menschen eine Kraft besitzt, die wir alle nur erahnen können. Sicher, es ist auch wahr, dass Menschen an ihrem Schicksal zerbrechen, die Lust am

Leben verlieren. Weil das Erfahrene einfach zu schlimm war oder weil die Psyche anders gestrickt war als bei anderen, die Ähnliches erlebten – und überlebten. Aber die bei Weitem größte Zahl der Menschen vermag Dinge und Erfahrungen auszuhalten, die eigentlich unmenschlich sind.

Diese Tatsache lässt mich mit voller Überzeugung sagen: Eltern brauchen keine Angst zu haben. Sie dürfen auch mal verletzen, sie dürfen auch mal den Erwartungen nicht entsprechen, sie dürfen auch mal gemein sein, und ungerecht, sie dürfen ihr Kind auch mal ignorieren und ihre eigenen Bedürfnisse erfüllen.

Wichtig ist, dass in der Summe für das Kind deutlich wird: Ich bin geliebt. Und am besten noch: Vor aller Leistung und trotz aller Fehler.

Wenn das am Ende hängen bleibt, und nur das, dann freue ich mich riesig über den Erfolg dieses Buches. Wenn Sie mit mehr Freude, Mut und Gelassenheit an Erziehung herangehen, freue ich mich umso mehr. Und wenn Sie dann noch verinnerlicht haben, dass eine Vier minus genügt, haben Sie mir sogar noch das Gefühl gegeben, etwas wirklich Wichtiges bewegt zu haben.

Aber Sie müssen mich da nicht überversorgen. Sie sind ja nicht dazu da, alle meine Bedürfnisse zu erfüllen.

Ich weiß, ich weiß: Gut genug genügt.

Anmerkungen

1 Vgl. forsa-Studie im Auftrag der Zeitschrift Eltern vom 4. Juli 2008, ausführliche Ergebnisse unter: www.eltern.de

2 Michael Winterhoff, Warum unsere Kinder Tyrannen werden: Oder: Die Abschaffung der Kindheit, Gütersloh 2008, 14

3 Aristoteles, Ethica Nicomachea II 2, 1104a, 22 ff.; nach Übers. von Andreas Woyke: Reflexionen über die moderne Aporetik der Machbarkeit von Glück, Bern 2004, 640–647

4 Michel de Montaigne, Essais III 13, 859 f

5 Philippe Ariès, Geschichte der Kindheit, dtv, 1978, 46

6 Neil Postman, Das Verschwinden der Kindheit, Frankfurt 1982, 71

7 Philippe Ariès, 46

8 Ebd.

9 Ebd.

10 Ebd., 46 f

11 Philippe Ariès, 47

12 Ebd.

13 Ebd.

14 Ebd.

15 Philippe Ariès, 48

16 Vgl. Philippe Ariès, 502 ff

17 Jean Illsley Clarke, Connie Dawson, David J. Bredehoft, How Much is Enough?, 3 f

18 Basierend auf Ebd.

19 Vgl. Bredehoft u. a.: perceptions attributed by adults to parental overindulgence during childhood: Journal of Familiy and Consumer Sciences Education, Volume 16, nr. 2, 1998

20 Falls Sie sich psychologisch gerne weiter informieren möchten, googeln Sie die Namen folgender Entwicklungspsychologen (besonders die fett gedruckten): **Mary Ainsworth**, Anna Jean Ayres, **John Bowlby**, Urie Bronfenbrenner, Charlotte Bühler, Friedrich August Carus, Daniel Stern, Martin Dornes, **Erik Erikson**, Kurt Fischer, **Wassilios Fthenakis**, Eleanor Gibson, Karl Groos, Janellen Huttenlocher, Bärbel Inhelder, Rosa Katz, **Lawrence Kohlberg**, Oswald Kroh, **Margaret Mahler**, Zdeněk Matějček, Gerd Mietzel, **Alice Miller**, **Erhard Olbrich**, Rolf Oerter, **Jean Piaget**, Reinhard Schmitz-Scherzer, Clara Stern, William Stern, James Sully, Hans Thomae, Heinz Werner, **Donald Winnicott**.

21 Mehr dazu finden Sie in: Erikson, Erik H., 1999: Kindheit und Gesellschaft. 13. Aufl., Ernst Klett Verlag, Stuttgart (Orig. 1950)

22 Wenn Sie mehr über die Phasen und ihre Bedeutung für unsere persönliche Entwicklung erfahren möchten, können Sie dies ausführlicher nachlesen in: Schlageter/Hinz, Die liebe Familie. Wie sie uns prägt, wie sie uns nervt und warum wir sie trotzdem brauchen, München 2007.

23 Das lateinische Wörtchen »os« (Genitiv: »oris«) bedeutet »Mund«. Da nach Freud (u. a.) das Kind in dieser Phase der Stillzeit die Welt fast ausschließlich über den Mund wahrnimmt, nennt er sie »orale Phase«.

24 Vgl. Sabina Pauen: Baby-Erziehung beginnt nach der Geburt auf www.familie.de

25 Ebd.

26 Der Anus als Ausscheidungsorgan ist für Freud das Hauptsymbol für Festhalten und Loslassen. Das Kind lernt in dieser Phase, den Anus zu kontrollieren und erlebt so über die Beherrschung der Körperfunktion seine eigene Mächtigkeit. Daher der Name »anale Phase«.

27 »Zweifel ist der Bruder der Scham« schreibt Erikson in: Erik Erikson, Identity and the Life Cycle, New York 1959, 246

28 Der antike griechische Held Ödipus hat der Sage nach, ohne es zu wissen, seine Mutter geheiratet. Freud sieht darin Parallelen zum Wunsch des männlichen Kindes, die Rolle des Vaters einzunehmen. So kommt es zu der Bezeichnung »ödipale Phase«.

29 Friedrich Nietzsche: Ecce Homo – Warum ich so weise bin, 2

30 Frederick S. Perls. Gestalt-Therapie in Aktion. Aus dem Amerik. von Josef Wimmer. © 1969 Real People Press. Klett-Cotta, Stuttgart 1986, 9. Aufl. 2002, 13

31 Vgl. Duane Schultz, Growth Psychology: Models of the Healthy Personality, 1977

32 Sidney Jourard, Personal Adjustment, New York 1963

33 D. Wood, S. Gosling, J. Potter, Normality evaluations and their relation to personality traits and well-being, Journal of Personality and Social Psychology, 93 (5), 2007, 861–879

34 Carl Rogers, On Becoming A Person, 1961, 98

35 Vgl. Resch, Entwicklungspsychopathologie der frühen Kindheit im interdisziplinären Spannungsfeld, in: Papousek, Schieche, Wurmser (Hg.): Regulationsstörungen der frühen Kindheit, Bern-Göttingen 2004, 34 ff.

36 Vgl. ebd.

37 Vgl. die sehr lesenswerte Internetveröffentlichung von Prof. Hartmut Kasten, Entwicklungspsychologe an der LMU in München, unter: www.hartmut-kasten.de, mit dem Titel »Die ersten drei Jahre«.

38 Z. B. Bowlby, Ainsworth und in Deutschland das Ehepaar Grossmann

39 Vgl. D. W. Winnicott, Reifungsprozesse und fördernde Umwelt, Psychosozial-Verlag, Gießen 2006, 182 ff.

40 Vgl. www.overindulgence.info

41 Vaclav Havel: The Need for Transcendence in the Postmodern World, www.worldtrans.org

42 Der Begriff Postmoderne ist nicht unumstritten in der soziologischen Forschung. Mehr dazu s. bei Holger Schlageter, Verlorene Spiritualität, Mainz 2003

43 Vgl. Jean-François Lyotard: The Postmodern Condition, Manchester 1984

44 Katja Devaux, Faxabruf zur Sendung Service Familie auf Hessenfernsehen am 30. 4. 2003, www.hr-online.de

45 Jesper June auf www.spielundzukunft.de

46 Ebd.

47 Ebd.

48 Ebd.

Brigitte Blöchlinger
Lob des Einzelkindes
Das Ende aller Vorurteile

240 Seiten. Broschur

Einzelkinder sind besser als ihr Ruf. Vorurteile und Vorbe-
halte, mit denen man ihnen gemeinhin gerne begegnet, halten
einer eingehenden Untersuchung nicht stand. Wie Einzelkinder sich selbst sehen, was man ihnen nachsagt und wie sie
– laut Forschungsergebnissen – wirklich sind, ist in diesem
Buch auf unterhaltsame und fundierte Weise nachzulesen.

Krüger Verlag

Dr. Fritz Jansen, Uta Streit
Erfolgreich erziehen
432 Seiten. Gebunden

Das grundlegende Erziehungsbuch für
Kindergarten und Schule

Mit klaren und umsetzbaren Hilfen geben Fritz Jansen und
Uta Streit den Eltern die Sicherheit im Umgang mit ihren
Kindern zurück. Sie zeigen anschaulich an vielen Beispielen,
wie Eltern über ihr Verhalten auf ihre Kinder unbewusst und
bewusst einwirken können. Schwierige Situationen, wie sie
bei den Hausaufgaben, beim Aufräumen oder im Umgang
mit den Medien entstehen, werden genau analysiert und
Lösungen aufgezeigt. Den Eltern wird damit ein sicheres
Wissen vermittelt, mit Widerständen, Machtkämpfen und
Fehlverhalten ihrer Kinder erfolgreich umzugehen. Ziel sind
starke Kinder mit hohem Selbstwertgefühl und großer
Selbständigkeit.

Krüger Verlag

Erika Wüchner
Die ersten 100 Tage mit dem Baby
Das praktische Wissen aus über 25 Jahren Erfahrung –
Tag und Nacht
304 Seiten. Gebunden

Erika Wüchner ist da, wenn Mutter und Kind das Kranken-
haus verlassen und der Alltag mit dem Baby beginnt. Ihr
praktisches Wissen aus über 25 Jahren Erfahrung, das bislang
nur wenigen Familien vorbehalten war, eröffnet sie einer
breiten Leserschaft: Von der Klinikauswahl übers Stillen und
Durchschlafen bis zum Wiedereinstieg in den Beruf – die ex-
aminierte Kinderkrankenschwester verrät, worauf es in den
ersten so wichtigen Monaten nach der Geburt ankommt. So
werden aus Neugeborenen glückliche Kinder und aus Paaren
entspannte Eltern.

»Ich wünsche Erika Wüchner viele Leser.
Und allen jungen Eltern eine Erika Wüchner im Haus.«
Sandra Maischberger

»Die Babyflüsterin«
Zeit Magazin

Krüger Verlag